HISTOIRE

DE

L'ÉCOLE DE LA FLÈCHE

DEPUIS SA FONDATION PAR HENRI IV

JUSQU'A SA RÉORGANISATION EN

PRYTANÉE IMPÉRIAL MILITAIRE.

PAR

JULES CLÈRE.

LA FLÈCHE,

IMPRIMERIE ET LITHOGRAPHIE D'EUG. JOURDAIN.

—

1853.

A son père qui lui demandait de « Quel estat il vouloit être, Bayart d'ung visage riant respondit : « Monseigneur mon père, combien que mon amour paternelle me tiengne si grandement obligé que je dusse oublier toutes choses pour vous servir sur la fin de vostre vie, ce néanmoins, ayant enraciné dedans mon cueur les bons propos que chascun jour vous récitez des nobles hommes du temps passé, mesmement de ceulx de nostre maison, je seray, s'il vous plaist, de l'estat dont vous et vos prédécesseurs ont esté, qui est de suivre les armes ; car c'est la chose en ce monde dont j'ai le plus grant désir ; et j'espère, aydant la grace de Dieu, ne vous faire point de déshonneur. » Alors respondit le bon vieillart en larmoyant : « Mon enfant, Dieu t'en donne la grace ! »

(*Chronique de Bayart par le Loyal Serviteur*, chapitre Ier.)

A

M. LE GÉNÉRAL MAIZIÈRE,

SECRÉTAIRE-GÉNÉRAL DE LA GRANDE CHANCELLERIE DE LA LÉGION-D'HONNEUR,
APRÈS AVOIR COMMANDÉ PENDANT TROIS ANS ET DEMI LE COLLÉGE NATIONAL MILITAIRE;

A M. LE LIEUTENANT-COLONEL

J. MAIFFREDY DE ROBERNIER,

COMMANDANT EN SECOND LE PRYTANÉE IMPÉRIAL MILITAIRE.

Si, en parcourant les annales de l'École de La Flèche et la vie des chefs qui l'ont commandée jusqu'à vous, j'avais cherché dans le passé des noms pour protéger mon travail, je n'en aurais pas trouvé de plus dignes, de plus honorés ni de plus aimés que les vôtres. Recevez donc, Général, recevez, mon Colonel, l'hommage de ce livre auquel vous avez les premiers pris intérêt, et qu'il reste pour tous comme une preuve permanente de l'estime parfaite et de la reconnaissance profonde que je vous conserverai toujours.

JULES CLÈRE.

PRÉFACE.

Au milieu d'un siècle où les types des choses et des hommes s'effacent ou se transforment avec une rapidité prodigieuse, on rencontre cependant encore, de nos jours, comme autrefois, deux espèces de voyageurs à pied, l'un qui passe son chemin et marche à son but froidement et sans mot dire, dédaigneux par humeur, indépendant par fortune, et ne saluant pas même les gens du pays qu'il traverse; l'autre a subi davantage la fatigue de la route; il aime l'ombre et serait bien heureux d'avoir parfois un moment de repos; il s'arrête volontiers pour recueillir un souvenir de religion, d'histoire ou d'art, et pour causer un peu avec la nature ou avec les hommes, et il salue sympathiquement tout habitant à figure loyale qu'il rencontre; il s'incline devant une femme qui passe, songeant à sa sœur ou à sa mère, devant le vieillard en pensant à son père; il se découvre même pour saluer un enfant.

L'auteur inconnu qui jette au vent incertain de la publicité les pensées ou les études que naguère il gardait pour lui-même, ressemble au premier de ces voyageurs quand il ne fait pas de préface à son livre; il ressemble à l'autre quand il se permet cette inoffensive causerie.

Je veux ressembler à celui-ci.

J'ai rencontré sur ma route, depuis un an, à mesure que j'avançais dans l'humble travail de cette petite histoire, tant de bienveillance et de sympathie que je me sens tenu d'expliquer en quelques mots le pourquoi et le comment de ce livre, et d'exprimer ma reconnaissance à tous ceux qui ont eu la bonté de me venir en aide.

Placé depuis quatorze ans au milieu des souvenirs divers qui peuplent le passé de la ville de La Flèche, je n'ai pu y vivre sans à la longue les connaître, je n'ai pu les connaître sans les aimer, ni les aimer sans les dire : voilà *pourquoi* paraît l'histoire de l'*École de La Flèche*.

Personne sans doute ne s'attend à y trouver quelque chose d'extraordinaire; les annales d'un collége ne peuvent être que restreintes, et, pour plusieurs, le temps qu'ils ont été forcés d'y passer n'obtient guère que la faveur de l'oubli. L'histoire cependant du Collége de La Flèche emprunte au nom populaire de son fondateur un caractère spécial que les successeurs de Henri IV n'ont fait que déterminer davantage, et que l'Empereur a définitivement consacré, en faisant de ce bel établissement l'asile des enfants de l'armée.

Il y a donc mieux qu'un intérêt local, il y a un intérêt national attaché à cette histoire; car si l'École de La Flèche n'est qu'un point, ce point, on peut le dire, rayonne dans le passé et le présent du pays, et a projeté dans tous les corps de l'armée d'honorables exemples à suivre, de nobles et d'héroïques dévouements, d'ineffaçables souvenirs.

Quant à la manière dont j'ai tâché de rechercher les uns, de raviver les autres, de saisir les faits dans des livres et des documents écrits que je pourrais compter par centaines, c'est au lecteur à l'apprécier.

Il me reste à remercier toutes les personnes dont l'obligeance est venue se joindre à mes efforts pour rendre ce travail aussi complet qu'il m'a été possible, et en suivant à peu près l'ordre des jours; n'ayant pas le moyen d'acquitter ma dette autrement, j'ose cordialement nommer ici :

M. Georges Mancel, conservateur de la bibliothèque de Caen, connu par de nombreuses et savantes publications bibliographiques, qui, en m'envoyant il y a un an le manuscrit d'un père jésuite de La Flèche sur le Collége, a déterminé en moi l'idée, vague auparavant, d'écrire son histoire, pour laquelle je n'avais encore pu recueillir, depuis plusieurs années, que des notes éparses. Ce manuscrit, il est vrai, ne renferme aucune vue générale; mais les détails sont rapportés avec simplicité et bonne foi, et je m'en suis emparé sans crainte d'erreur.

M. de Sourdon, conservateur des hypothèques à Bayonne, pour l'empressement avec lequel il m'a fait l'envoi d'un manuscrit important, rédigé par M. H. de Sourdon, son père, chevalier de Saint-Louis et de la Légion-d'Honneur, bibliothécaire de l'École préparatoire avant 1830. C'est un travail historique spécial assez étendu, intéressant surtout pour la période de la Restauration; j'en ai profité plusieurs fois.

M. Alfred Hélot, à l'amitié duquel je dois communication des *Mémoires* de famille et des notes judicieuses et littéraires laissées par M. Boucher, sur les dernières années de la direction des jésuites, sur l'interim de 1762 à 1764 et les périodes subséquentes, jusqu'à l'Empire.

A ces trois sources principales auxquelles je n'ai jamais puisé, toutefois, sans examen et sans contrôle, j'ajouterai volontiers l'anonyme bienveillant qui m'a fait remettre, malheureusement un peu tard, un journal en neuf cahiers des faits passés sous le régime militaire de 1771 à 1776. Ces éphémérides de cinq ans, écrites dans l'esprit du temps, sont d'un style concis, mais souvent piquant et spirituel.

Je dois aussi une reconnaissance complète à M. E. Gouin-d'Ambrières, qui a bien voulu me confier des titres précieux venus de M. Desperrés, tant sur la ville que sur le Collége de La Flèche, et, parmi ces derniers, la copie de l'édit de fondation de Henri IV; à M. Adolphe de Clermont-Gallerande, membre de la commission des monuments historiques du département de la Sarthe, pour l'accueil qu'il a fait à une lecture de ces pages respectueusement remplies du nom de Henri IV, et pour l'obligeance si parfaite qu'il a mise à me communiquer des documents curieux sur la période la plus lointaine et sur des temps plus voisins de nous; à M. Charles de Montzey, dont le travail sur les résultats comparatifs de l'Ecole préparatoire et du Collége militaire m'a quelquefois servi ; à M. Salmon, adjoint à La Flèche, membre des sociétés littéraires de la Sarthe et de Maine-et-Loire, qui, avec une bonté dont je lui suis bien reconnaissant, a mis à ma disposition sa bibliothèque, ses recherches et ses souvenirs.

Je remercie également tous ceux qui, de près ou de loin, interrompant des occupations plus graves, ont bien voulu répondre à mes lettres et me donner des indications ou des renseignements dont la reproduction contribuera à donner, je l'espère, une valeur réelle à mon travail.

Grace à tous ces secours, à l'approbation que lui a donnée, il y a six mois, M. le général Maizière, à la faculté qu'il m'a laissée, avant son départ, de profiter de tous les documents officiels qui pouvaient m'être utiles, à l'avantage que j'ai eu de pouvoir compulser les archives municipales, j'aurai pu reproduire, pour les périodes de la Révolution et de l'Empire, une foule de faits intéressants oubliés aujourd'hui.

M. le général Cœur, commandant depuis trois mois le Prytanée impérial militaire, sur ce qu'a bien voulu lui dire de favorable M. le colonel de Robernier, a pris, dès son arrivée, un intérêt effectif à cette publication. Cet encouragement a été pour moi une fortune heureuse; je ne l'oublierai jamais.

Et pourquoi tairais-je, puisque je l'éprouve, la reconnaissance respectueuse que je dois à M. le maréchal Ministre de la guerre, pour la bonté qu'il a eue, lors de sa récente visite au Prytanée, de recommander aux élèves qui l'entouraient la lecture de ce petit livre et l'imitation des grands caractères que j'ai tâché d'y peindre? Pourquoi ne dirais-je pas que l'instant où j'ai été moi-même l'auditeur de cette approbation publique inattendue, j'ai été heureux de voir que l'idée ame de mon travail, avait été la première comprise et honorée, et de pouvoir penser que mon livre ne serait point considéré comme une collection de feuilles frivoles, mais bien comme un enseignement pieusement évoqué sur place des sentiments d'honneur et de loyauté, de respect aux traditions religieuses et nationales qui, pour compléter l'homme, doivent remplir son cœur, en même temps que les connaissances scientifiques et littéraires viennent orner son intelligence. Fils et frère d'officiers, j'aurai ainsi fraternellement payé ma dette morale d'aîné parmi cette grande famille des élèves que je vois se renouveler autour de moi dans ma situation pénible et immobile; j'aurai, dans tous les cas, laissé à mes enfants des pages qu'ils pourront lire après moi, et, autant qu'il a dépendu de mes forces et du sort, j'aurai réalisé la seule partie vraie de la pensée paternelle qui inspirait il y a dix-huit ans déjà le vénéré comte de Las-Cases, quand il m'adressait, écolier que j'étais alors, cette lettre marquée encore aujourd'hui du deuil de Sainte-Hélène :

« Monsieur,

» J'ai bien reçu dans son temps les premières feuilles de votre publication (1) et la lettre qui les accompagnait. J'ai été vivement touché des expressions flatteuses qu'elle renfermait, et je vous en remercie avec sincérité. Si j'ai tant tardé à vous répondre, c'est que j'ai le malheur de ne pouvoir plus lire moi-même et que je demeure à cet égard à la disposition d'autrui.

» Quoiqu'il en soit, j'ai écouté avec beaucoup d'intérêt et de plaisir votre première production, si propre à vous encourager et à nous en promettre d'autres. J'y ai trouvé surtout du sentiment et de la poésie, sources naturelles de grandes richesses littéraires.

» L'avenir s'ouvre devant vous; vous pouvez y tracer une

(1) Elle avait pour titre *les Vacances d'automne*, petit livre qu'avait bien voulu éditer M. Fritz Berger-Levrault, l'une des plus pures intelligences et l'un des plus nobles cœurs que j'aie connus.

longue carrière ; je suis sûr, d'après ce que je connais déjà de vous, que vous la traverserez avec distinction et en compagnie fidèle de l'honneur et de la loyauté, dont votre honorable père vous aura donné les leçons et le modèle. Vous en ferez des vertus héréditaires.

» Ce sont les vœux de celui à qui vous avez inspiré l'intérêt le plus sincère, qui vous prie d'agréer les expressions de son attachement et de sa parfaite considération.

Signé : Comte de LAS-CASES.

Passy, ce 31 août 1835.

Si la bienveillance anticipée qui accueille mon travail, continue, comme je l'espère, à s'étendre, si, en termes plus simples, Dieu le bénit, alors je tâcherai de reprendre courage, j'agrandirai mon cercle, et chercherai par reconnaissance pour notre paisible ville de La Flèche et pour les honorables sympathies qui m'y entourent, à évoquer un jour son histoire à elle, la poésie qui se cache dans sa vallée, et la série séculaire de ses souvenirs.

Encore un mot. — En conduisant jusqu'à ce ce jour cette *histoire de l'École de La Flèche*, j'ai dû risquer sur des personnages vivants et sur des faits à peine accomplis, des appréciations qui, malgré mon désir de dire simplement la vérité, ne seront pas celles de bien des lecteurs. A ceux-là qui seraient disposés à me condamner, je rappellerais cette pensée d'un poète allemand comparant la vérité à une goutte de pluie éclairée par le soleil et que trois enfants examinent : l'un la trouve bleue, l'autre rouge, et le troisième verte ; tous trois ont raison, de leur point de vue d'enfant, raison bornée et relative : la raison absolue, je veux dire ici la transparence parfaite, la vérité limpide, n'habite pas chez les hommes ; mais j'ai toujours tâché de rappeler son origine et son séjour.

Prytanée impérial militaire, 21 Juillet 1853.

HISTOIRE

DE

L'ÉCOLE DE LA FLÈCHE.

CHAPITRE I.

DESCRIPTION DU PRYTANÉE MILITAIRE.

Assise sur la rive droite du Loir, la ville de La Flèche semble la reine de la gracieuse vallée qui l'environne; mais cette pose presque royale, elle ne l'aurait pas sans son Prytanée militaire, dont les vastes bâtiments, dominés par deux tours voisines surmontées de légères campanilles, ressortent à côté des imposantes masses végétales des platanes et des marroniers du parc. Vu de loin, cet aspect a de l'élégance et de la grandeur; de près, il est malheureusement inaperçu. Une rue trop étroite et mal orientée longe en la masquant toute la façade méridionale des bâtiments du Collége, et les deux ou trois rues perpendiculaires qui la coupent, plus étroites encore, manquent complétement de cette liberté de perspective que réclament les abords d'un édifice.

La porte d'entrée est chargée de sculptures dans le goût prétentieux du milieu du XVIIᵉ siècle. On les remarque moins que deux H dorées qui brillent symétriquement sur les panneaux de la porte, et qu'un buste en pierre dans une niche ovale au milieu du fronton. Ce buste est celui de Henri IV, ces H marquent son nom; cette maison rappelle partout son souvenir.

La cour royale est élégante à voir, et la lithographie, d'après les dessins de l'un de nos élèves (1), vient d'en reproduire les deux aspects opposés avec ce ton tiède et animé qu'elle a dans les beaux jours. Un vaste ovale de verdure en dessine le sol que relèvent aux angles des massifs de petits arbres. A droite et à gauche sont deux ailes de bâtiments éclairés de nombreuses fenêtres; au fond, un perron de quelques marches en avant d'une entrée monumentale à trois cintres, dont deux ne sont que des portes apparentes, celle du milieu conduisant seule au *vestibule de Henri IV*. Au-dessus s'avance en saillie le *balcon* en pierre du *général*, et à hauteur de ce balcon s'élèvent quatre colonnes engagées d'ordre ionique, surmontées d'un fronton aux armes de France, effacées par un roi. A l'opposé de cette belle façade, douze arcades supportent la galerie de la bibliothèque que domine vers l'ouest la *tour de pierre*, grand prisme octogone en dehors du chevet de l'église, auquel il se rattache seulement par la base. A 34 mètres plus loin, au delà de l'intersection du transsept et vers le bas de l'église, s'élève la *tour de bois*, aérienne et

(1) M. René Juffé, qui a fait aussi un joli dessin de la chapelle.

légère, terminée par des lanternes à jour superposées. Sa sœur aînée, la *tour de pierre*, est plus robuste; une galerie à jour l'embellit, un dôme la surmonte, portant lui-même une lanterne à colonnettes, dont la calotte en olive, pointe suprême de l'édifice, s'élève, d'après l'annuaire du bureau des longitudes, à 32^{m}7 au-dessus du sol.

Ici le lecteur qui aime ses aises et craint sa peine fera bien de prendre le plan à vol d'oiseau du Collége militaire, imité de l'ancien petit plan de La Gardette (1); mais l'amateur, le touriste, le lecteur vrai voudra monter à cet observatoire aérien de la tour de pierre qu'a effleuré un jour la trigonométrie de M. Arago, pour voir tout le riche panorama de la vallée de La Flèche, boisée, ombreuse, arrosée par le Loir, zébrée de céréales ondoyantes et de sillons immobiles, et pour embrasser d'un coup d'œil l'ensemble des batiments de l'Ecole qui s'étendent au pied de la tour avec une harmonieuse symétrie. A droite, c'est la cour royale déjà décrite; à gauche, c'est la cour du 1er bataillon, sablée, un peu moins grande que la précédente, ayant l'église au midi, la *salle des actes* au nord; à l'est et à l'ouest, des ailes de bâtiments intermédiaires. Au-delà, on aperçoit en partie la cour du 2e bataillon, la plus régulière de toutes; des pavillons symétriques aux angles, baptisés des noms glorieux de Bayard, de Sully, de Saxe et de Crillon, renferment des escaliers spa-

---

(1) Par M. A. Rioux,

cieux qui conduisent aux différents dortoirs, immenses salles rectangulaires, où l'on voit rangés sur deux files les lits des élèves, ayant à la tête un petit oreiller cylindrique, aux pieds une cassette de même modèle pour tous, renfermant le képi, la tunique bleue, les épaulettes de laine en attendant qu'elles soient d'or, et toute cette toilette militaire dont la simple et élégante uniformité extérieure semble et doit être l'expression de la bonne tenue morale.

Par delà la cour du 2e bataillon s'étend la cour irrégulière, anguleuse de la manutention; là sont les cuisines, les bûchers, les caves, et à l'extrémité nord-ouest les prisons; une tour basse et lourde, baignée par les eaux de la douve, est le point extrême de ce triste séjour, bien sûrement mal sain à l'âme. Cette cour enclot aussi depuis 37 ans celle du 3e bataillon, toute pleine aux récréations de cris enfantins et joyeux : rires voisins des larmes, au collége comme dans la vie.

A l'extrémité orientale des bâtiments de l'Ecole, et comme pendant, se voit la cour des magasins, éloignée de la tour des prisons par un espace de 284 mètres, occupé par l'ensemble des cours et des bâtiments que nous venons de décrire.

Le premier dessein de Henri IV avait été d'établir le Collége à Saint-Jacques, prieuré situé à l'extrémité de la ville; mais sur les représentations de Fouquet de la Varenne, qui lui fit remarquer que cet emplacement était trop resserré et trop peu central, il changea d'avis et se détermina à faire l'abandon du Château-Neuf bâti par son aïeule, avec son jardin et son parc. Dans l'estimation qui en fut faite, il ne fut prisé que 10,000 livres, sans doute parce que tout y était en mauvais état et que l'on n'y comprit pas le bois qui était séparé de la maison; et l'on ne donne à l'emplacement que six à sept arpents. Il y en a à présent cinq ou six fois autant dans le parc et le jardin (1).

Cet agrandissement provint de l'achat préalable d'une vingtaine de maisons et de jardins qui coutèrent 18,500 livres, puis de plusieurs autres maisons encore situées vers la cour actuelle de la manutention et la rue de la Juivrerie (rue du Collége), puis enfin de la cession faite par la Varenne d'une pièce de terre nécessaire à carrer le parc.

Grace au don du Château-Neuf, l'acquisition des terrains s'était faite, on le voit, à peu de frais. La générosité de Henri IV pourvut également aux dépenses de constructions et d'ameublements, comme le prouve un document du 16 octobre 1606, inséré dans les *OEconomies royales* de Sully, présentant la distribution d'un don de 100,000 écus aux jésuites de La Flèche (2).

La ville de La Flèche elle-même contribua autant et plus peut-être que ses ressources ne le lui permettaient à l'édification du Collége, et aux frais d'installation des pères jésuites. D'abord une somme

(1) Ms. d'un père jésuite, du milieu du siècle dernier.
(2) Voir la note A à la fin du volume.

de 200 écus leur fut envoyée à Pont-à-Mousson, pour payer les frais de leur voyage (octobre 1603); quelques semaines après, par acte à la date du 29 novembre, le père Barny, procureur de la province, qui avait pris les devants, reconnaît avoir reçu des habitants de La Flèche une somme de 3,000 livres pour aider et contribuer aux frais de l'établissement du Collège en ladite ville.

Le 15 juin de l'année suivante, arrêt du conseil d'État du roi, qui, faisant droit sur la requête présentée par les habitants de la ville de La Flèche, ordonne qu'ils seront imposés de la somme de 6,003 livres, à laquelle contribueront exempts et non exempts, pour être employées, savoir : 3,000 pour fournir tant pour la fondation du Collège que pour partie des meubles des jésuites, et les 3,003 livres restantes pour l'acquit de leurs dettes.

Certains de la générosité de Henri IV, les jésuites avaient dressé un devis des bâtiments, et l'adjudication s'en fit au rabais le 27 mars 1606, la maçonnerie, la charpente et la couverture séparément aux entrepreneurs Bideau, Plessis et Estourneaux ; tandis qu'un quatrième entrepreneur, homme de dévouement et d'intelligence, Le Féron de Longuemezière, se chargea de bâtir l'église et la sacristie, les tours, la salle des actes, la bibliothèque (*salle des piliers*), le corps de logis entre la cour royale et la cour des classes (cour du 1er bataillon), ainsi que le carré des bâtiments des pensionnaires (cour du 2e bataillon), en somme l'ensemble du Collège, pour le prix de 240,000 livres.

Mathurin Jousse fut l'un des artistes de la chapelle; cet habile ouvrier s'est fait plus tard, nous le dirons, une renommée littéraire. Quant aux quatre entrepreneurs, l'observateur qui voudra se donner la peine d'examiner avec quelque attention la solide et élégante construction des bâtiments du Collége, la régularité des toitures, la remarquable charpente de l'église, reconnaîtra que ces hommes que nous venons de nommer n'étaient pas sans unir le sentiment de l'art à la connaissance du métier, et ne songera point à nous reprocher d'avoir ici conservé leurs noms, avec l'indication de la part d'œuvre à laquelle ils se sont consacrés.

Tous ces travaux remplirent à La Flèche les quatre dernières années du règne de Henri-le-Grand. Après sa mort, le roi Louis XIII, son successeur, envoya en 1612 le frère Martelange, architecte de la compagnie, pour terminer les travaux, et chargea M. de Fouray, intendant de ses bâtiments, de faire parachever toutes les constructions, avec ordre au trésor royal d'acquitter les dépenses.

En 1619, le même prince donne 12,000 livres pour l'église, qui fut terminée trois ans après. La clôture du parc, commencée cette même année 1619, fut achevée en 1630.

En 1630 on construisit le réfectoire des pères *(salle des visites)*, et en 1634 le moulin du pensionnat sur cette partie de la douve adjacente aux bâtiments du 3ᵉ bataillon; il a disparu en 1815.

En 1653 on fit le corps de logis où se trouve le grand réfectoire, le long de la rue du Collége, la galerie en arcades du vestibule d'entrée, supportant une seconde galerie de même longueur, destinée à une collection de tableaux (aujourd'hui *salle de la bibliothèque*), puis enfin le grand portail au fronton duquel on pratiqua une niche ovale, où fut placé le buste en pierre de Henri IV, et au-dessous la première inscription qu'a eue notre école sous les jésuites : *Regium Henrici Magni Collegium*, bien des fois changée depuis.

Ces dernières constructions terminèrent et régularisèrent la cour royale, auparavant pleine à moitié de petits bâtiments que l'on fit disparaître.

En 1660 on fit le grand pavillon de la cuisine actuelle.

En 1770, les administrateurs de l'ancienne École militaire firent arriver et distribuer dans toutes les parties de la maison les eaux de la source des *Sars*, située dans un vallon pittoresque, à près de trois kilomètres nord-ouest du Collége.

La façade monumentale du balcon du *général*, avec ses colonnes, ses bas-reliefs et son fronton armorié, est due aux pères de la doctrine chrétienne, vers 1784, mais n'était pas encore terminée en 1791.

On leur doit encore l'infirmerie, carré incomplet de bâtiments à deux étages, séparé du Collége par la rue, et dont de la tour on n'aperçoit bien que la partie supérieure. Grace au zèle dévoué des excellentes sœurs de Saint-Vincent, qui la dirigent, l'infirmerie du Prytanée peut passer pour un petit hospice modèle. Les salles pour les élèves malades sont tenues avec une simple et élégante propreté, et les enfants eux-mêmes, outre les visites journalières du médecin, y reçoivent de la part des sœurs des soins tout maternels : une salle de bains, amélioration importante, a été construite il y a deux ans ; la pharmacie est belle ; la chapelle est comme un salon béni, parqueté et boisé partout ; l'autel lui-même est en bois sculpté sans dorure, d'un beau travail et contemporain des pères jésuites par son style. Retrouvé dans les greniers de la maison, il a été restauré avec beaucoup de goût.

Il ne manque à l'infirmerie qu'un grand jardin ; le préau intérieur est insuffisant, et le parc du Collége, un peu trop éloigné, ne peut servir qu'aux élèves tout-à-fait convalescents.

L'abandon dans lequel fut laissé le Collége pendant la révolution, les dévastations qui eurent lieu à cette époque, et, à la longue, l'action destructive du temps auraient fini, malgré les charges d'entretien que s'imposait la ville de La Flèche, par amener la ruine des bâtiments de l'École, si l'empereur, sollicité le 16 mars 1808, n'avait, en ordonnant l'établissement à La Flèche du Prytanée militaire, matériellement sauvé l'édifice lui-même d'une ruine prochaine. On avisa alors aux réparations nécessitées par sa nouvelle destination, entre autres à la reconstruction des étages supérieurs des ailes orientale et occidentale de la cour royale. La toiture de la dernière était effondrée ; les eaux pluviales, filtrant du haut en bas des murs, avaient détruit en partie jusqu'aux salles voûtées du rez-de-chaussée ; la voûte de la salle d'armes et quelques autres arceaux mieux abrités se sont seuls conservés. Le dôme en pierres de la tour elle-même menaçait ruine, et l'ascension tranquille que nous y faisons aujourd'hui n'eût pas été, vers 1809, sans quelque éboulement à redouter.

La distribution actuelle, surveillée avec un intérêt sympathique par le duc de Feltre, ancien élève de notre École et longtemps ministre de la guerre sous l'Empire, a été faite, d'après ses ordres, par M. Belin de Saint-Maur, directeur du bureau des écoles militaires ; elle a été du moins peu modifiée depuis. En 1812, une école d'artillerie, annexée au Prytanée de La Flèche, amena un commencement d'exécution d'un plan grandiose projeté par l'empereur, mais qui tomba avec lui : l'école de tir et le polygone impérial ne furent qu'un rêve qui s'évanouit dans les désastres de l'invasion.

La Restauration fit élever les bâtiments et le mur d'enceinte du 3e bataillon, et le gouvernement de juillet fit construire le bassin de natation ; on l'aperçoit, avec ses saules et son îlot, un peu au-dessous de l'église de Sainte-Colombe, qui montre sur les bords du Loir sa belle muraille percée de fenêtres ogivales et affublée d'un clocheton bizarre.

Après avoir recommandé une visite intérieure dans les salles et particulièrement au cabinet de physique et d'histoire naturelle, que des achats récents viennent d'agrandir, nous descendrons volontiers de la galerie de la tour de pierre, pour entrer à la bibliothèque et à l'église; — ces deux trésors des remèdes de l'âme sont au Prytanée voisins l'un de l'autre; — et pour visiter ensuite la salle des actes, le vestibule de Henri IV et le parc.

Le local actuel de la bibliothèque forme un vaste rectangle long de 46 mètres, large de 6, avec un plafond en plein cintre, revêtu de lambris peints il y a 40 ans, couverts aujourd'hui d'une couche de plâtre. Ce fut jusqu'à la révolution une galerie de portraits représentant la suite des seigneurs de La Flèche, depuis le XIe siècle jusqu'à Henri IV; ils ont disparu dans les dégâts des premières années de la révolution. Toutefois, un manuscrit anonyme d'un père jésuite du milieu du siècle dernier nous permet de reproduire au moins les noms des personnages historiques qui figuraient dans cette galerie et l'ordre dans lequel ils se succédaient; les voici :

1. — Jean de La Flèche, fils de Lancelot *Sore* (1) de Beaugency, mort en 1088, après avoir construit au milieu du Loir une forteresse (2) à côté de laquelle La Flèche s'éleva. Son fils aîné fut :

(1) Sore ou Saure, *brun, roux*. (Ducange.)
(2) La reconstruction du pont *des Carmes* en va faire disparaître les derniers restes.

2. — Hélie de La Flèche, comte du Maine, une des belles et poétiques figures féodales de la fin du XIe et du commencement du XIIe siècle dans nos contrées. A une portée d'arbalète du château-fort de son père, il éleva une église, Saint-Thomas, dont le chœur roman est consacré déjà par plus de sept siècles de prières ; autour de l'église une ville, autour de la ville des remparts ; puis de cette ville et de ces remparts il fit sa capitale dans le Maine ; et simple comte d'une province, ce seigneur de La Flèche tint tête au roi d'Angleterre. Sa vie se passa en grande partie à guerroyer. On le voyait presque toujours bardé de fer ; mais sous cet extérieur redoutable, sa figure était douce, ses mœurs pures. Docile dans sa jeunesse aux pieuses leçons de sa mère, *mult sage dame*, dit le trouvère Benoist de Sainte-More, il mérita, devenu homme, le beau nom de *chevalier candide*. Orderic Vital, Smolett et Sismondi lui ont consacré d'honorables pages, et long-temps avant ces derniers, complétant sur lui les chroniques du moine d'Ouche, maître Wace l'avait chanté à l'entour de la *table ronde* :

> Helies fut de grant poeir
> Mult eut grant terre è grant aveir,
> Cil del Mans à li se teneient
> D'avancier li s'entremetteient
> È li homes de la loée
> Estoient tins à sa criée....
> È li barons de la contrée
> Orent por li mainte meslée;

> Mult le prisoent è amoent
> È à seignor le désiroent.
>
> (Robert Wace. — *Roman de Rou.*)

Une comète marqua l'année de sa mort en 1110.

3. — Eremburge, fille d'Hélie, fonda, avec son mari Foulques d'Anjou, le prieuré de la Fontaine-Saint-Martin.

4. — Geoffroy Plantagenet, comte d'Anjou.

5. — Henri II, roi d'Angleterre, fondateur de Mélinais.

6. — Richard Cœur-de-Lion.

7. — Raoul, vicomte de Beaumont.

8. — Richard de Beaumont.

9. — Louis de Brienne, roi de Jérusalem.

10. — Jean I, vicomte de Beaumont.

11. — Robert, id.

12. — Jean II, id.

13. — Louis II, id.

14. — Guillaume Chamaillard.

15. — Pierre II, comte d'Alençon, surnommé le loyal.

16. — Jean I, duc d'Alençon, tué à Azincourt.

17. — Jean II d'Alençon.

18. — René, duc d'Alençon (1525), fit bâtir à La Flèche le premier couvent des Cordeliers.

19. — Charles, duc d'Alençon, mourut sans enfant et laissa pour héritière sa sœur Françoise d'Alençon, mariée en secondes noces à

20. — Charles de Bourbon, premier duc de Ven-

dôme. Après la mort de ce second mari, en 1538, Françoise d'Alençon vint demeurer à La Flèche, dans le Château-Neuf, commencé vers cette époque et où elle mourut le 20 septembre 1550. Ce Château-Neuf a fait place au Collége.

21. — Antoine de Bourbon, père de
22. — Henri IV, dit le Grand.

Outre ces vingt-deux portraits, la galerie renfermait encore tous ceux des ancêtres de Henri IV, en remontant jusqu'à Saint-Louis; plusieurs tableaux représentant les principaux exploits de ce roi populaire, entre autres celui de la bataille de Fontaine-Française, où le fléchois Fouquet de la Varenne était représenté frappant un espagnol sur le point de tuer le roi.

Enfin, dans un autre tableau était le père Cotton aux genoux de Henri IV, recevant de ce prince les clefs du Château-Neuf. Dans le fond apparaissait la ville de La Flèche avec la tour de Saint-Thomas, sa haute flèche et les quatre chérubins qui la soutenaient.

Cette galerie existait, comme nous venons de la décrire, sous le père Corbin, de la doctrine chrétienne, en 1777 (1).

Dans l'hiver de 1792 à 1793, elle fut changée en un atelier de cordonniers. L'obligation de se défendre contre les invasions vendéennes nécessita alors, à La Flèche et aux environs, la présence de

(1) Préface d'une oraison fun. de Henri IV, par le P. Corbin.

troupes républicaines, à l'entretien desquelles les municipalités furent chargées en partie de pourvoir. Les portraits des seigneurs de La Flèche et des descendants de Saint-Louis disparurent dans ces temps de malheurs publics, et la galerie resta déserte jusque vers 1809, époque à laquelle elle fut restaurée; et l'on y transféra, quelques années après, la bibliothèque du Prytanée, conservée jusqu'alors dans la salle dite aujourd'hui *des piliers*.

Cette importante collection elle-même fut commencée par Henri IV, qui, dans la précédente distribution de 100,000 écus aux jésuites, en affecta 1,000 à un achat de livres. Il augmenta ce premier fonds par une somme annuelle de 300 écus (900 livres), continuée, selon toute probabilité, par les rois ses successeurs. Des legs particuliers du prince de Conty, du chanoine Éveillon d'Angers, de l'abbaye de Saint-Denis, d'où nous est venue la collection des auteurs bysantins, les dons des ministres et des rois, ceux de plusieurs écrivains augmentèrent successivement la collection.

Les jésuites, mis en possession de plusieurs abbayes, purent faire entrer dans la bibliothèque au moins quelques-uns des livres des moines de Mélinais et de Belle-Branche; puis eux-mêmes étaient littérateurs, théologiens, historiens, poètes; les ouvrages qu'ils composaient, ceux qu'analysait leur journal de Trévoux, quelques-uns de ceux qu'ils donnaient en prix et qu'abandonnait le lauréat devenu quelques années après jésuite à son tour, vinrent ainsi garnir successivement les rayons de la bibliothèque. Elle doit à leurs soins ses belles éditions des pères de l'Église et ces in-folio précieux que les Mabillon, les Sainte-Marthe, les Montfaucon, les André Duchesne ont écrits sur l'histoire nationale.

Les dévastations qui eurent lieu en 1793 furent peut-être moins grandes qu'on ne le dit communément. Il y eut alors, et dès les premiers mois de l'an II de la République, des mesures prises pour la conservation de la bibliothèque. Elles honorent la municipalité d'alors et le représentant du peuple Garnier de Saintes, en mission à La Flèche. On peut voir à ce sujet les séances du conseil municipal du 11 et du 16 floréal an II.

A cette époque, l'administration du district s'était installée dans les logements du rez-de-chaussée du *Collége national*. La bibliothèque était sous sa surveillance, et très probablement faut-il attribuer à ses soins l'introduction, dans les livres qui la composent, de plusieurs ouvrages venus des maisons religieuses supprimées des Capucins et des Cordeliers de La Flèche, des Récollets du Lude et des Génovéfains de Château-l'Ermitage. (*Ex libris e Castellis-Eremi*, lit-on sur un assez grand nombre de titres.)

Cette concentration était évidemment moins révolutionnaire que conservatrice.

Une décision de la municipalité du 25 frimaire an IV, *continue* dans leurs fonctions de bibliothécaires les citoyens Poté et Bourgoin, ex-doctrinaires et professeurs au Collége, les charge de la confection d'un catalogue et les rétribue pour ces fonctions.

L'abbé La Bellangerie leur succéda, toujours en vertu de délibérations municipales, lors de l'établissement de l'École secondaire de MM. Meyer et Maurin dans les bâtiments du Collége.

Le 1er et le 3 brumaire de l'an VII, la municipalité de La Flèche s'opposa, par tous les moyens de légalité et de conciliation, à l'enlèvement de la bibliothèque et du cabinet de physique, décidé par l'administration du département, qui déjà avait fait apposer les scellés. Sans cette intervention de la commune et l'envoi à Paris des citoyens Hamon et Vincent, délégués par elle auprès du ministre de l'intérieur pour faire rapporter cette mesure, la bibliothèque serait aujourd'hui fondue dans celle du chef-lieu du département de la Sarthe.

En 1808 eut lieu la translation du Prytanée militaire de Saint-Cyr à La Flèche. Cette appropriation nouvelle n'ôta point la bibliothèque à la ville. Cette importante collection resta dépendante de la municipalité, et, comme telle, continua d'être comprise dans les attributions du ministère de l'intérieur, comme le prouve un document textuel dont l'importance ressort du droit précieux qu'il accordait aux habitants de La Flèche de la fréquenter deux fois par semaine (1).

(1) Note B à la fin du volume.

Cette faveur, tout à la fois bienveillante et intelligente du gouvernement de l'empereur, interrompue par les malheurs de l'invasion, se perdit aux premières années de la Restauration.

M. Maurin fut bibliothécaire sous l'Empire, et, après un léger intérim pendant les cent jours, eut pour successeur M. de Sourdon, qui resta conservateur de la bibliothèque pendant toute la Restauration et opéra le classement suivi depuis. Ces fonctions furent, après 1830, réunies à celles de trésorier.

Le nombre actuel des ouvrages composant la collection, grace aux entrées considérables faites dans ces dernières années, doit être de quinze mille environ, dont une bonne partie se compose d'ouvrages historiques.

On y remarque quelques éditions elzéviriennes et aldines, de magnifiques reliures dorées et fleurdelysées de volumes in-folio donnés en prix par les jésuites; l'une d'elles recouvre la Chronique de Nuremberg.

Un vaste pupitre a été construit il y a quelques années pour enclore et déployer les atlas de la grande description de l'Égypte, imprimée par ordre de l'empereur et achevée par les soins du gouvernement du roi Louis XVIII.

Une chronique du siège de Rome, en 1527, écrite par Jacques Bonaparte, réunie aux mémoires de Bayard et de Fleurange, fait partie de l'un des volumes du Panthéon littéraire. Ce volume fut lui-même dédié, par M. Buchon, son éditeur, le 27 juillet 1836, à S. A. I. le prince Louis-Napoléon Bonaparte, avec cette épigraphe toute pleine d'un pressentiment de divination aussi étrange que sympathique :

. . . . Si quâ fata aspera rumpas
Tu Marcellus eris ! . . . .

Dans la case la plus voisine se trouve aussi la relation d'un autre siège de Rome, — celui de 1849, — ordonné par ce même prince à qui ces vers, qui firent pleurer Octavie, ont certainement porté bonheur, car il était en cette année Président de la République Française, et il est aujourd'hui l'empereur Napoléon III régnant. Cette relation des opérations du dernier siège de Rome a été faite par le général Vaillant, et à la page 50, sous la date : *journée du 6 juin,* à la suite de la mention d'un orage, se trouve cette ligne : « Dans la batterie n° 2, le lieutenant Clère, de la 16° batterie du 8° régiment, fut tué, et un canonnier fut blessé. » Par cette ligne funèbre, ce livre est devenu le mien ; car ce lieutenant tué en commandant le feu de ses pièces devant Rome, dans l'orage du 6 juin 1849..... c'était mon frère ! Charles-Joseph !! (1). . . . .

. . . .
. . . .
. . . .

(1) Il avait, l'avant-veille, sans qu'on eût sur les lieux aucuns des agrès propres à faciliter cette opération, relevé

L'église du Prytanée est un grand et bel édifice dans le style architectural classique du XVIIe siècle. Sa première pierre fut posée le 7 juin 1607, par le maréchal de Lavardin, sous le pilier qui porte les voûtes du caveau sépulcral. Sous cette pierre on déposa une plaque d'or portant d'un côté l'effigie de Henri IV et de Marie de Médicis, et de l'autre les armes de France et de Navarre. L'église fut terminée en 1622, et ouverte, la première fois, pour la solennité de la canonisation de saint Ignace et de saint François Xavier, cette même année, par Charles de Beaumanoir, évêque du Mans, et consacrée sous le vocable de saint Louis, roi de France, par messire Claude de Rueil, évêque d'Angers, le 2 septembre 1637. Henri Arnaud, son successeur, consacra les

une pièce de 24 échappée de ses encastrements. Ce fait pourrait être encore présent au souvenir de M. le maréchal Vaillant qui en fut témoin. — Que le lecteur me pardonne d'attrister cette page du deuil qui depuis a toujours rempli mon cœur..... mon frère était mon ami ! — Je ne puis aller aux collines de la villa Santucci, où il repose sous un pin, à côté des bruyères, renouveler la croix de bois qu'un frère plus jeune, revenu seul de l'expédition de Rome, a pu planter avant son départ sur sa fosse : « Dieu est trop haut, et La Flèche est trop loin. » Je ne puis que lui consacrer ces lignes écrites à côté de ses épaulettes et de son sabre, seules reliques qui, avec ses états de service, quelques lettres, quelques dessins d'un petit livre dédié en 1835 au comte de Las-Cases, me restent de lui, de même qu'une croix d'honneur donnée par l'empereur à Wagram est le seul bien qui me reste de mon père.

autels collatéraux en 1653. De la fin de 1793 au 2 fructidor de l'an IX, elle servit aux fêtes décadaires. Au jour que nous venons de nommer, elle fut rendue par la municipalité de La Flèche (1) au culte catholique, sur la demande des citoyens Pihery, Leroy-Guittonnière, De Vives, Rocher, Rojou, Dorveau-Caignard et Bodin, souscrite d'un grand nombre de citoyens de cette commune. Je désire honorer par ces lignes ces hommes qui se sont honorés en effet par l'initiative du retour au sentiment chrétien dans notre ville.

L'église Saint-Louis fut érigée en paroisse en vertu d'une ordonnance de M. de la Myre Mory, évêque du Mans, en 1828.

La longueur de l'édifice est de 51 mètres, la largeur de 19, y compris l'espace occupé par les chapelles collatérales. Au-dessus de ces chapelles sont des tribunes ornées de balustrades; d'autres tribunes plus grandes règnent aux extrémités du transsept, à droite et à gauche du sanctuaire, et leur forme circulaire leur donne un aspect élégant. A leur extrémité orientale, au-devant d'un petit fronton orné de sculptures et de colonnettes en marbre noir, se voyaient autrefois, dans une niche, deux cœurs en métal doré, renfermant l'un le cœur de Henri IV, l'autre celui de Marie de Médicis. Nous raconterons plus loin l'histoire de la première de ces reliques royales, qui n'est plus qu'un peu de cendre sauvée

(1) A la tête de la municipalité se trouvaient alors MM. Perrinelle et Haillot, adjoints, et, depuis trois semaines,

par une main pieuse du bûcher allumé par un vandale.

Sur le côté de l'évangile, la Force et la Justice semblent veiller sur les restes du cœur de Henri IV. Au côté opposé, la Prudence et la Douceur gardaient celui de la reine, dont la niche est vide aujourd'hui. Ces jolies statues, les plus belles de la chapelle, sont en terre cuite, modelées par un sculpteur d'Angers, nommé Vincent; leur conservation est due à l'architecte Simon. Au-dessus des petites portes du rez-de-chaussée de ces galeries, à droite et à gauche du chœur, on déposa sous la Restauration, dans deux chasses vitrées tendues d'étoffes rouges, du côté de l'épître (18 juin 1818), l'épée du prince de Condé; et du côté de l'évangile (5 avril 1827), celle du duc de Berry. Ces deux épées ont été retirées après 1830. Le sanctuaire de cette église a ainsi recueilli à différentes époques les restes des rois et les dépouilles guerrières des princes; mais les révolutions, plus fortes en France que le culte des souvenirs, les ont autant de fois arrachés à ce séjour.

Le maître-autel fut fait par Pierre Corbineau, de Laval; il est d'ordre composite, orné de huit colonnes de marbre rouge veiné de blanc, hautes de trois mètres. Le retable est couronné d'un fronton circulaire d'où pend une guirlande de fleurs

M. Rocher-Desperrés, maire, dont le dévouement intelligent avait déjà, avant cette époque, aidé à relever le Collége de ses ruines. — V. chap. VIII.

trop lourde et que chargent des ornements trop multipliés. Tous ces détails, pris isolément, peuvent plaire; mais leur ensemble trop riche fatigue et n'inspire pas. Les statues de saint Pierre et de saint Paul, de Charlemagne et de saint Louis inspirent moins encore, car elles sont laides; et la Notre-Dame de pitié, qui de sa niche domine tout cet ensemble, est bien loin elle-même de cette expression de douleur infinie que devait éprouver la plus idéale des mères, soutenant dans ses bras le corps de son divin fils.

Le sanctuaire est pavé d'une mosaïque de marbres de couleurs variées, et la sainte-table, aussi en marbre, est supportée par des piliers rapprochés, alternativement noirs ou jaspés.

Entre les chapelles collatérales règnent des pilastres d'ordre dorique, surmontés d'un entablement du même ordre. Les arêtes de la voûte sont marquées par des arceaux en saillie, dont la quatrième intersection, à partir de l'entrée, s'arrête à un orifice circulaire sur lequel s'élève la tour de bois.

Entre ces pilastres et les arcs des cintres des petites chapelles, saillent en relief des anges dont les poses ondoyantes auraient de la grâce, si, pour la plupart, leurs figures étaient moins horribles. Elles sont l'œuvre de deux sculpteurs jésuites.

La porte d'entrée présente une voûte élégante et hardie, où les sculptures sont faites avec plus de goût, et les figures d'anges modelées avec plus de fierté et de grâce. Deux cariatides herculéennes supportent cette voûte sur leurs épaules, et gardent sur leur figure de pierre l'empreinte d'une fatigue tout à la fois naturelle et idéale. Cette belle voûte est l'œuvre de Jousse.

On remarque deux ou trois tableaux ; l'un, au bas de la grande tribune des dames, représente le massacre des sept Macchabées ; il a été apporté de Rome par les jésuites et restauré par P. Lumière en 1818. En face est une descente de croix, copiée de Jouvenet par Lepicier, envoyée au Collége de La Flèche par l'École militaire de Paris. Le troisième est au retable du maître-autel et représente l'Annonciation ; il est l'œuvre de Restout, et avait été donné pendant l'Empire au musée de Bruxelles, pour remplacer sans doute quelque toile flamande transportée au musée de Paris. En 1814 il fut rendu à la France, et le ministère l'envoya à La Flèche vers 1819.

La voûte de l'église est haute de 18^m 50, la lumière bien distribuée, l'aspect général élégant et, comme dans les églises des jésuites au XVIIe siècle, un peu mondain. On l'a comparée à la chapelle de Versailles.

La chapelle et les caveaux étaient autrefois peuplés de morts illustres. Là fut d'abord inhumé « haut et puissant seigneur messire Guillaume Fouquet de la Varenne, seigneur et marquis de ce lieu, gouverneur des villes et châteaux d'Angers et de La Flèche, qui, en naissant, trouva cette ville peu de chose, et en mourant la laissa en réputation.......

Priez Dieu pour le repos de son âme. » Après lui vinrent ses petits-fils René et Claude, puis leur sœur Catherine, mère de Marie de Bretagne, duchesse de Montbazon, la plus belle des femmes de la cour de Louis XIV.

Il y avait encore enterrés dans les caveaux un sérénissime prince de la maison d'Este, un duc de Medavi, quelques pères jésuites, Letellier et Charlevoix, plusieurs nobles dames, la présidente des Roches, Mme Duplessis-Cornet, Mmes Marie et Marthe Leroy, deux sœurs, Anne et Françoise Corbin de Mincé, et une jeune fille seule de son nom, Marie Moriceau.

De ces grands seigneurs, de ces religieux, de ces dames, de ces jeunes filles célèbres à La Flèche autrefois, qui donc aujourd'hui, si ce n'est cette page, répète les noms oubliés?

Au nord de l'église et de la cour qui l'en sépare s'étend au premier étage la *salle des actes;* elle est vaste et magnifique. Neuf grandes fenêtres, dont cinq sur le parc, orientées de manière à projeter la lumière sur le théâtre, en éclairent le fond d'un jour vif. Le plafond est composé d'une arcature brisée de sept zones longitudinales, se succédant de manière à former un cintre surhaussé, peint sur toute sa surface de caissons égaux, au milieu desquels des H alternent avec des rosaces. Le chiffre couronné de Henri IV et de Marie de Médicis repose sur un foudre au milieu du plafond. A l'extrémité est une peinture monumentale due aux pinceaux réunis de MM. Mars, Gaston, Deutsch et Mercier, anciens professeurs de dessin. Elle représente Hercule, le lion néméen à ses pieds ; son bras droit est reposé sur sa massue, et de la main gauche il soutient un grand médaillon ovale, couleur d'airain, au centre duquel est Henri-le-Grand couronné par la victoire. Au-dessous sont deux femmes assises, personnifiant l'une la Justice, l'autre l'Histoire, et ayant à leurs pieds de petits enfants dont l'un montre aux autres ces mots gravés sur des tablettes : FONDATION DE 1603.

Toutes ces figures ressortent sur un immense manteau de pourpre soulevé par des génies, semé de fleurs de lis d'or il y a 25 ans. Au-dessous se trouve la suite des noms des élèves qui ont mérité le prix d'honneur institué en 1835 par Mgr le duc d'Orléans, décerné pendant six ans au nom de ce prince, puis, après sa mort tragique, au nom du comte de Paris, son fils, et depuis la révolution de février, au nom du ministre de la guerre, dans la séance solennelle que, vers le milieu du mois d'août, a presque toujours présidée depuis quinze ans M. le lieutenant-général comte de Schramm, inspecteur général du Collége militaire, ministre de la guerre en 1851, aujourd'hui sénateur.

Le 23 mai 1853, l'empereur a complété la réorganisation du Prytanée, et a ensuite décidé que le prix d'honneur serait à l'avenir décerné en son nom.

Sur les boucliers peints qui décorent le fond de la salle des actes, deux palmes vertes de chêne et de laurier s'ouvrent et continueront ainsi à s'ouvrir, comme des parenthèses glorieuses, aux noms des lauréats de notre École :

1835. — Cassaigne, Philibert-Charles, né à Bayonne, Basses-Pyrénées.

1836. — Berlier, Pierre-André-Hercule-Stanislas, né à Valence, Drôme.

1837. — Barbelet, Prosper-Désiré, né à Dieppe, Seine-Inférieure.

1838. — Videau, Henri, né à Beaune, Côte-d'Or.

1839. — Haca, François-Auguste-Florimond, né au Quesnoy.

1840. — Lamy, Zénon-Eugène, né à Ney, Jura.

1841. — Une promotion pour Saint-Cyr ayant eu lieu au printemps, le prix d'honneur ne put être décerné.

1842. — Dufaur de Gavardie, Henri-Edmond, né à Rennes, Ille-et-Vilaine.

1843. — Cornier, Aimé-Jean, né à Blaye, Gironde.

1844. — Piquemal, Louis-Alfred, né à Sarreguemines, Moselle.

1845. — Fay, Charles-Alexandre, né à Saint-Jean-Pied-de-Port, Basses-Pyrénées.

1846. — Georget-Lachesnays, Maurice-Augustin, né à La Flèche.

1847. — (Néant.)

1848. — Legallais, Georges-Armand-Barthélemy, né à Saint-Aignan, Loir-et-Cher.

1849. — Iratsoquy, Henri-Arthur, né à Montigny-sur-Vesle, Marne.

1850 et 1851. — (Néant.)
1852. — Roser, Jean-Geoffroy, né à Strasbourg.
1853. —

En face du théâtre sur lequel au grand jour de la distribution des prix viennent prendre place le lieutenant-général président, le général commandant l'École, le commandant en second, les autorités de la ville et les fonctionnaires de la maison, on voit s'élever, montant jusqu'à la voûte, les gradins couverts d'élèves. Au haut de ces gradins est la tribune des musiciens, en arrière de trois gracieux arcs que surmonte une peinture correspondant à celle que nous avons décrite d'abord, montrant dans les angles des enfants nus, savants ou guerriers en herbe, qui jouent avec des casques, des piques et des sphères. Mars et Pallas semblent les inspirer, accoudés sur un trophée où figurent un heaume, une couronne, des drapeaux tricolores, et sur un écusson bleu de ciel l'N impériale reposée entre deux cornes d'abondance.

En descendant de la salle des actes pour se rendre au parc, on arrive au *vestibule de Henri IV*, où s'élève la statue en pied de ce roi. Debout, canne à la main, en costume élégant de la fin du XVIᵉ siècle, pourpoint serré et haut de chausses bouffant, cette belle statue semble, par son air alègre et sa franche attitude, dire encore, comme autrefois à une bataille le brave roi qu'elle représente : « A quartier, mes amis, ne m'offusquez pas, j'aime à paraître! » Sur le socle on lit en lettres d'or : *A Henri IV l'École royale militaire reconnaissante.*

Cette statue fut envoyée et placée là en souvenir de la première station du cœur de Henri IV dans le Collége, par ordre du maréchal duc de Feltre, de nouveau ministre en 1817.

L'inauguration eut lieu le 14 mars, jour anniversaire de la bataille d'Ivry, avec toute la pompe que la Restauration mettait à ses fêtes. Les élèves défilèrent par bataillons devant l'image du grand roi, la saluèrent de leurs vivat et déposèrent à ses pieds des branches de laurier et des fleurs. Une copie du procès-verbal de l'inauguration fut déposée dans le socle, derrière la tablette de marbre (1). La République de 1848 fit restaurer et enduire cette statue, et par ce procédé en assura pour plus longtemps la durée.

Vu de la porte nord du vestibule de Henri IV, le jardin avec ses carrés de verdure enclos dans un vaste quadrilatère de tilleuls tondus, le parc avec ses grandes masses de feuillages balancées par les vents, et la percée de la grande allée au bout de laquelle on aperçoit une portion des coteaux de Saint-Germain-du-Val et une déchirure du ciel, présentent dans leur ensemble un coup d'œil imposant et gracieux. « C'est un petit Versailles ! » s'écria M. le duc de Nemours lors de la visite qu'il fit au Collége militaire en 1843. Une grande allée conduit du perron du vestibule à l'extrémité du parc et s'y termine par un petit temple grec changé aux proces-

---

(1) Voir la note C à la fin du volume.

sions de la Fête-Dieu en un reposoir catholique plein de fleurs, de lumières et de parfums. Au milieu du jardin est un jet d'eau retombant par étages superposés dans une vasque de marbre de près d'une toise de diamètre, et de là dans un grand bassin, séjour habituel d'un cygne solitaire. A droite et à gauche dans les jardins sont des viviers plus petits.

Dans le parc, les allées vers l'entrée sont ombragées de grands arbres : ici des marronniers d'Inde au riche feuillage, là des platanes à l'écorce caduque ; les peupliers, les tilleuls et les chênes d'Europe croissent dans le voisinage des tulipiers d'Amérique ; de jeunes sapins du Jura, toujours verts et droits comme des cierges, poussent à côté d'arbres tortus de Judée, couverts jusque sur le tronc d'une neige de fleurs amaranthes ; les faux ébéniers laissent tomber le long des murs leurs panaches dorés et mobiles, tandis que des acacias montrent çà et là leurs lourdes grappes de fleurs pâles ou couleur de chair, et que des pommiers nains de paradis se couvrent aux beaux jours de mai de mille petites roses. Au milieu de ces arbres s'étend une petite prairie que les faux-fuyants des bosquets semblent isoler et grandir, et changer, quand le calme du matin ou les ombres tombantes du soir s'y prêtent, en une sorte de clairière. La partie à gauche de la grande allée était, il y a deux ans, une petite forêt véritable, et n'est plus aujourd'hui qu'une *coupe* en deuil des arbres qu'elle a perdus.

Dans vingt ans, leurs rejetons donneront de l'ombre, dit-on ; c'est une consolation pour ceux qui pourront les voir; mais cet âge auquel arriveront tous ces petits arbres n'est pas celui que pourront atteindre bien des hommes; l'œuvre de la nature dans un rameau dépasse en durée la portée même de nos espérances sur la terre.

Des bancs commodes, dont l'un fut doucement nommé, disposés çà et là dans cet espace boisé, invitent à s'asseoir, à méditer, à rêver à tout ou à rien ; douce rêverie qu'à mon avis Dieu tolère, puisqu'il l'envoie quelquefois au milieu de la douceur du ciel, du silence des arbres, du chant des oiseaux et du calme du cœur.

A travers une grille de fer dont on vola les barreaux en l'an V, sous le Directoire, on aperçoit le parc des élèves, divisé en quatre rectangles inégaux, celui du 1er, celui du 2e et celui du 3e bataillon ; le quatrième est occupé par le mur d'assaut, les poutres, les barres, l'octogone et les mâts du gymnase. Dans tout cet espace, quatre cents élèves, enfants ou jeunes gens aujourd'hui, hommes demain, s'ébattent librement sur cette pelouse qu'on leur a trop fractionnée peut-être. Liberté de l'oiseau en cage, est-on porté à dire ; mais quand donc celle que l'on trouve plus tard dans le monde a-t-elle donné plus de bonheur ?

Au côté du grand parc opposé au parc des élèves, le mur d'enceinte fait en dehors une saillie semi circulaire, marquée extérieurement d'une vieille pierre blasonnée. En partie circonscrite par cette courbe, s'élève une tombelle artificielle, autour de laquelle tourne un sentier en spirale; l'art, pour conserver un souvenir incertain, ou simplement pour plaire à la fantaisie, a tronqué ce cône isolé, et la tradition populaire l'a baptisé du nom de *fort Henri*.

A quelques pas de là, devant l'orangerie du jardin particulier du général, se voyait l'an dernier, vert encore, le vieux myrte de Henri IV, légué par la Varenne, conservé pendant deux siècles et demi avec un soin religieux, et propagé le 23 septembre 1823 par la main de Mme la duchesse d'Angoulême, qui en détacha et mit en terre un rameau devenu aujourd'hui un haut et bel arbuste...... Mais à tous ces royaux souvenirs qui reviennent sans cesse et s'accumulent, je crois m'apercevoir que ce n'est plus simplement à la description que doit être laissé le soin plus grave de les recueillir.

CHAPITRE II.

FONDATION ET ANCIENS REVENUS DU COLLÉGE.

Si petite que soit la ville de La Flèche, elle compte cependant trois grands noms dans ses annales : Hélie, Henri IV et Napoléon. C'est le comte, le roi, l'empereur qui lui ont donné un nom, une importance nationale et des souvenirs. Nous avons déjà rappelé ce que cette ville doit au premier. Elle sera toujours reconnaissante à Henri IV du magnifique Collége dont ce bon et grand roi la dota. Elle n'oubliera pas non plus que cet établissement, abandonné pendant la révolution, fut relevé par l'empereur, et qu'au milieu de la féconde et glorieuse activité de son règne, il arrêta un jour sa pensée sur le Prytanée de La Flèche, pour y concentrer presque tout l'enseignement des écoles militaires (1). Mérite singulier et bien remarquable assurément pour notre petite ville, que cette prédilection qu'eurent pour elle ces deux souverains, dont les noms sont, seuls peut-être, restés vivants dans les sympathies et les souvenirs populaires.

La seigneurie de La Flèche, au moyen-âge, longtemps possédée, après la mort du comte Hélie, par les comtes d'Anjou, rois d'Angleterre, était passée au XVe siècle dans la maison d'Alençon. Le mariage

---

(1) Par le décret du 15 mars 1812. Voy. plus loin chap. XI.

de Françoise de ce nom avec Charles de Bourbon la fit entrer dans les domaines patrimoniaux d'Antoine de Bourbon, père de Henri IV.

Antoine de Bourbon, roi, et Jeanne d'Albret, reine de Navarre, étaient venus, en février 1552, habiter leur Château-Neuf de La Flèche; il avait été bâti douze ou quinze ans auparavant par Françoise d'Alençon, leur mère, qui, devenue une seconde fois veuve en 1537, vint s'y retirer, puis y mourir le 20 septembre 1550. Ce château était en style de la renaissance, qu'amenèrent d'Italie les règnes de Charles VIII et de François Ier, et s'élevait sur une partie de l'emplacement actuel du Prytanée militaire ; la façade du péristyle de Henri IV n'en est qu'une transformation récente (1). La féodalité dès lors n'avait plus guère à conserver que des priviléges, et les châteaux qu'elle continuait d'élever étaient moins des forteresses que des séjours de plaisance. La maison de Françoise d'Alençon avait certainement ce dernier caractère ; ce qu'il y a de sûr encore, c'est que l'on voyait sur les vitraux peints du rez-de-chaussée ses armes et celles de Charles de Bourbon, son mari ; celles de François de Bourbon, comte de Vendôme, et de Marie de Luxembourg, père et mère de ce dernier ; celles de

(1) Cette transformation date de 1784, année où les pères de la doctrine chrétienne firent commencer le balcon à colonnes. Dans le joli petit plan de La Gardette, antérieur à cette époque, cette façade est déjà très semblable à ce qu'elle est aujourd'hui ; il n'y a que les colonnes et le fronton de moins.

René, duc d'Alençon, et de Marguerite de Lorraine; de Jean II d'Alençon, et de Marie d'Armagnac, père, mère, aïeul et aïeule de la fondatrice. Cette princesse, en construisant un château à La Flèche et en venant y fixer sa demeure, n'avait fait qu'obéir à la prédilection qu'avaient ses ancêtres pour notre ville : « Les ducs d'Alençon, dit l'auteur anonyme de la vie de Marguerite de Lorraine, recherchaient particulièrement le séjour de La Flèche, pour y goûter les plaisirs innocents qui se cueillent dans la douceur d'un bon air et dans la fructueuse beauté d'un des plus agréables vignobles de la France. »

Au nord du Château-Neuf s'étendait un jardin et des bosquets enclos de douves, dont le parc actuel n'est que l'agrandissement. A l'endroit occupé aujourd'hui par le fort Henri, s'élevait, au milieu des arbres, un pavillon isolé bien simple et bien agreste, à plafond lambrissé et peinturé, n'ayant que le rez-de-chaussée, avec une porte faisant face au château, et une fenêtre à carreaux plombés ouvrant sous l'ombrage des futaies voisines. Quelques chaises antiques et une table au milieu, recouverte d'un vieux tapis à franges d'or, tel était, il y a quatre-vingts ans, l'aspect et l'ameublement de cette retraite. La tradition aime à redire les visites d'Antoine de Bourbon et de Jeanne d'Albret au pavillon du jardin, et les historiens de Henri IV, et tout particulièrement l'archevêque Hardouin de Péréfixe ont attentivement mentionné leur séjour au Château-

Neuf, qui dura avant et pendant l'intervalle de deux printemps, c'est-à-dire de février 1552, jusque par delà la mi-mai de 1553, époque à laquelle ils se rendirent à Pau. C'est dans cette ville que Henri-le-Grand vint au monde, le 13 décembre de cette dernière année, Fléchois avant d'avoir été Béarnais.

Cette circonstance toute fortuite, cette autre que La Flèche était un fief de ses ancêtres, le souvenir d'un séjour qu'il y fit à l'âge de 23 ans (1), puis enfin la reconnaissance qu'il gardait des services très divers à lui rendus par son favori, le fameux fléchois (2) Guillaume Fouquet, marquis de la Varenne, suffisent à expliquer l'affection toute particulière que ce roi conserva toujours pour notre ville, comme le prouva ce legs touchant qu'avant sa mort il voulut lui faire de son cœur.

Un service important rendu à Henri IV dans une mission difficile en Espagne, rapporté dans les Mémoires du chancelier de Cheverny (3), porte à croire

---

(1) Henri IV, en 1576, le 16 février, venant de Beaumont-le-Vicomte par Fay, arriva le soir à La Flèche et y resta jusque dans l'après-midi du 21. — V. *Recueil des lettres missives de Henri IV,* par M. Berger de Xivrey, in-4º, tome 1er, p. 84, et tome 2, p. 546 : Collection des documents inédits sur l'Histoire de France.

(2) Fouquet, en patois fléchois, signifie *écureuil;* la devise de ce personnage, *quò non ascendam*, rappelle aussi ce quadrupède, et Varenne n'est qu'une altération connue du mot *garenne.*

(3) Buchon. — *Coll. du Panthéon litt.*, p. 302.

que le personnage que nous venons de nommer valait mieux que sa réputation, et explique d'une manière simple et honorable l'affection de Henri IV pour la Varenne et la confiance qu'il lui accorda.

Il était né à La Flèche en 1560 ; il y mourut en 1616, et entre ces deux limites, il s'éleva, de l'obscurité d'emplois subalternes à la cour, au rang de conseiller d'État, puis de contrôleur général des postes et de lieutenant-général pour le roi, en Anjou, gouverneur des villes et châteaux de La Flèche; il joignait à l'éclat de ces dignités la distinction de la figure et des manières, la culture de l'esprit et la générosité du cœur. La notice manuscrite d'après laquelle nous ressuscitons ainsi Fouquet de la Varenne en fait presque un grand homme ; il fut, dans tous les cas, un grand bienfaiteur pour La Flèche, qui lui dut la création d'un présidial, d'un grenier à sel, d'une élection et d'une milice bourgeoise; son agrandissement et sa prospérité furent la préoccupation de toute sa vie et l'une des pensées écrites sur sa tombe ; il se complaisait dans ce rôle de bienfaiteur. Aussi, quand les jésuites, renvoyés de France par l'édit de 1594, voulurent y rentrer, ils crurent ne pouvoir mieux faire que d'intéresser à leurs démarches le marquis de la Varenne, dont ils connaissaient la puissante influence sur l'esprit du roi. Les sollicitations de Fouquet obtinrent de Henri IV, toujours enclin à une bienveillance généreuse, le rappel des jésuites. Mais dans la pensée de ce prince, ainsi que dans celle de la Varenne, cette faveur n'était que comme la conséquence d'un autre projet préalable : la fondation d'un collége à La Flèche, comme on le voit par une des lettres du roi au cardinal d'Ossat, son ambassadeur à Rome, datée du 20 janvier 1601 : « J'ai proposé au cardinal Aldobrandini, lui écrivait-il, l'union d'un certain prieuré assis auprès de ma maison de La Flèche, à un collége que je désire fonder audit lieu, auquel je fais état de loger les jésuites, comme les estimant plus propres et capables que les autres pour instruire la jeunesse (1). » Henri IV fit plus encore, il se détermina à donner aux jésuites son propre palais à La Flèche, comme le constate le texte de ces lettres-patentes publiées à Rouen en septembre 1603 (2) :

« Henry, par la grâce de Dieu, roy de France et de Navarre, à tous présents et à venir, salut.

» Sçavoir faisons que, désirant satisfaire à la prière qui nous a été faite par notre S. P. le Pape pour le rétablissement des jésuites en cettuy notre royaume, et pour aucunes bonnes et grandes considérations à ce nous mouvant, nous avons accordé et accordons par les présentes, pour ce signées de notre main et de notre grâce spéciale et autorité royale, à toute la société et compagnie desdits jésuites, qu'ils puis-

---

(1) Lettres d'ambassade du cardinal d'Ossat, tom. V.

(2) Burbure, dans ses *Essais sur La Flèche*, et Pesche, dans son *Dictionnaire statistique de la Sarthe*, n'ont fait qu'en mentionner la date sans en chercher le texte, qui se trouve *in extenso* au tome 2 des *Annales des jésuites*, et dans de Thou, *Histoire universelle*, livre CXXXII.

sent et leur soit loisible de demeurer et résider aux lieux où ils se trouvent à présent établis en notre royaume, à savoir, és villes de Toulouse, Auch, Agen, Rhodez, Bordeaux, Perigueux, Limoges, Tournon, Le Puy, Aubenas et Béziers, et, outre lesdits lieux, nous leur avons, en faveur de Sa Sainteté et pour la singulière affection que nous lui portons, accordé et permis de se remettre et établir en nos villes de Lyon, Dijon, et particulièrement de se loger en notre maison de La Flèche, en Anjou, pour y continuer et établir leur collége, aux charges toutefois et conditions qui s'ensuivent. »

La teneur de ces lettres de rappel trahit de la part du roi une défiance profonde envers la société des jésuites. Il leur est interdit de s'établir ailleurs que dans les villes désignées; tous ceux admis en France devront être *français naturels;* l'un d'eux, également français, sera ordinairement près du roi, pour lui servir de prédicateur et lui répondre des actions de ses compagnons *aux occasions qui s'en présenteront.* Tous les jésuites résidant en France feront serment par devant les officiers des lieux de ne rien faire ni entreprendre contre le service du roi, la paix publique et le repos du royaume, sans aucune exception ni *réservation;* il leur est interdit de rien entreprendre, tant au spirituel qu'au temporel, au préjudice des évêques, curés et universités du royaume; ils ne pourront pareillement prêcher, administrer les saints sacrements, ni même celui de la confession, si ce n'est par la permission des évêques diocésains des parlements dans la circonscription desquels ils sont établis; il n'y a d'exception de la juridiction épiscopale qu'en faveur des villes de Lyon et de La Flèche.

Malgré toutes ces clauses conditionnelles et restrictives, le parlement de Paris fit une opposition très vive à l'édit de rappel, et Achille de Harlay, son premier président, se fit l'organe des remontrances de l'assemblée. Nous n'avons pas à les reproduire; mais elles s'expliquent par tous les bruits et les inculpations qui pesaient alors sur la société des jésuites, à la suite des tentatives de Barrière, de Jean Châtel et autres régicides. Quoiqu'il en soit, l'édit fut maintenu par le roi et finalement enregistré par le parlement le 2 janvier 1604.

Ce jour-là même, sans avoir attendu cette formalité *parlementaire*, les pères Brossard, Landrier, Chenard, Guérin, Pinson, les maîtres J. Roger, Jul. Durand, Fr. Motus et P. Person, sous la conduite du père Barni (1) qui les attendait à Paris, arrivèrent à La Flèche, venant de Pont-à-Mousson. Instruits de leur prochaine arrivée, les officiers du présidial s'étaient transportés, dès le 29 décembre, au Château-Neuf, pour y faire préparer les logements des pères; mais le manque d'ameublement, et l'état de dénument dans lequel se trouvait cette résidence, les obligea d'accepter l'hospitalité du

---

(1) Dans son zèle pour les intérêts de la Compagnie, le p. Barni savait mêler à l'activité de l'homme d'affaires (v. ci-dessus, page 6) celle d'homme de lettres. Consulter, sous ce dernier rapport, l'*histoire de l'Université de Paris*, par Crévier, tome 6.

marquis de la Varenne, qui les reçut et les logea dans son château jusqu'à ce que le Château-Neuf fut en état de les recevoir.

De ce château de Fouquet de la Varenne, premier séjour des pères jésuites en notre ville, il ne reste aujourd'hui que le nom porté encore par une rue, des pavillons et des douves. Des maisons particulières et des jardins s'élèvent sur l'emplacement depuis 1820 seulement.

Dans une petite ville que rendaient remarquable, à la fin du XVIe siècle, la récente reconstruction de son mur d'enceinte, flanqué de petites tours rapprochées, le pavage tout nouveau de ses rues, le nombre et la grandeur de ses couvents, l'aspect de la tour romane de Saint-Thomas, surmontée d'une haute flèche pyramidale, l'aiguille élégante de la chapelle des Récollets et l'opposition symétrique du vieux château des Carmes et du Château-Neuf de Françoise d'Alençon, la maison du marquis de la Varenne se faisait elle-même remarquer. Henri IV venait de la faire construire pour ce courtisan adroit, qui, tout en faisant embellir l'endroit où il était né, trouva le moyen de s'enrichir. Elle était grandement et régulièrement bâtie, accompagnée d'eaux, de jardins, de terrasses, de prairies, d'une grande avenue appelée le *Mail*. Quatre canaux remplis par le Loir entouraient les bâtiments et les jardins. Les meubles répondaient à la magnificence de l'extérieur et étaient dignes de la générosité du prince qui les avait aussi donnés. On admirait dans une des grandes salles un magnifique service de vermeil ciselé, et une tapisserie représentant l'histoire de Joseph ; dans la salle à manger se lisait sur la cheminée cette inscription triste et vraie d'Ovide, due peut-être à la conversation de l'un des pères jésuites nommés ci-dessus, dans leur premier dîner chez leur hôte :

Donec eris felix, multos numerabis amicos ;
Tempora si fuerint nubila, solus eris !

On conservait encore dans un cabinet de ce château les armes que portait Henri-le-Grand à la journée de Fontaine-Française. Il paraît que ces reliques nationales ont été égarées et perdues ; le casque *dit de Henri IV* (1), que l'on voit au musée d'artillerie et qui passe pour être l'une d'elles, n'a jamais appartenu à ce roi.

Cependant les pères jésuites, qui trouvaient plus commode pour eux la maison de la Varenne, utilisèrent immédiatement le Chateau-Neuf du roi pour y loger leurs premiers écoliers, si bien que le

(1) Ce prétendu casque de Henri IV vient de la maison de Lorraine ; possédé par M. le comte de Clermont-Gallerande, il fut cédé par lui à M. Quicque, ancien maître d'armes de notre premier Prytanée, qui le donna au musée d'artillerie comme provenant de Henri IV. En échange du casque, M. de Clermont reçut la clef de la ville du Mans, présentée à Henri IV le 11 février 1589, à son entrée dans cette ville. Elle forme l'une des précieuses raretés du curieux cabinet de M. Adolphe de Clermont-Gallerande.

Collège fut en plein exercice dès les premiers jours de leur arrivée, en janvier 1604, comme le prouve cet important passage d'un historien (1) tout à la fois compatriote et contemporain. « Le sieur de la Varenne-Fouquet prit grand soin de cet édifice (le Château-Neuf), par l'ordre du roy et l'a rendu un des plus beaux bastiments de l'Europe, tant dans l'église que dans le *vieil* et le *nouveau* Collége. Dès cette année (1604) on commença d'y faire leçon en la grammaire, rhétorique, philosophie, mathématiques, théologie et hébreu. »

L'extension de l'établissement fut assez rapide et assez importante pour que, moins de deux ans après, le R. P. Claudio Aquaviva, général de l'ordre des jésuites à Rome, jugeât à propos d'en remercier le roi, qui, le 23 décembre 1606, lui répondit (2) :

« Monsieur le général, j'ay pris à bonne part le remerciement que vous m'auez faict par vostre lettre du 14 de nouembre, touchant le Collége de La Flèche, et la protection de ceux de votre ordre de mon royaume, le bien et avantage duquel j'aurai à plaisir de fauoriser aux occasions qui se présenteront, ainsi que vous entendrés plus particulièrement du P. Cotton, auquel aiant faict sçavoir mes intentions, je ne vous en ferai aucune reditte par

(2) Barthélemy Roger, bénédictin de Saint-Nicolas d'Angers. — Ms. édité par la *Revue de l'Anjou*, mars-avril 1853.

(2) Cette petite lettre de Henri IV est inédite.

celle-ci, priant Dieu, monsieur le général, qu'il vous ait en sa sainte garde.

» HENRY. »

Au moment où le Collége de La Flèche s'établit et avant que l'édit de fondation de Henri IV vienne lui donner une forme définitive, il n'est peut-être pas inutile de jeter un coup d'œil sur l'état des connaissances humaines vers ce millésime de 1600, limite commune de nos deux premiers siècles littéraires, attendu que la création d'un grand établissement d'instruction publique ne peut pas être un fait isolé et qu'il se rattache par mille liens au développement intellectuel contemporain. Dans son action plus ou moins restreinte, souvent plus ou moins dédaignée, un collége ne prépare l'avenir de la génération d'enfants qui lui est confiée, qu'en s'asseyant sur la somme des connaissances acquises du passé, et qu'en continuant d'être une tradition vivante et permanente des œuvres de l'intelligence. Les premières années du XVIIe siècle commencent à présenter moins ce manque d'unité et cet individualisme du talent, qui fut le caractère propre du XVIe siècle, celui de nos âges littéraires où se remarque le plus de science isolément creusée, de styles originaux, d'écrivains à part peu imitables, et de nobles efforts tentés sans résultats généraux. Sous ce rapport, l'établissement d'un collége, d'une université, comme on disait alors, sur un point quelconque de la France, à La Flèche ou ailleurs, était un fait beaucoup moins particulier qu'il ne semble, car il contribuait pour sa part à accélérer la marche de l'esprit humain vers une direction générale, non plus individuelle, mais nationale. Il s'agissait en effet de faire entrer dans le domaine de l'enseignement classique, d'abord cette science de la grammaire et des humanités, moins entendue alors en France qu'en Espagne, où se distinguait Sanctius, qu'en Allemagne, où Sylburge et Scioppius, les Burnouf de ce temps, la rendaient accessible aux jeunes intelligences. A côté d'elle, la critique et la philologie s'illustraient des noms de Juste-Lipse, de Scaliger, de Casaubon, de Nicolas Lefèvre, et du père Sirmond, qui se distinguait par sa vaste érudition. L'éloquence n'existait pas encore; on n'en voyait que l'ombre dans le barreau, dans la chaire et dans les écoles. Mais la poésie, poussée en avant par Ronsard et ses disciples, n'avait plus qu'à se restreindre et à se polir sous la règle un peu pédante de Malherbe. Du reste, la pensée suivait son procédé logique : elle réfléchissait avant de trouver son expression. La philosophie avait vu François Patrice et surtout le chancelier Bacon, commencer la démolition d'Aristote, cette grande autorité païenne et presque matérialiste que le moyen-âge catholique avait adoptée peut-être comme un contrepoids providentiel, nécessaire longtemps, et jusqu'à ce que l'écolier de La Flèche, Descartes, chrétien et philosophe en même temps, vînt poser les bases de la philosophie nouvelle.

Viète commençait à ramener à de simples expressions littérales les lois des courbes géométriques et élevait les mathématiques à un niveau que Descartes lui-même n'eut plus guère qu'à agrandir. Tycho-Brahé, Képler, et ensuite Galilée, observateur, rénovateur et douteur méthodique, lui aussi, déterminaient les lois du mouvement des mondes dans l'espace, tandis que Scaliger, en attendant Pétau, fixait la science des temps, et qu'Ortelius, Mercator et Merula rectifiaient ou plutôt créaient celle des lieux. Ambroise Paré de Laval et Van-Helmont ramenaient, l'un à la pratique, l'autre à une sorte de mysticisme idéal, les connaissances acquises de leur temps en chirurgie et en médecine. Les Hotman, les Cujas, les Pithou, les magistrats de nos vieux parlements, gens de lettres pour la plupart, donnaient à l'étude des lois l'importance qu'elle doit avoir dans une société régularisée par la réciprocité des droits et des devoirs. Enfin les leçons de la Sorbonne et les écrits des cardinaux Bellarmin et Duperron, chez les catholiques, de Hunnius et de Théodore de Bèze chez les protestants, maintenaient la théologie en tête du *septemnium* classique.

Ce sommaire rapide fera comprendre cependant l'importance que devait avoir dans cet ensemble de connaissances la création d'une *université* confiée à des maîtres habiles. A cette considération d'un ordre général, les jésuites joignaient d'autres motifs particuliers, nés du but de leur institut et des circonstances particulières où la religion catholique, dont ils s'étaient constitués les champions trop exclusifs, se trouvait alors. Un de ces motifs qui centuplait leur zèle était, indépendamment des missions lointaines, l'instruction de la jeunesse en Europe; un autre était leur désir de lutte originelle et constante contre les empiètements de la réforme. L'édit de Nantes (1598), en accordant aux protestants le libre exercice de leur culte, ce qui était juste, leur avait laissé des villes où de véritables universités dissidentes faisaient rayonner autour d'elles l'esprit de secte, et par lui ranimaient l'esprit de parti. Saumur était une de ces villes redoutables par ses prêches, par l'importance que lui avait donnée le gouvernement du noble et sage Duplessis-Mornay, par l'esprit de ses habitants presque tous convertis au calvinisme, et sans doute aussi par le regret des priviléges démocratiques conservés dans la classe ouvrière de cette ville par les statuts de la République de l'île d'Or (1). La Flèche, à ses portes, avec ses traditions davantage féodales et monarchiques, entourée de campagnes croyantes, mais où les maisons de prières des huguenots commençaient à se montrer, La Flèche devait être l'antithèse de Saumur, et tous les efforts des jésuites tendirent à y établir une sorte d'université catholique.

Sans aller jusqu'à cette idée d'antagonisme, Henri IV, qui était seulement de la religion de tous « ceux

---

(1) Touchard-Lafosse, *Loire pittoresque*, chap. Saumur.

qui sont braves et bons, » voulut du moins créer pour l'instruction de la jeune noblesse du royaume, pour les fils de ceux qui l'avaient aidé à conquérir son trône, un grand établissement d'éducation nationale. Les intentions tacites n'étaient pas de part et d'autre les mêmes, mais elles s'allièrent pour le même résultat réel.

Voici l'édit de fondation de notre École, monument des libérales intentions de ce bon roi, en même temps que de son affection pour la ville de La Flèche, et marqué déjà de cette tristesse fatidique et de cette prévoyance funèbre que donne quelquefois à l'homme le pressentiment providentiel de sa fin prochaine.

« Henry, par la grâce de Dieu, etc. ;
» Voulant joindre, autant qu'il nous sera possible, à la valeur et prospérité de nos armes, la piété, l'amour des choses saintes et l'instruction des bonnes mœurs, afin de mériter par ce moyen la continuation des grâces, faveurs et bénédictions qu'il a plu à Dieu étendre sur cet État, et jugé que cela dépend en partie de l'éducation, conduite et discipline de la jeunesse, qui se ressent toujours de la première trempe, nourriture et impression qui lui a été baillée dès ses plus tendres années, nous avons résolu de mettre l'une de nos principales sollicitudes à rechercher les moyens de faire prendre de louables teintures à celle de nos royaumes, la faire instruire aux bonnes lectures et la rendre amoureuse des sciences, de l'honneur et de la vertu, autant que faire se pourra, pour être tant plus capable lorsqu'elle sera parvenue en âge de servir au public ; et d'autant que nous avons déjà vu par expérience combien les pères de la compagnie

de Jésus sont propres à cet effet, et le grand profit qu'ils ont fait, tant par leur doctrine que par bons et sages exemples, en plusieurs endroits de nos royaumes ; voulant favoriser particulièrement notre ville de La Flèche, en Anjou, demeure de nos ancêtres ;

» Pour ces causes, et autres bonnes et grandes considérations à ce nous mouvant, avons, par cettuy notre présent édit perpétuel et irrévocable, fondé et établi, fondons et établissons auxdits Pères un collége en icelle ville de La Flèche, voulons et entendons qu'il soit comme un séminaire général et universel, auquel ils enseigneront toutes les sciences et facultés qu'ils ont accoutumé d'enseigner aux plus grands colléges et universités de leur compagnie, savoir est : la grammaire, les humanités, la rhétorique, la langue latine, grecque et hébraïque, la philosophie, logique, morale, physique et métaphysique, les mathématiques, la théologie scolastique, les cas de conscience et la sainte-écriture ; et afin qu'ils aient tant plus moyens de s'entretenir dignement et faire toutes les fonctions requises et nécessaires, nous leur avons promis et accordé, promettons et accordons, pour la dotation dudit Collége, la somme de vingt mille livres de revenu pour chacun an, qui se prendra sur les biens et revenus des abbayes de *Bellebranche* et *Mélinais,* et des prieurés de *Saint-Jacques*, *Luché* et *l'Escheneau*, que nous avons fait unir audit Collége ; sur les droits des papeguays de Bretagne que nous affectons aussi pour le même effet ; que si, tout ce que dessus ne revient à ladite somme de vingt mille livres par chacun an, nous promettons de faire pourvoir d'ailleurs, et pour la demeure et habitation desdits Pères, nous leur avons donné et octroyé, donnons et octroyons par ces mêmes présentes notre propre maison en ladite ville de La Flèche, les jardins et parcs attenants, promettons de leur faire bâtir l'église et Collége selon le dessin et projet que nous en avons fait faire, laquelle église nous avons choisie pour être le domicile de notre cœur et de celui de notre très chère épouse après nos décès. Voulons, entendons et nous plaît qu'ils jouissent oncques et à l'avenir de toutes les choses susdites, pleinement et paisiblement, aux charges et conditions que lesdits pères seront chargés d'entretenir audit Collége toutes les lectures et sciences ci-dessus spécifiées, qu'ils feront dire une messe tous les jours où assisteront tous les escholiers, laquelle messe, aux dimanches et fêtes principales, sera solennelle pour nous, et ce, outre toutes les autres messes, prières et oraisons qu'ils font selon leurs constitutions, et qu'au sortir des classes du soir, ils feront assembler en ladite église leurs escholiers, auxquels ils feront chanter une antienne avec les oraisons pour nous; et advenant notre décès, viendront prendre nos cœurs pour les transporter en l'église dudit Collége de La Flèche, destinée à cet effet.

» Si donnons mandement à nos amés et féaux conseillers, les gens tenant notre cour de parlement à Paris et autres, nos justiciers et officiers qu'il appartiendra, que ces présentes ils aient à faire lire, publier et enregistrer, et du contenu en icelles jouir et user lesdits pères jésuites, pleinement, paisiblement et perpétuellement; cessant et faisant cesser touts troubles et empêchements à ce contraires, nonobstant tous édits, ordonnances, règlements, mandements d'offets et lettres, car tel est notre plaisir, et afin que ce soit chose ferme et à toujours stable, nous avons fait mettre notre scel à cesdites présentes, sauf, en autres choses, notre droit et l'autrui.

» Donné à Fontainebleau, au mois de mai, l'an de grâce 1607, et de notre règne le dix-huitième.

HENRY.

Ces abbayes de Mélinais et de Bellebranche, ces

prieurés de Saint-Jacques de La Flèche, de l'Écheneau et de Saint-Martin de Luché, ces papegais
bretons dont parle Henri IV dans cet édit de fondation, dont parleront plus tard dans leurs édits de
transformations les rois Louis XV et Louis XVI,
avaient leur origine dans le moyen-âge ; racines
antiques, merveilleuses et poétiques parfois, sur
lesquelles s'est entée notre École, et qui ont continué jusqu'en 1791 de lui fournir la sève dont elle a
vécu, aujourd'hui souvenirs quasi perdus, que nous
allons, pour qu'ils s'effacent moins, religieusement
rechercher et recueillir.

L'Abbaye de Mélinais.

Par delà la rampe sinueuse du *Tertre-Rouge* et la
chaîne des petites montagnes de Sainte-Colombe, à
une lieue et demie de La Flèche, s'élevait, au milieu d'une plaine moitié lande et moitié forêt, l'importante abbaye de Mélinais. Elle était sous l'invo-
cation de saint Jean l'évangéliste, et fut tenue par
des chanoines réguliers de l'ordre de Saint-Augustin
jusqu'en 1635, et depuis cette époque jusqu'à la révolution, par les religieux réformés du même ordre,
appelés Génovéfains. Notre Henri IV, en 1607, l'a-
vait unie au Collége de La Flèche, qui en tirait une
partie considérable de ses revenus, et Henri II, roi
d'Angleterre, l'avait fondée plus de cinq siècles
auparavant. Le titre primordial de cette fondation
est perdu ; mais voici comment une vieille tradition
locale rapporte l'origine de cette antique et pieuse
maison.

Légende de Mélinais.

Tout le monde sait bien que La Flesche a eu autrefois pour seigneurs de nobles et puissants princes qui étoient comtes d'Anjou et rois d'Angleterre, il y a de cela bien longtemps.

Un de ces rois étrangers, seigneurs et maitres alors en notre plaisant pays, s'appeloit Henry II, de la famille des Plantegenet, dont le chef probablement étoit simple colon dans une lande, sans se douter qu'il y auroit des rois parmi les enfants de ses enfants (1).

De son temps régnoit en France le roi Lovis VII. Ces deux princes commirent l'un et l'autre deux méchantes actions dont mal les en prit. Le roi anglois fit occir un saint, et le roi de France fit arder vifs dans leur église les pauvres gens de Vitry. Cependant on dit que le bon Dieu, qui défend toujours les saints et les peuples, se laissa toucher par leur repentir et leur pardonna.

(1) Ce n'est ici qu'une étymologie du légendaire, l'opinion commune étant que les Plantegenet ou plutôt Plantagenet ont dû ce surnom dynastique à Geoffroi V, comte d'Anjou (1151), à cause de la branche de genêt fleuri dont il avait coutume d'orner son chaperon.

Cependant un passage du *Gesta consulum Andegavensium* (tome X du *Spicilége* d'Achéry), dit presque comme la légende, qu'en Anjou habitait un nommé Tertulle, fils d'un paysan qui vivait de la chasse et de fruits sauvages, et qui fut créé, par Charles-le-Chauve, forestier (charge équivalente à celle de marquis) en Anjou. De ce Tertulle le rustique descendent les Plantagenet.

Le saint homme que le roi Henry fit traîtreusement mourir, avoit eu pour mère, à ce que l'on dit, une Sarrazine, et pour père un schériff de Londres, revenu avec elle de la croisade en terre-sainte. Il avoit nom Thomas Becket, et avoit été nommé, à cause de ses nobles qualités et grande science, chancelier d'Angleterre, archevêque de Cantorbéry et gouverneur du fils du roi.

Le roi avoit eu bien raison d'accorder ainsi au saint archevesque mult honneurs, confiance et dignités; mais il eut grand tort quand il essaya de confisquer l'Église au profit de sa royauté, en percevant le fruit de la vacance des sièges des évesques, et en donnant les revenus des diocèses à ses barons et agents du fisc, et les revenus des écoles, voire des institutions d'aumônes, à la nourriture et entretien des Brabançons, Cottereaux et autres malandrins et gens de rapine et de meurtre. Il eut grand tort d'abolir les tribunaux ecclésiastiques et de supprimer, quoi que l'on en die, le *bénéfice de Clergie*. Car notre sainte mère l'Eglise, en ces temps de violences féodales et injustes, sauvoit bien des innocents; elle relevoit les petits et chétifs, rabaissoit les vains et puissants et cherchoit à mettre parmi les hommes un peu de cette égalité qu'ils ont nativement devant Dieu.

Le saint archevesque s'opposa hardiment à toutes ces entreprises inhumaines et point chrétiennes du roi, dont celui-ci lui garda si grande ire, que le prélat, pour sauver ses jours et garder saufs les priviléges de l'Église, s'expatria en France, préférant exil à submission; à cause de quoi notre saint père le pape le prit en telle affection et protection, que le roi d'Angleterre courut grand risque d'excommunication pontificale. Ce que le roi redoutant grandement, il céda et permit à Becket de retourner en son siège de Cantorbéry. Mais à peine le saint archevesque y fût-il arrivé, que quatre félons, Guillaume de Tracy, Hugues de Morville, Richard Brito et Réginald fils d'Ourse (1), venus de Normandie, le meurtrirent et assommèrent par grande traîtrise et scélératesse, sur les marches de l'autel de sa cathédrale, au milieu de ses clercs.

Mais la manifeste punition de Dieu ne faillit point, comme de juste, à atteindre les quatre mécréans assassins : Guillaume, Hugues et Richard se noyèrent en mer houleuse et courroucée, en retournant en Normandie, et de Réginald oncques ne put-on savoir ce qu'il en étoit advenu. Quant au roi Henry, épouvanté par sa conscience et la mâle mort des trois meurtriers, tout lui advint de mal en pis. Les évesques l'excommunièrent, et même fut-il abandonné de ses trois fils, dont l'aîné, pour ce qu'il souloit porter le même petit manteau qu'il avoit jadis aux doctes leçons et sages remontrances

(1) Ce héros de la légende porte différents noms. Un biographe de Thomas Becket l'appelle Réginald Fitz-Urse ; le moine légendaire de Mélinais l'appelle Regnauld fils d'Othon ; M. Aug. Thierry, Réginald fils d'Ourse, comme dans la légende.

dudit saint prélat, son précepteur, avoit été dénommé Henry au court mantel.

Enfin le roi ayant fait grande pénitence et amende honorable de toutes ses fautes et de sa très dure cruauté à l'encontre du saint archevesque, sur son miraculeux tombeau à Cantorbéry, la fortune qui, jusqu'à cette heure, lui avoit été pernicieuse et adverse, lui redevint seconde, bien que du meurtre du prélat il eût la conscience toujours repentante et bourrelée.

Longtemps par après, le roi Henry s'en étant venu environ l'an unze cent septante et huit, en sa bonne et patrimoniale province d'Anjou, de vers La Flesche, comme il étoit une vesprée à chasser dans la forêt de Mélinais, il fit rencontre, auprès d'une grotte, d'un pauvre vieil hermite ayant grande et grisonnante barbe et bâton épineux, à l'aide duquel il cheminoit tout courbé et piteux.

— Bon père, que faites-vous céans? lui dit le roi, cuidant quasi le recognoistre.

— Plorer mes péchés, Messire, et demander à Dieu pardon de la vie d'un saint homme occis pour votre intention.

— Et quel? fit le roi, véhémentement troublé lui-même par le remords qui à souventes fois lui revenoit comme phantôme sur le cœur, et par les paroles du vieil hermite.

— Saint Thomas de Cantorbéry, votre primat, Sire, que d'une massue j'ai impitoyablement occis dans le chœur de son église et devant les saints du paradis, croyant ce meurtre vous agréer; de quoi Dieu me fasse enfin miséricorde!

Ce que disant, l'hermite de la forêt de Mélinais étoit tombé à genoux, criant pitié et merci, et poussant des sanglots qui, le rocher de sa grotte lès répétant, avoient semblance d'être clamés deux fois.

— Malheureux Réginald! murmura le roi, ne pouvant dire plus et faisant tourner bride à son cheval, tandis que chaudes larmes lui issoient des yeux, roulant jusque sur sa barbe et son pourpoint vert de velours brodé.

Et sans rejoindre sa chasse dont il entendait les chiens et le cor se rapprocher, le roi chevaucha seul jusqu'à Sainte-Colombe, autrefois Saint-Odon devant La Flesche, et s'en alla droit à la maison du prieur Foulques (1), auquel il bailla une grosse somme d'argent, se voulant au moins unir d'intention à l'expiation de ce meurtrier pénitent.

Et cette pénitence ayant duré toute sa vie, Réginald, premier abbé de Mélinais, quitta ce monde vers l'an unze cent nonante et six, méritant d'être un saint par sa sainte mort, comme le prouvent les miracles qui se font devant les reliques dudit saint, en sa chapelle, proche l'abbaye, laquelle fut consacrée et bénie par notre sire Guillaume le maïeur

(1) Il y avait effectivement, vers la fin du 12ᵉ siècle, un Foulques, prieur à Sainte-Colombe. — Voir dans le cartulaire de ce prieuré, aux archives du Mans, une charte copiée sur papier et annexée au volume coté II, 37-1.

(1), évesque d'Angers, le samedi après la résurrection Notre-Seigneur, de l'an MCCXCI, auquel jour, sur la quérimonie du seigneur abbé et l'ordre dudit évesque, furent restitués à notre cartulaire les lettres et titres soustraits par les frères Thomas et Michel de la Léproserie de Saint-Jacques de La Flesche.

Et pour telle soustraction ne se puisse à l'advenir faire aux dépens de la précieuse mémoire de notredit premier abbé, monseigneur saint Renauld, moi Jéhan, frère indigne de l'ordre de Saint-Augustin, en Mélinais, ai rétabli, d'après nos chartes et par quatre fois transcrit cette présente et véridicque histoire, en l'octave de la fête de notre bienheureux fondateur, ce cinquième jour du mois d'août, l'an Notre-Seigneur mil quatre cent soixante et quatre.

Que saint Régnauld vous garde des fièvres estivales et la bénoîte Marie mère de Dieu de tout péché mortel. Amen !

Postérieurement à cette dernière date de la légende, la chapelle de saint Renauld avait été sans doute démolie, car un manuscrit nous apprend que les restes du saint, après avoir été longtemps auprès du grand autel, puis dans un oratoire hors

(1) Cette visite de Guillaume Lemaire, évêque d'Angers, à l'abbaye de Mélinais, ainsi que la soustraction de titres dont il est question dans cette légende, sont historiques. (V. le *Spicilége* d'Achéry, tome X.)

de l'église, furent transférés solennellement dans la petite chapelle dite de Saint-Jean l'Evangéliste, par messire Henri Arnaud (1), évêque d'Angers, le 11 août 1653. Cette dernière chapelle, bâtie, croyait-on, par saint Renauld lui-même, se voyait encore vers le milieu du siècle dernier, au côté septentrional de l'abbaye.

Si l'on s'en rapporte à une autre version, que nous devons croire être l'histoire vraie, puisqu'elle fut envoyée comme telle au bollandiste Papebroeck, par Fr. de Lagranche, prieur de Mélinais en 1692 (2), le héros de la légende était picard et chanoine régulier de l'ordre de Saint-Augustin dans l'abbaye de Saint-Jean-des-Vignes à Soissons. Ennuyé de vivre dans le bruit des villes et par un saint amour de la retraite, il se fit un des compagnons de Robert d'Arbrissel, alors solitaire dans la forêt de Craon, au Bas-Anjou. On sait que ce bienheureux, célèbre par ses pénitences inouïes, se retira dans la forêt de Fontevrault, où il établit son ordre de femmes et d'hommes, sous la direction d'une abbesse. Ses disciples s'étant retirés en divers endroits, saint Renauld choisit pour retraite la forêt de Mélinais.

Des mémoires plus rationnels que les récits des hagiographes attribuent effectivement à Henri II,

---

(1) Frère du grand Arnaud.
(2) Elle est en tête du registre *paroissial* de l'abbaye de Mélinais, et se trouve reproduite en latin dans la grande coll. des Bollandistes (septembre).

roi d'Angleterre, comte d'Anjou et seigneur de La Flèche, la fondation de Mélinais. Sous le règne de ce prince, en 1181, une bulle du pape Lucius III, adressée au prieur Vincent de Mélinais et *à ses frères*, autorise les chanoines réguliers de Saint-Augustin à chanter l'office divin dans l'église conventuelle de l'abbaye, même pendant le temps d'un interdit général (1).

Ainsi fondée peut-être par un saint, au moins par un roi, privilégiée par un souverain-pontife, l'abbaye de Mélinais continua à recevoir les bienfaits des hauts personnages de ce monde. Richard Cœur-de-Lion, fils de Henri II, y fit quelques augmentations, et après lui, Raoul II, vicomte de Beaumont, accorda à cette abbaye des priviléges et des terres, et voulut que son église devint la sépulture de sa famille; il y fut inhumé avec sa femme Jeanne de Poitiers et ses enfants.

Un jour de l'an 1291, l'abbaye de Mélinais reçut la visite de Guillaume Lemaire, évêque d'Angers, et les détails racontés par le prélat, en latin moyen-âge, en sont assez piquants pour être reproduits (2) :

« Le dimanche suivant, jour où fut chanté le *Misericordia Domini*, nous avons visité le monastère de Mélinais, nous avons prêché dans le chapitre et nous avons célébré solennellement la messe dans l'église dudit lieu; car, en ce jour, les religieux

(1) Renseignement emprunté à une notice manuscrite de M. l'abbé Chevallier.

(2) *Spicilége* d'Achéry, tome X.

avaient à fêter le bienheureux Jean devant la porte latine. Plusieurs prieurs et frères de l'ordre de ce monastère s'étaient réunis. Nous avons ordonné à l'abbé de tenir la main à ce que chaque jour, à heures fixes, les moines de son monastère mangeassent ensemble dans le réfectoire les mets déterminés par l'usage de la maison ; de leur défendre, — et nous avons nous-même appuyé cette défense pendant notre visite, — de leur défendre de manger de la viande en leurs cellules, où ils ne gardent pas le silence et commettent beaucoup de choses illicites, d'autant qu'il ne leur est pas défendu par l'ordre de Saint-Augustin de manger de la viande dans le réfectoire.

» Pendant la même visite, nous avons ordonné aux chanoines dudit monastère de conformer leur habillement à celui des chanoines de l'ordre de Saint-Augustin, c'est-à-dire de porter et de garder en public l'aube, et par-dessus le froc noir ; enfin de porter les mêmes vêtements et ornements que lesdits chanoines, ce à quoi ils ont acquiescé avec empressement ; puis nous avons prêché devant le peuple, etc. »

Mais, dans la suite des temps, il arrivait souvent que des libéralités nouvelles venaient altérer la pieuse sévérité des institutions monastiques ; c'est ainsi qu'en 1441 les religieux de Mélinais furent autorisés par le duc d'Alençon à entourer leur abbaye de fortifications.

Ils étaient depuis plus de cinq siècles en possession de vastes revenus perçus dans plus de trente paroisses ou prieurés environnants, quand une décision de Henri IV vint bouleverser cet état de choses, en unissant l'abbaye et ses dépendances au Collége de La Flèche. Le pape Paul V acquiesça par une bulle à la mesure prise par le roi. Les pères jésuites durent s'entendre avec les moines de l'abbaye, en leur laissant partie des revenus jusqu'au partage de 1618, qui attribua au Collége le prieuré de la Jaillette, la maison dite de Mélinais, à Angers, des dîmes et des rentes nombreuses, et enfin la moitié du Pré-aux-Moines, à Sainte-Colombe.

Dans cet accord avec les frères Augustins de Mélinais, les jésuites s'étaient réservé un appartement garni dans l'abbaye et le droit d'être nourris dans la maison, avec leurs gens, leurs chevaux et leurs ânes.

En 1635, les Augustins réformés sous le nom de Génovéfains, entrés à Mélinais, s'obligèrent à l'exécution du contrat consenti entre leurs prédécesseurs et les pères du Collége de La Flèche ; mais en 1647 ils se pourvurent en cassation contre cet acte. Les jésuites gagnèrent le procès ; la convention de 1618 fut maintenue, et les droits du Collége sur l'abbaye continuèrent à être à la disposition des jésuites jusqu'à leur expulsion (1762). Les Génovéfains leur survécurent jusqu'à la révolution qui, en 1791, vint les disperser à leur tour. Le prieur dom Chollet et les trois ou quatre religieux qui s'y trouvaient encore vendirent le mobilier de leur maison pour subvenir aux frais de leur émigration.

Plusieurs de nos lecteurs ont pu voir, il n'y a pas de cela longues années, un de ces Génovéfains de la dernière heure, repoussé de son cloître par les évènements, vêtu d'un costume moitié religieux, moitié laïque, et témoin attristé sans doute des transformations violentes opérées dans cette abbaye où s'étaient passées les années de sa jeunesse. Il s'appelait l'abbé de Latour.

Aujourd'hui, rien ne rappelle plus cette demeure qu'une aile de bâtiments restée debout, des exhaussements de terrains qui recouvrent quelques ruines, une longue allée de peupliers qui conduit à ces vestiges effacés, et je ne sais quel air de mélancolique solitude qui s'attache volontiers aux lieux témoins d'une grandeur évanouie.

Prieuré de la Jaillette.

A deux lieues du Lion-d'Angers, dans la paroisse de Louvaines, le prieuré de la Jaillette, dépendance de Mélinais, montre encore aujourd'hui sa chapelle au pied des coteaux couverts de gros châtaigniers qui dominent le cours de la petite rivière de l'Oudon, avant sa jonction dans la Mayenne. Un preux, nommé Geoffroy l'*Autour* (Gaufredus Ostorius) (1), revenu en 1194 de la terre-sainte avec des fragments de la vraie croix et d'autres saintes reliques, bâtit dans ces sites pittoresques une chapelle pour

(1) Nous donnons pour *Ostorius* la traduction du Ducange.

les y déposer. Cette petite fondation pieuse fut mise entre les mains de l'abbé de Mélinais, qui s'obligea à envoyer quelques religieux pour la desserte de la chapelle, obligation qui lui valut une partie de la seigneurie. Plusieurs autres donations ayant été faites ensuite, la chapelle ne tarda pas à devenir par l'usage commun une sorte d'église succursale, à cause de l'éloignement de celle de Louvaines. Elle fut érigée en paroisse en 1410; toutefois, le prêtre succursaliste n'était qu'un vicaire amovible de l'abbé de Mélinais.

En mars 1426, l'abbé Guillaume de Mélinais obtint du pape Martin V l'union du prieuré de la Jaillette à sa mense abbatiale, et cette union fut confirmée par le concile de Bâle en 1436.

En 1515, le bail de la ferme de la Jaillette était de 800 livres de rente. Les jésuites de La Flèche possédèrent ce prieuré en leur qualité de propriétaires de Mélinais. En 1688 ils firent l'acquisition du reste de la seigneurie et de tous les biens et fiefs que le fondateur s'était réservé; puis terres, fiefs et prieuré furent vendus en 1791 comme propriétés nationales.

La petite église de la Jaillette appartient à l'époque de transition du XII⁰ siècle; la grande porte est à plein ceintre, la voûte de la nef en bois, le chœur à voûtes ogivales avec voussures ornées de nervures cylindriques s'appuyant sur de petites colonnes rondes engagées, à chapiteaux feuillagés; les fenêtres sont romanes, longues et sveltes. Au côté méridional s'appuyait le cloître des religieux Augustins, dont quelques arcades, reconstruites au XVIe siècle, rappellent le cloître de Solesmes. Vers l'an 1400, les étrangers, maîtres dans nos contrées, dévastèrent probablement ce petit cloître, car un site à un kilomètre de là, connu sous le nom de *Port-aux-Anglais,* rappelle encore leur passage. En 1795, il servit de refuge aux chouans, qui venaient se cacher dans le creux de ses murailles. Aujourd'hui le cloître est en ruine, et la petite église, seule debout, est desservie par un chapelain, dont la voix y fait encore entendre, comme autrefois, ces prières traditionnelles, fortes sans doute, puisque Dieu les fait survivre au cours des temps et aux violences des hommes.

Prieuré de l'Écheneau.

En l'an 1354, Girard Bouju, selon les uns prêtre et selon d'autres seigneur de Bazouges, fit bâtir une petite chapelle à sainte Radegonde, sur les coteaux de sa paroisse, à cinq quarts de lieue de La Flèche, dans un site pittoresque, couvert aujourd'hui d'un riche vignoble et planté alors de *chesneaux* ou petits chênes qui lui ont donné son nom. Bientôt la chapelle fut érigée en prieuré au bénéfice des moines de Mélinais, dont il devint ainsi une dépendance, et qui étaient tenus d'y entretenir deux religieux de leur ordre pour y célébrer l'office divin trois fois par semaine et dire des messes des morts pour le repos de l'âme du fondateur, de ses père et mère et de ses ancêtres. Ce petit bénéfice, augmenté par Marguerite de Poitiers, vicomtesse de Beaumont, et par un prieur nommé Jean Cholet, longtemps tenu en commende, fut donné aux jésuites de La Flèche par Henri IV, et uni en cour de Rome, au Collége, par le pape Paul V, en 1607.

Outre le charme de sa situation, embellie par une vue magnifique sur la vallée commune de La Flèche et de Bazouges, les coteaux de l'Écheneau, d'Ambrières et pentes adjacentes ont encore le mérite fort goûté assurément de produire les vins les plus estimés du canton.

Prieuré de Saint-Jacques de La Flèche.

Ce bénéfice qui, dans l'origine, fut une léproserie, avait été fondé, vers 1135, par Geoffroy Plantagenet, comte d'Anjou, seigneur de La Flèche, et par Geoffroy de Clers, son sénéchal ou grand-maître de sa maison *(dapifer)*. Cette fondation fut confirmée et augmentée par Henri Plantagenet, devenu roi d'Angleterre. Ce prince donna à cet établissement de charité son four banal à La Flèche, le droit de pêche dans le Loir, depuis les Grands-Moulins du château jusqu'au moulin de Pincé, avec réserve de ce droit lorsqu'il viendra à La Flèche ; il lui donna en outre le mort-bois dans les forêts de Bussey et de Douvereau, le panage dans toutes ses forêts, et les droits perçus sur les produits d'une foire annuelle, le jour de la saint Simon et saint

Jude, pour l'entretien du luminaire de l'église (1).

Cette maison, d'abord desservie par des prêtres séculiers, fut, à une époque très rapprochée de sa fondation, cédée aux chanoines réguliers de Saint-Augustin, et prit dès lors le titre de prieuré de Saint-Jacques. Elle est cependant encore qualifiée de léproserie dans un bref du pape Lucius III (1181-1185), par lequel ce pontife, considérant que les maux incurables dont sont atteints les lépreux qui l'habitent les rendent d'autant plus dignes de sa protection qu'ils sont incapables de se défendre contre les agressions de leurs ennemis, leur accorde des exemptions de dîmes, etc. Dans une charte du même temps, l'abbé Guillaume, de Saint-Aubin, dota la maison de Saint-Jacques d'une chapelle à chapitre, sous la réserve des oblations, aux sept fêtes principales de l'année; et Hugues, fils du sénéchal fondateur, donna en dédommagement un pré et le demi moulin de Cré au prieur de La Flèche, dont la juridiction était amoindrie par la création de cette chapellenie. De nombreuses donations, priviléges, legs de terres, etc., augmentèrent successivement les revenus du prieuré. Au nombre des bienfaiteurs furent le pape Nicolas III (1279), qui permit aux religieux de Saint-Jacques d'hériter à leurs parents, et Antoine de Bourbon, roi de Navarre, qui leur donna la terre du Perrichet, dans la paroisse de Clefs.

(1) Ed. Bilard. — *Analyse des doc. hist. conservés dans les archives de la Sarthe*, nos 572 et suiv.

Le prieur de Saint-Jacques de La Flèche ne rendait compte à personne de sa gestion, et pouvait disposer des fonds et de ceux du chapitre, composé de six religieux, avec le seul consentement de l'évêque d'Angers. Henri IV donna ce prieuré aux jésuites, le 15 juillet 1604, pour y bâtir le Collége, ce que l'exiguité de l'emplacement empêcha; mais il y resta annexé, et le pape Clément VIII confirma cette union.

Pendant longtemps les bâtiments du prieuré servirent de maison de convalescence et de retraite pour les anciens jésuites; ils devinrent, sous les pères de la doctrine, une infirmerie, où les jeunes élèves soumis à l'inoculation suivaient pendant un certain temps un régime séparé. En 1790, à la suite des décrets de l'Assemblée Constituante, cette maison, avec les terres qui en dépendaient, fut vendue comme bien national. Aujourd'hui elle est en partie devenue une auberge dont l'enseigne, rappelant au moins un souvenir, représente l'apôtre de Compostelle; l'église a été changée en écurie, et sa destination primitive n'est plus guère reconnaissable qu'à une porte cintrée, accostée de pilastres et surmontée d'une petite niche vide. Le reste des bâtiments forme une maison bourgeoise régulière et spacieuse, située entre cour et jardins, tenant de la ville par ses abords et de la campagne par la liberté de l'air et de la vue qui, de là, s'étend agréablement sur les pentes des côteaux de Verron et de Saint-Germain, et les maisons de campagne ou les closeries disséminées dans le rayon ouest du territoire de La Flèche.

Le Prieuré de Luché.

Le Luché romain *(Lucus)*, avec sa ferme romaine du *Grand-Camp*, ses vestiges de voie romaine d'Aubevoie *(via alba)*, ses médailles impériales retrouvées çà et là, ses tombeaux de calcaire coquiller, etc., mérite à tous égards l'attention de l'antiquaire, mais est étranger à la simple histoire de son prieuré et à ses rapports avec notre École.

Néanmoins, sans remonter aussi loin, ce prieuré est lui-même de la plus haute antiquité.

Au IVe siècle, saint Turibe (1) consacre l'église de Luché ; puis il est question de Mareil et de Luché dans un passage trop peu remarqué du testament de saint Bertrand, évêque du Mans, écrit la dernière année du règne de Clothaire II (628). Cet endroit devait avoir dès lors perdu l'importance qu'il avait eue sous la période gallo-romaine ; le testateur l'appelle *Locellum* (2).

Luché ne devint paroisse, ou du moins son prieuré ne fut fondé que sept siècles plus tard. Une charte sans date, mais appartenant au milieu du

---

(1) *Consecravit ecclesias de Luppiaco.* — Analectes de Mab., 242, et Th. Cauvin. Géographie ancienne du diocèse du Mans, grand in-4o.

(2) Après avoir parlé de *Marogilium* (Mareil), saint Bertrand ajoute : *Locellum qui appellatur Luciacus... comparavi.* — Analectes de Mab. — Le Corvaisier et Cauvin.

XI° siècle, fixe la fondation et la dédicace de ce prieuré ; il y est dit que le vicomte Raoul de Beaumont et sa femme Ameline vendent aux moines de Saint-Aubin d'Angers, pour 500 sous d'or, une partie de l'église de Luché, et donnent l'autre pour le salut de leurs âmes. A cette église se rattachent l'autel, les oblations, les droits de sépulture, une terre près l'église et la dîme de quatorze bordages ; ils donnent de plus trois de ces bordages, celui d'Etienne, celui de Vital et celui de Benoît, l'eau de la rivière du Loir le long de la terre de Saint-Aubin, et un pêcheur ; ils ajoutent à ces dons un arpent de vignes et la dîme de leurs vignes, plus toutes les acquisitions que les moines pourraient faire dans toute l'étendue de leur domaine, plus le droit de vicairie sur tous les biens précités, sur tous ceux qu'ils pourront acquérir, et encore un arpent de jardin au-delà du Loir, le droit de pacage et de chauffage dans la forêt, et le droit d'y prendre également du bois vif autant qu'ils en auront besoin ; enfin, ils ajoutent trois fiefs à tous ces bienfaits.

Pour la dédicace de ladite église, Foulque le sénéchal donne une mesure de terre proche la Lone, avec le vinage et la dîme d'un demi arpent de vigne, un quartier de pré et la dîme qu'il possédait sur la terre du percepteur Gauthier *(Waltherii teloncarii)* et toute celle qu'il avait sur la terre de Renaud Devaux *(Reginaldi de vallibus)*, et les droits de sépulture, les oblations et la dîme sur deux autres terres ; puis, à cause de son fils qui va se faire religieux à Saint-Aubin, et à cause de lui-même qui désire recevoir l'habit monastique avant de mourir, il donne de nouvelles dîmes, le quart d'un moulin, etc. Sept autres donataires font également dans le même acte des libéralités à Saint-Aubin.

La générosité des habitants de Luché envers Saint-Aubin est prodigieuse ; la seconde moitié du XIe siècle vit plus de trente donataires de cette paroisse enrichir cette opulente abbaye, toujours prête à recevoir et jamais à rendre.

Cette dernière observation se trouve justifiée par une seconde charte, en vertu de laquelle les moines de Saint-Aubin, par les mains d'Otbran, leur abbé, et de Garnier, leur prieur, donnent 100 sous à Hubert, fils de Raoul, pour mettre fin à la querelle qu'il leur avait cherchée au sujet de l'église dudit Luché ; les témoins de cet acte sont Raoul, son propre père, qui avait donné et vendu cette église et ces terres à Saint-Aubin, Renaud de Maulevrier, Qualdin de Malicorne, etc. (1).

Une bulle du pape Pascal XI, du 4 juin 1107, accordée à Archambauld, abbé, et au couvent de Saint-Aubin d'Angers, porte protection et confirmation des biens de ladite abbaye, situés aux diocèses d'Angers et du Mans. Au nombre des églises désignées se trouve celle de Saint-Martin de Luché,

---

(1) *Analyse des chartes des archives de la Sarthe*, par M. Ed. Bilard, dans l'Annuaire du département, années 1852-53.

dont ont continue ainsi à retrouver les traces dans plusieurs documents des siècles suivants.

Ce prieuré était dans l'origine desservi par quelques religieux sous la dépendance de Saint-Aubin; plus tard il tomba en commende et fut uni au Collége de La Flèche par Clément VIII, en 1604. A cette époque il avait un vicaire perpétuel à la nomination de l'abbé de Saint-Aubin, et un vicaire amovible à la nomination du prieur, qui, de plus, avait le privilége de nommer le maître d'école et de donner des lettres de maîtrise aux bouchers, au nombre de huit au plus. Chacun des bouchers devait en retour au prieur cinq sols le jour de saint Etienne, et un quartier de mouton le jour de l'Assomption; la convention ne dit pas comme celle de Condé si le mouton devait être lainu, dentu et cornu (1).

A peine les jésuites de La Flèche eurent-ils la gestion des biens du prieuré de Luché, qu'ils cherchèrent dispute non seulement aux religieux de l'abbaye de Saint-Aubin, mais aussi au curé et aux propriétaires de fiefs. Ils actionnèrent même les habitants de Luché pour la dîme que ceux-ci prétendaient ne devoir payer qu'à la vingtième gerbe, et que le parlement de Paris les condamna de payer à la treizième.

Outre la dîme en question, le revenu consistait dans le clos du prieuré, plusieurs métairies, closeries, moulins, etc., vingt-deux septiers de seigle,

(1) Alex. Monteil. — *Hist. des Français des div. États.*

dix de froment et dix pipes de vin pour le vicaire perpétuel.

L'église de Luché semble montrer avec une certaine coquetterie, au siècle présent, des échantillons habilement confondus de tous les vieux siècles qu'elle a traversés ; la voûte en bois de la nef, la tour romane à fenêtres geminées, à têtes grimaçantes, pourraient bien remonter à ce vicomte Raoul, si généreux pour Saint-Aubin ; le chœur, avec ses hautes voûtes ogivales, ses nervures élégantes, ses deux colonnes élancées et légères, ce sentiment de l'art chrétien qu'on y respire, appartient à la pure période gothique du XIIIe siècle ; les bas-côtés peuvent être du XVe, et le portail d'entrée, en anse de panier, orné de frisures diverses et de tiges avec clochetons, appartient à la renaissance. Malgré ce disparate des époques, embarrassant pour classer l'édifice, nous ne pouvons nous empêcher de le signaler à l'attention des amis de l'art religieux ; les monuments qu'il a créés aux environs de La Flèche sont malheureusement assez rares pour que ceux qui restent encore soient avec soin protégés, conservés, et, s'il se peut, complétés et remis en harmonie avec eux-mêmes.

L'Abbaye de Bellebranche.

Notre-Dame de Bellebranche était l'une et la plus belle des trois abbayes que les religieux de la règle de Saint-Bernard établirent dans le diocèse du Maine au milieu du XIIe siècle. Elle était située dans la forêt de ce nom, à deux lieues de Sablé, et fut fondée sur la coutume d'Anjou, d'après Chopin, le célèbre jurisconsulte du Bailleul, par Robert II, seigneur de Sablé. Cette fondation fut confirmée par le pape Alexandre III dans le voyage qu'il fit en France en 1165. Les nobles et puissants seigneurs de Chateau-Gontier, de Laval, de Craon, de Sillé, de Montjean, des Roches, de Mathefelon, de Plessis-Bouret, d'Antenaize, le roi Louis XI lui-même, se plurent à l'enrichir par des donations diverses.

Tout est poétique ou dramatique dans les souvenirs de cette grande abbaye : son nom, sa légende, son histoire même, et un Walter-Scott trouverait bien sûr, en les remuant, un chef-d'œuvre. Grace aux croyances naïves des temps qui la virent s'élever, son origine s'entoure d'une sorte de merveilleux mythologique. On raconte que le premier dessein de Robert de Sablé n'était pas de bâtir l'abbaye à l'endroit où il la fit construire ensuite, mais à un demi-quart de lieue de là, dans les taillis du bois de Natron. Comme on travaillait aux bâtiments dont les fondements commençaient à s'élever au-dessus du sol, un aigle, venant du ciel, s'abattit auprès des murailles naissantes, y prit une branche verte et alla la poser à quelque distance hors de la forêt, comme pour indiquer que c'était là qu'il fallait bâtir l'abbaye. Cette indication de la part de l'aigle fut prise pour un avertissement de Dieu. Aussitôt le plan primitif fut abandonné et la sainte maison bâtie à l'endroit désigné par l'oiseau céleste.

4

Les anciennes légendes grecques ou romaines ne sont certes pas plus jolies, et celle de Bellebranche a de plus l'avantage de s'expliquer par des faits positifs que l'imagination aura idéalisés après coup. On sait qu'en effet l'abbaye portait dans ses armes un aigle ayant un rameau dans le bec, que Robert de Sablé avait aussi ce blason, et que dans le bois de Natron se trouvaient des ruines de constructions antérieures, appelées le Vieux-Bellebranche, du nom d'un fief acquis, par échange, d'Anne de Laval, trois siècles environ après la fondation de l'abbaye.

En 1440, l'abbaye de Bellebranche éprouva les horreurs des longues guerres qui désolèrent nos contrées et les soumirent pour un temps à l'étranger. Les anglais se rendirent maîtres du monastère et le dévastèrent de fond en comble, et ce fut longtemps un triste spectacle que celui de cette dévastation.

« En 1451, l'évêque du Mans, Jean d'Hierrai d'Assé, visita une partie de son diocèse, et étant à Sablé, Jean Rocher, abbé de Bellebranche, vint le trouver pour lui faire hommage de son monastère et lui rendre l'honneur et l'obéissance qu'il lui devoit tant pour lui que pour ses successeurs. On lui décerna acte de cette reconnaissance et du pardon qu'il avoit demandé pour l'avoir menacé de lui fermer les portes s'il venoit en son abbaye, qui est daté de la mesme année; et parce qu'il étoit retenu au lit par quelque indisposition qui lui étoit survenue, il envoya deux commissaires pour dresser procès-verbal de l'estat de ce couvent que les Anglois avoient ruiné ; ils s'y transportèrent et virent l'église toute découverte, les vitres cassées, les autels renversez, les cloistres rompus, une partie des dortoirs bruslée et tous les riches sépulchres des seigneurs de Sablé et de Chasteau-Gontier, fondateurs et bienfacteurs de cette abbaye, brisez et mis en pièces : de sorte qu'il n'étoit demeuré que quelques logements pour l'habitation de cinq ou six religieux, et une chapelle pour faire le service. L'évesque ayant appris cette désolation, ne put s'empêcher de jeter des larmes ; il convia l'abbé d'épargner une partie de son revenu au restablissement de son monastère, et, par sa vigilance, de tascher d'y faire reflorir l'ancienne discipline, promettant d'y contribuer de son côté, ce qu'il lui serait possible (1). »

Cent ans plus tard, lors des guerres de la ligue, le seigneur des Chenets s'enferma dans l'abbaye pour la protéger ; mais dès qu'il en fut sorti, elle fut prise et pillée par le huguenot de Bressault, qui fit pendre et maltraiter plusieurs religieux. A peine sortie de ce désastre, elle fut réparée, remurée, mise en état de défense au moyen de douves larges et profondes, et transformée en une espèce de citadelle, où les habitants des environs vinrent en armes se réfugier, se tenant sur la défensive, et ne se risquant à en sortir qu'en bateau. Mais au moment où tant de précautions contribuaient à les tenir en sé-

(1) Le Corvaisier. — *Histoire des évêques du Mans.*

curité, des soldats, sous la conduite du capitaine d'Andigné, s'étant déguisés en paysans, se rendirent maîtres du bateau et de l'abbaye sans être reconnus. Cette seconde surprise arriva le 5 juillet 1592. Quand la garnison de Sablé arriva au secours de l'abbaye, comptant y trouver les ligueurs, ceux-ci venaient de décamper, après avoir livré le monastère au sac et au pillage. La petite troupe des défenseurs désappointés ne put que rester dans les murs, jusqu'au moment où Lavardin de Beaumanoir envoya un nombre suffisant de soldats pour relever et garder ce poste.

Mais cette précaution armée fut à peu près inutile, car quelques jours après, le partisan d'Andigné revint à la charge, s'empara une seconde fois de Bellebranche, fit la garnison prisonnière et l'envoya à Château-Gontier, qui tenait pour la ligue.

Le gouverneur de Sablé, instruit de la prise de l'abbaye par les ligueurs, mit en campagne un corps de troupes sous les ordres du capitaine le Fresne, qui, après une attaque vigoureuse, se rendit maître de l'église et de la maison conventuelle, et força les ennemis à se réfugier dans la maison abbatiale, où il les combattit sans relâche pendant deux jours, et se sauva pendant la nuit du troisième.

Les ligueurs royalistes, maîtres de cette forteresse, prirent eux-mêmes le parti de l'abandonner ; mais ils ne battirent en retraite qu'après avoir chargé plus de cent voitures d'effets précieux. La seule grace qu'ils accordèrent aux moines fut de composer avec eux pour le rachat de l'argenterie de leur église; ce rachat, fixé à la somme de 160 écus, ne put s'acquitter que par l'emprunt que firent les religieux de pareille somme à la dame de l'Hermale (1).

Les guerres de la ligue et les dévastations qui en étaient la suite cessèrent; mais les tribulations des habitants du monastère de Bellebranche continuèrent sous une autre forme.

Il était possédé, au commencement du XVIIe siècle, par François de Donadieu, évêque d'Auxerre, lorsque le pape Paul V prononça, en 1607, l'union de la mense abbatiale au Collége royal de La Flèche. Pour dédommager le prélat, le roi Henri IV donna à son frère l'évêché de Saint-Papoul, et à lui trois mille livres de rente sur cet évêché, et, croyant l'indemnité suffisante, fit unir, en 1609, au Collége, par le même pape, la mense conventuelle. L'abbé de Citeaux s'étant plaint de la perte que son ordre souffrait par ce démembrement, le roi lui donna les deux menses de l'abbaye de la Buxière, diocèse d'Autun, valant 13,000 livres. L'abbé et le chapitre ayant consenti à cet échange, il se fit, le 26 juin, un concordat entre le procureur-général de Citeaux et le provincial des jésuites, par lequel ils consentirent de part et d'autre à l'exécution du brevet du roi, à la condition que l'abbé de Citeaux transfèrerait tous les religieux de Bellebranche dans

(1) Burbure. — *Essais sur La Flèche.*

d'autres maisons de l'ordre, et que, jusqu'à la prise de possession de la Buxière par ledit abbé, les jésuites lui paieraient tous les ans la somme de 2,000 livres, plus 1,800 livres une fois payées, etc. En conséquence de cet accord, les deux bulles furent expédiées pour ces deux unions le 5 octobre 1609.

Mais il intervint aussitôt une opposition de l'abbé de la Buxière et des religieux même de Bellebranche, auxquels l'abandon de l'abbaye était sans doute par trop pénible. En conséquence, ils interjetèrent appel comme d'abus au parlement de Paris, où un arrêt fut porté le 20 février 1610, par lequel les Bernardins de Bellebranche étaient maintenus dans la possession de leur mense. La mort de Henri IV étant survenue, les jésuites entrèrent en partage avec les religieux : deux lots furent faits, et ce ne fut qu'après beaucoup d'opposition de la part de l'abbé de Cîteaux, après que l'abbaye du Miroir en Bourgogne lui eût été donnée en dédommagement, que les jésuites purent obtenir l'union de la mense conventuelle à la mense abbatiale, par arrêt du conseil du 26 octobre 1686, qui, toutefois, laissa à leur charge toutes les dettes de la communauté et une foule d'obligations trop longues à énumérer ici.

Les jésuites du Collége de La Flèche se soumirent avec empressement à toutes ces clauses d'un contrat qui mettait entre leurs mains un bénéfice de plus de 40,000 livres de rente, la possession d'une forêt magnifique et des droits seigneuriaux de toute espèce. Aussi le style du manuscrit du révérend père, que nous suivons en l'abrégeant beaucoup, s'anime à ce résultat d'une vivacité inusitée : « La bulle de 1609, dit-il, fut enfin fulminée le 13 janvier 1687 ; — il y avait eu 78 ans de débats, — et le 26ᵉ jour du même mois, le R. P. de La Flèche, alors recteur du Collége, prit possession de la mense conventuelle par le baiser de l'autel, le son des cloches, l'entrée de la sacristie, la tradition des vases sacrés et des titres, etc., comme il se pratique ordinairement dans de pareilles rencontres. »

De cette antique abbaye rien ne reste aujourd'hui qui puisse attester que là s'élevait autrefois l'imposante demeure des religieux de Citeaux. On n'y voit plus qu'une maison toute séculière, qui n'a de commun avec le vieux monastère que d'avoir été formée de ses débris.

Les Papegais bretons.

Ce mot de papegai (*papagaï*, perroquet), sorti de l'Allemagne (1) après avoir traversé la France, en s'y fixant pendant quelques siècles au moyen-âge, s'en était venu, vers la fin, jusqu'en Bretagne, pour désigner un oiseau de carton ou de bois peint qu'à certains jours de l'année et dans certaines localités les garçons du bourg ou de la petite ville plantaient au bout d'une perche pour servir de but aux tireurs, partagés en deux troupes distinctes, les tireurs de l'arbalète et les tireurs de l'arquebuse, comme qui dirait les classiques des vieilles coutumes et les no-

(1) Il est aussi dans Ducange, au mot *Papagallus*.

vateurs. Grande devait être la rivalité entre les deux armes, on pourrait dire entre les deux systèmes, et durable même fut-elle, puisque le chevalier Folard, dans ses commentaires sur Polybe (1), met en doute l'efficacité des armes à feu et semble préconiser le maintien des armes antiques, arbalètes, catapultes et balistes ; aussi le gouvernement avait réglementé le jeu du papegai : « Les tireurs sont presque partout érigés en communautés. Lorsqu'ils ne forment pas un corps autorisé par le souverain ou par les officiers dépositaires de son autorité, ils ne peuvent tirer le papegai sans une permission expresse du juge de police du lieu.

» Il y a beaucoup d'endroits où celui qui abat le papegai jouit de prérogatives considérables. En Bretagne, il y a trente-trois villes ou bourgs où celui des arquebusiers ou arbalétriers qui a eu cette adresse jouit pendant un an de l'exemption du droit d'impôt et billot, jusqu'à concurrence de vingt tonneaux, à Rennes de quinze, dans d'autres endroits de vingt barriques, etc. ; mais il n'y a que ceux qui ont prêté le serment prescrit par le prince qui puissent tirer le papegai (2). »

C'est cette exemption, qui dans trente-trois villes ou bourgs de Bretagne frustrait le trésor d'une part de revenus, qui fut abolie par Henri IV, pour les droits en provenant être affectés à l'entretien du Collége de La Flèche.

(1) Imprimés en 1727.
(2) *Grand Vocabulaire français*, in-4°, tome 20.

Que si ce moyen de créer des ressources à un établissement d'instruction publique peut sembler bizarre, nous rappellerons que l'École militaire de Paris, fondée par Louis XV en 1751, n'eut d'abord son existence assurée que sur le produit de la loterie, et que le Prytanée français, pendant la révolution, vit affecter à ses revenus le produit des droits perçus sur le sel des marais salants de l'Ile-de-Ré.

Toutes ces réunions diverses, évaluées dans l'origine à 20,000 livres de rente, prospérèrent si bien entre les mains des jésuites que bientôt les revenus du Collége de La Flèche s'élevèrent à 40,000 livres, puis vers le temps de leur expulsion de France, en 1762, à plus de 120,000 livres de rente, dans lesquelles il faut comprendre : 1° le revenu de l'abbaye d'Asnières, donné en 1747, à la charge de faire gratuitement l'éducation d'un jeune gentilhomme, au choix du baron de Montreuil ; 2° les rentes de la terre de Bonne ; 3° l'acquisition de la terre de Créans, près La Flèche, provenant de la vente des coupes de la forêt de Bellebranche ; 4° enfin un excédant de 10,000 livres de rente que les pères se firent accorder en exposant au roi que leurs revenus ne pouvaient suffire aux dépenses de la maison. Ils étaient cependant propriétaires de terres, dîmes et redevances assez nombreuses pour que la liste pût composer tout un vocabulaire alphabétique, long de 190 noms de domaines (1).

(1) Cette liste est dans le Ms. d'un père jésuite.

CHAPITRE III.

LE VIEUX COLLÉGE SOUS LES JÉSUITES (1604-1622).

Les témoignages contemporains de Barthélemy Roger, ancien moine bénédictin de l'abbaye Saint-Nicolas d'Angers, d'Adrien Baillet et de plusieurs autres historiens ou auteurs de documents divers, établissent que le Collége de La Flèche fut en plein exercice et pourvu d'un nombre de chaires suffisant pour un enseignement complet, aussitôt après l'arrivée des jésuites, dans les premiers jours de 1604.

Les premiers élèves furent installés provisoirement dans les salles du Château-Neuf de Henri IV, plus ou moins appropriées à cette destination; qui, dans les premiers mois, ne fut pas tellement fixée, qu'il ne fût question d'établir le Collége dans les bâtiments du prieuré de Saint-Jacques. En 1622, l'église fut terminée. L'ensemble des bâtiments et leur arrangement intérieur ne durent pas être achevés de manière à permettre l'installation des élèves dans les bâtiments neufs avant cette époque où les jésuites fêtèrent en grande pompe la canonisation des patrons de leur compagnie, saint Ignace et saint François Xavier. C'est donc entre ces deux dates, 1604 et 1622, que l'on peut placer la première période de l'École, qu'avec l'historien angevin nous appellerons celle du vieux Collége.

Bien que courte, elle se présente avec l'importance et l'éclat que lui donnèrent immédiatement la bienfaisance de deux rois et les noms des grands hommes qui l'ont illustrée, soit comme élèves ou comme professeurs. Indépendamment du don de 100,000 écus et des revenus en biens-fonds accordés par l'édit de fondation pour assurer la marche et la durée de l'établissement, l'intention de Henri IV était d'établir à La Flèche, outre les professeurs jésuites pour les sciences que leur institut leur permet d'enseigner, huit professeurs royaux : quatre de droit et quatre de médecine, à 500 écus d'appointements pour chacun. Le recteur du Collége, qui l'aurait été en même temps de l'Université, devait avoir le droit de les présenter pour être pourvus par le roi. Malgré les assertions plus ou moins contraires de quelques écrivains, cette organisation d'une université à La Flèche resta en projet. « L'intention de Sa Majesté, dit le manuscrit plusieurs fois cité d'un père jésuite, dans l'établissement du Collége, était qu'on y enseignât toutes les sciences ; pour cela, on y a toujours établi quatre régents de théologie, sçavoir : un pour la sainte-écriture, deux pour la scholastique, un pour les cas de conscience ; deux régents de philosophie (et souvent un troisième qui répète en un an la philosophie aux jeunes jésuites), un régent de mathématiques, deux de rhétorique, cinq pour les humanités. » La donation de 30,000 livres, faite par lord Douglas en 1608, pour créer à La Flèche un séminaire pour les Écossais catholiques, fut même détournée de sa destination primitive et resta sans résultat.

Quoiqu'il en soit, des notes extraites des *Lettres annuelles* nous donnent pour ces premiers temps et année par année, la situation suivante :

1604. — Nous avons déjà ouvert neuf cours ou neuf classes, quatre de grammaire, une d'humanités, une de rhétorique, deux de philosophie, une de théologie morale. Le nombre des élèves approche de 1,200; parmi eux se trouve l'élite de la noblesse de France, et plusieurs sont envoyés par le roi....

1605. — Les études sont florissantes; nous comptons 1,200 élèves.

1606. — Nous sommes trente-trois pour enseigner : six régents de lettres humaines, trois de philosophie, deux de théologie scolastique et un de théologie morale. Le roi très-chrétien, s'il voit des seigneurs de sa cour dans l'intention d'envoyer leurs fils à quelque école, pour y être instruits dans les lettres, leur parle sur le champ du Collége de La Flèche, en sorte que de toute la France il y a concours ici.

1607. — ...... Le Collége, par sa grandeur, l'habile disposition et la commodité de ses diverses parties, ne le cède à aucun autre établissement de ce genre en Europe.... Parmi nos 1,200 élèves, 500 sont de la première noblesse, fils de ducs, de marquis, de comtes...... quelques-uns même sont déjà nommés à des abbayes ou à l'épiscopat.

1608. — 1,200 élèves.... Les ducs de Vendôme et d'Epernon visitent le Collége ; les élèves représentent devant eux des pièces de théâtre.

1609. — Plus de 1,200 élèves. Don fait par Henri IV, à son Collége de La Flèche, d'une statue de N.-D. de Montaigu (en Belgique).

1610. — Tout prospérait à La Flèche; le nombre des élèves surpassait 1,200.... Au cours de mathématiques on avait ajouté cette année la classe de langue hébraïque..... (1)

Parmi ces écoliers du vieux Collége, on distinguait 24 enfants de gentilshommes ou officiers de la maison du roi, tous à sa nomination, dont l'éducation devait être gratuite et qui formèrent comme le noyau du pensionnat du Collége et le principe de la destination militaire que Louis XV lui donna plus tard. Un renseignement que tout nous porte à croire exact, nous a appris que ceux de ces enfants de familles nobles qui se destinaient à l'état militaire, étaient instruits aux manœuvres et aux exercices de l'infanterie, sinon du temps de Henri IV, du moins dès le temps de Louis XIII, par un vieux sous-officier attaché au Collége, et qui faisait aux plus grands une espèce d'*école du soldat* pendant les récréations (2) ; il est plus que

(1) Extrait des *Litteræ annuæ* soc. Jesu.

(2) Ce renseignement est verbal. Quant à l'introduction de l'exercice dans l'infanterie française, v. *Dictionnaire de l'armée de terre*, par le général Bardin, et les auteurs qu'il cite : Daubarède (1614), Montgeon (1615), plus le règlement

probable que le jeune J.-B. Bude de Guébriant fut un de ces petits manœuvriers débutants.

Ces priviléges en faveur de la noblesse n'avaient pour le temps rien d'exclusif, et les fils de familles nobles ou non pouvaient, comme externes et gratuitement, prendre part à toutes les leçons. Cette libérale concession pouvait bien être une manière de tenir compte à la bourgeoisie de la ville des charges pécuniaires qu'elle s'était imposées pour venir en aide aux frais de voyage et de premier établissement des Pères. D'un autre côté, la gratuité de l'enseignement était de règle dans tous les colléges des jésuites et l'un des moyens dont ils se servaient pour enlever les écoliers à l'Université et les attirer à leurs cours, moyens que le recteur Crévier a bien envie d'incriminer, et qu'Etienne Pasquier, plus franchement ennemi, incrimine tout-à-fait dans son *Plaidoyé encontre les jésuites*, imitation très adoucie pourtant des reproches virulents de Passerat : « Bien, puis-je dire, que la plus belle de leurs lectures est qu'ils ne sonnent aux oreilles des escoliers autre chose, sinon qu'ils veulent et entendent lire au peuple gratuitement. Sous cet honorable prétexte, plusieurs vont à leurs leçons, les fripons et bons compaignons, pour cuider corbiner *(croire épargner)* tous les mois un sol ou un carolus que l'on paie aux autres colléges à l'entrée de la porte ; les autres par un esprit de curiosité. »

de 1651, l'ordonnance de 1733, etc., etc. — Louis X II avait lui-même appris l'exercice. *Ibid.*

Pour compléter cette œuvre de générosité envers la ville de La Flèche, le Collége devait doter tous les ans douze honnêtes filles de familles peu aisées, en leur donnant à chacune une somme suffisante pour un mariage convenable (300 écus). Quatre d'entre elles auraient été, à La Flèche, au choix du père recteur ; enfin l'on devait joindre un noviciat de jésuites au Collége ; mais la mort précipitée du grand roi créateur et organisateur de tous ces bienfaits vint en arrêter l'accomplissement.

Un odieux complot, si nous en croyons les Mémoires de Sully, faillit être tramé à La Flèche même contre les jours de Henri IV, juste au temps où la bonté de ce prince pour les pères jésuites et pour les habitants de la ville se traduisait par des actes de l'intérêt le plus sympathique et d'une bienfaisance vraiment royale. Laissons à Sully la responsabilité de ce récit assez peu connu, en nous rappelant cependant que l'on était alors à un temps où il se trouvait des docteurs cherchant à établir la légitimité de la théorie du régicide, et des fanatiques toujours prêts à la mettre en pratique.

« A La Fleche, en la ruë des Quatre-Vents, proche de l'hostellerie qui a mesme nom, appartenante à une veufve nommée Jeanne Huberson, qui loge des escoliers, estoit logé, y a quelques mois et est encore, un nommé M. Medor, natif d'Avranche, qui avoit sous luy quelques enfans de bonne maison.

» La niepce de ladite Jeanne Huberson, nommée Rachel Renaud, qui demeuroit en ce mesme logis avec sa tante, âgée de vingt-six ans ou environ, atteste qu'entrant en l'estude dudit Medor, elle trouva un livre espais d'un pied, doré de tous costez et fort curieusement relié avec des rubans d'incarnat et bleu, lequel elle ouvrit par curiosité, et remarqua que ce livre estoit escrit environ jusques à la moitié, et partie d'ancre partie de sang ; qu'il contenoit aussi plusieurs signatures, la pluspart de sang, entre lesquelles elle reconnut, selon le peu de loisir qu'elle eut, le nom dudit Medor, d'un sieur du Noyer demeurant autour de Paris, non loin de Ville-Roy, et d'un sieur de Cros, natif d'Auvergne pres de Billon, qui a esté autrefois à M. de Mercœur, personnes de la hantise ordinaire dudit Medor, qu'à cette occasion elle connoissoit ; dit qu'elle fut fort estonnée, sur tout de cette escriture de sang, et soudain voulut porter ce livre à sa tante pour le luy faire voir ; mais, sortant de la chambre, rencontra ledit Medor qui le luy arracha en colere, et luy demanda ce qu'elle en vouloit faire ; respond qu'elle le vouloit seulement monstrer à sa tante, parce qu'il estoit si bien relié ; et néantmoins luy demande simplement pourquoy il y avait tant de signatures de sang, et entre autres la sienne ; luy respond qu'elle n'en avoit que faire, et qu'on faisoit seulement serment au Pape pour luy demeurer bon et fidelle serviteur avec devotion entiere.

» Aussi-tost fut le livre transporté hors de la maison, et de ce n'en dit rien ladite Rachel qu'à sa tante, et à un sien cousin dont l'advis est venu ; et en parle ladite Rachel si clairement et si constamment, qu'il n'y a aucune apparence de fraude, mesme dit qu'elle maintiendra ce que dessus, devant le Roy et tel autre qu'il ordonnera, si besoin est. La niepce et la tante sont catholiques romaines, le cousin nommé Huberson est de la religion.

» Ils ont opinion que ledit livre est de present chez le sieur du Cros, Auvergnac, cy-dessus nommé, demeurant chez le sieur Dreuillet près la porte Saint-Germain, qui sort de la ville à la main droite, lequel tient plusieurs enfants de bonne maison, nommément de Bretagne, à cause qu'il a esté autrefois, comme dit est, à feu M. de Mercœur : iceluy est de la congregation des jesuites, et y fait bien souvent le sermon, et est celuy qui sollicite ceux qui viennent là de signer en ce livre, et par le moyen duquel ce Medor et du Noyer y ont esté introduits.

» C'est l'advis simplement tel qu'il a esté receu de la propre bouche de cette Rachel. Si l'on estime que la chose merite d'y voir plus avant, j'y donneray les addresses necessaires; moindres choses en matiere d'Estat ne sont point à negliger, et bien souvent font penetrer en de plus grandes. »

Sans attacher à la réalité de cette machination ténébreuse plus d'importance que ne lui en accorda Sully lui-même, qui, après avoir été ainsi renseigné, ne provoqua aucune poursuite contre les accusés, reconnaissons cependant que les évènements qui viennent de temps à autre épouvanter le monde ne s'accomplissent guère sans avant-coureurs qui se produisent dans l'ordre moral comme des espèces de ballons d'essai. Quand la mort d'un homme, ce fait si naturel en lui-même, doit être une crise pour ses contemporains, eux et lui n'échappent guère à cet avertissement vague et mystérieux que l'on appelle pressentiment : ce serait, pourrait-on dire, le dessein de la fatalité deviné par l'instinct des masses, si la fatalité n'était pas un nom sans réalité, et si Dieu n'était pas au-dessus de tout, menant comme il lui plaît les agitations des hommes.

Dans les premiers mois de l'année 1610, les imaginations en France étaient, tous les mémoires du temps en font foi, sous le coup attendu d'un malheur public. L'inquiétude générale se fortifiait du triste ressouvenir des guerres civiles et religieuses, dont on venait à peine de sortir, et des craintes à chaque instant renouvelées par le couteau des régicides. En dessous de ces traits principaux qui caractérisent l'époque, et comme fonds, mettez l'opposition des croyances malheureusement scindées et excitées par la lutte, puis sur le tout la manie de l'astrologie judiciaire alors en vogue. Les trente mille astrologues qui exploitèrent le règne de Charles IX s'étaient perpétués. Nostradamus était mort; mais le bagage sibyllin du prophète et ses centuries, « vraies selles à tous chevaux, » étaient livrés aux interprétations d'une foule de Cassandre en veine de prédire et d'alarmer l'opinion publique.

Cette remarque sur l'astrologie et les sciences

occultes n'est pas seulement un fait d'observation générale ; il existe tout près de nous de volumineux et bizarres manuscrits qui ont dû se trouver, il y a deux siècles, dans le cabinet noir d'un sorcier fléchois.

La première fois que d'Aubigné, aussi intègre et sévère calviniste que brave et fidèle soldat, revit Henri IV après son abjuration, celui-ci lui montrant la cicatrice qu'avait laissée sur sa lèvre le couteau de Jean Châtel, d'Aubigné ne craignit pas de lui dire : « Sire, vous n'avez encore renoncé Dieu que des lèvres ; mais si vous le renoncez un jour du cœur, alors il percera le cœur. »

Cette étrange prédiction revint à la mémoire de celui qui l'avait faite lorsqu'il apprit le crime de Ravaillac, qui, disait-on, avait frappé le roi à la gorge ; d'Aubigné affirma qu'on se trompait, et que le meurtrier avait percé le cœur.

L'horrible attentat du vendredi 14 mai 1610 causa dans tout le peuple un saisissement de douleur et une consternation générale.

Une grande part des honneurs funèbres rendus à la mémoire de Henri-le-Grand, et la translation de son cœur, légué à notre ville par l'édit de fondation, sont un des grands évènements de l'ancien Collége. A ce titre et parce que le souvenir de cet excellent et malheureux prince est resté cher aux Fléchois, nous allons raconter avec quelques détails ce voyage de deuil pour la France et pour La Flèche :

Blessé au cœur de deux coups de couteau, dont l'un avait partagé l'oreillette gauche (1), le roi fut ramené mort dans son carosse de la rue de la Ferronnerie au palais du Louvre. Dans la nuit du vendredi au samedi, on le revêtit d'un pourpoint de satin blanc et on le porta sur le lit de sa chambre, où tout le monde le vit et le pleura. Le samedi, vers quatre heures, il fut ouvert en présence de quatorze médecins et onze chirurgiens, et trouvé si sain et si entier que, sans ce coup fatal, il eût pu vivre encore de longues années. Les entrailles furent portées à Saint-Denis par un exempt des gardes, le corps réservé pour les obsèques, et on enferma le cœur dans un cœur d'argent. « Et pour ce que l'intention de Sa Majesté vivante avait été de le faire reposer à La Flèche et d'en laisser la garde au Collége des jésuites après son trépas, ils se mirent lors en devoir de recouvrer et conserver cette précieuse pièce d'un si cruel naufrage. »

Fouquet de la Varenne, qui se trouvait à Paris, rappela cette promesse à la reine, qui lui permit de l'exécuter scrupuleusement. La Varenne avertit immédiatement le P. Cotton et les jésuites qui étaient en la maison Saint-Louis, rue Saint-Antoine, et leur envoya des carosses pour venir prendre au Louvre le cœur du roi.

Arrivés au palais, après avoir vu le jeune Louis XIII et la reine mère, ils se rendirent dans l'appartement où l'on embaumait le corps, et où le prince

---

1) *Hist. de la mort de Henri IV*, par P. Matthieu.

de Conty, après s'être mis à genoux devant le cœur du roi, le prit sur un coussin recouvert d'une gaze brochée d'or et le mit entre les mains du P. Jacquinot, supérieur de la maison de Saint-Louis, qui le reçut au nom de la compagnie des jésuites et en protestant de leur éternelle reconnaissance pour l'honneur qui leur était fait d'avoir été choisis et préposés à la garde d'un gage si précieux. Puis, accompagné de plusieurs prêtres et seigneurs, les flambeaux allumés, il fut conduit à la porte du Louvre, où des carosses les attendaient. Il monta, accompagné de quatre de ses compagnons et de deux gentilshommes, dans celui où le roi avait été tué, puis, suivi des autres voitures et des gardes du corps sous les ordres du capitaine de Vitry, ils arrivèrent à la maison de Saint-Louis, par un temps pluvieux, vers huit heures du soir, au milieu d'une foule toute en larmes et en prières.

Le cœur de Henri IV demeura trois jours dans la chapelle particulière de la maison; la veille de l'Ascension on l'exposa à la vue du peuple, jusqu'au lundi de la Pentecôte. Chaque jour, dans la matinée, des messes étaient célébrées sans interruption, et le soir des religieux récitaient devant le cœur des *de profundis* et des psaumes.

Cependant le P. Armand, provincial des jésuites de France, qui se trouvait à Nevers le jour de la mort du roi, s'était, à la première nouvelle qu'il en avait reçue, rendu en toute hâte à Paris, où, ayant appris du marquis de la Varenne que l'on partirait le lendemain de la Pentecôte pour porter le cœur du roi à La Flèche, il fit choix de vingt jésuites pour l'accompagner. Le lundi, à quatre heures du matin, ces religieux se trouvaient à la porte de leur église. Le père Armand en sortit, tenant le cœur royal sur un carreau de velours noir couvert d'un crêpe, et se plaça au fond du carosse du roi avec cinq autres jésuites.

« Le duc de Monbazon et ledit sieur de la Varenne, qui avaient la charge de cette conduite, montèrent quant et quant à cheval. Comme aussi plusieurs princes et seigneurs, advertis de l'heure de ce départ, se rendirent en l'église des jésuites, entr'autres, M. le comte de Soissons, le duc d'Espernon et le grand écuyer de Belle-Garde. Il se trouva bien du commencement pour cette conduite cinq ou six cents chevaux; mais on partit si matin que peu les veirent, au regret de plus de cent mille personnes, bien que les laquais des seigneurs allassent raclant de porte en porte pour advertir un chacun de ce départ. Plusieurs encore depuis se joignirent à la troupe et firent un gros de mille ou douze cents chevaux qui furent jusques au bourg la Royne conduire ce cœur royal, puis prirent congé de ceux qui avaient la charge de la conduite, après que les plus grands eurent rendu le dernier office au cœur de leur bon roy par un baiser.

» Quand le bruit fut espandu par la ville de ce départ, plusieurs ayant loué des chambres et boutiques pour avoir ce bonheur que le veoir passer et lui dire le dernier adieu, en furent merveilleusement tristes, et s'entredisoient-ils les uns aux autres : ils l'ont emporté de bon matin, et autres paroles qui ressentoient des extrêmes regrets (1). »

Tous les habitants des bourgades et villages sur la route allaient en procession au-devant du cœur du roi et le reconduisaient jusqu'à la rencontre d'une procession nouvelle. Ce n'était de toutes parts que pleurs et gémissements de la part de ces villageois. Chaque paysan portait le deuil de ce roi comme il en fut peu, qui avait voulu lui donner la poule au pot pour le dîner du dimanche, et qui rêvait, quand un assassin le tua, à transformer l'Europe en une grande république chrétienne.

Le troisième jour du voyage, la Varenne prit les devants pour aller à La Flèche activer les préparatifs de réception.

Le cœur fit une station d'une nuit à l'église de N.-D. de Chartres, où il fut veillé en grande pompe par le clergé de la ville.

Le comte de Negrepelisse, gouverneur du Mans, une foule de seigneurs de la province, le lieutenant-général et les officiers de la justice, suivis d'une grande multitude de peuple, allèrent au-devant à une grande lieue de la ville, où le cortége ne devait point entrer, heureux de pouvoir baiser ou seulement toucher le carreau sur lequel reposait le cœur de leur roi.

Le cortége arriva enfin en vue de La Flèche le 4

---

(1) Jean de Serres. — *Inventaire de l'hist. de France.*

juin, vers dix heures du matin ; la réception fut pompeuse et magnifique. Premièrement on vit aller au-devant le prévôt avec les archers, les écoliers du Collége marchant en lignes, au nombre de *douze cents*, les théologiens les premiers, portant des cierges, les autres à la suite, d'après le rang des classes ; après eux venaient les ecclésiastiques, les pères Récollets et les écoliers religieux des divers ordres établis à La Flèche, puis dix-neuf paroisses venues du dehors et suivies de celles de la ville. Les pères du Collége royal fermaient la marche. A la tête des séculiers étaient le marquis de la Varenne, gouverneur des villes et châteaux de La Flèche et d'Angers, lieutenant-général pour le roi en Anjou, ayant à sa gauche le baron de Sainte-Suzanne, son fils, et accompagnés de vingt-quatre seigneurs écoliers (1) en grand deuil ; venaient ensuite les officiers de la justice, avec les bourgeois, les marchands et tout le peuple portant des torches blanches allumées. On s'arrêta en cet ordre hors de la ville, dans un grand pré un peu en avant de ce petit belvédère octogone qui s'élève aujourd'hui à l'entrée de la ville, sur la route du Mans. Avant de se joindre, le duc de Montbazon, qui arrivait en tête du cortége royal, et les pères jésuites venus avec lui en carosses, mirent pied à terre. On avait dressé au milieu de la prairie une table surmontée d'une croix, de deux candélabres de vermeil, et couverte d'une nappe de deuil, sur laquelle le P.

(1) Sans doute les 24 boursiers de Henri IV.

Armand posa le carreau de velours noir, ayant au centre, renfermé dans un cœur extérieur d'argent, le cœur aromatisé de Henri IV. Tous les assistants vinrent respectueusement s'incliner et s'agenouiller devant cette espèce d'autel improvisé, puis les jésuites de Paris s'étant joints à ceux de La Flèche, le P. Armand reprend le cœur, un héraut d'armes le précède, deux exempts et douze archers des gardes l'escortent avec le pistolet au poing, et deux autres lui soutiennent les bras; le duc de Montbazon, le marquis de la Varenne les suivent, et après eux toute la procession funèbre arrive à la porte de la ville. Elle était revêtue de deuil et d'écussons; l'église St-Thomas, ainsi que celle du petit St-François, non loin de laquelle on passa, et la chapelle des religieuses, sans doute les Visitandines, étaient également tendues de noir. Au milieu des psalmodies des prêtres et des religieux, et des larmes du peuple, le cortége se rendit dans la première église, où, le service achevé, le P. Cotton prononça l'oraison funèbre, « laquelle à peine ourdissait-il que les larmes et les soupirs coupaient déjà le fil de ses discours. »

Après le sermon, la procession sortit de Saint-Thomas : le duc de Montbazon prit le cœur de la main du P. provincial et le porta jusqu'au Collège, que les pères avaient paré de deuil. La grande porte était tendue de noir, et sur ce fond lugubre ressortait une décoration appropriée à la circonstance. Sur le frontispice du portail était une grande pein-

ture portant en relief le nom de JESVS et au centre
un cœur rayonnant et richement couronné ; à droite
un phénix sortant des flammes avec la devise : *Similis in prole resurgo ;* à gauche un pélican avec ces
mots : *Mors et vita juvat natos ;* sur la frise on lisait :
Perenni memoriæ Henrici IV, et un peu au-dessous :
posuit Ludovicus de Rohan (1). Une profusion d'emblèmes et de tableaux avec des devises et des distiques régulièrement disposés conduisaient de la
porte dans l'intérieur de la cour royale, au centre
de laquelle s'élevait un arc de triomphe de vingt-sept pieds de haut sur vingt-six de large, drapé de
deuil et illuminé de flambeaux. Son cintre intérieur
avait dix-huit pieds de haut ; à son sommet brillait
un grand écusson aux armes de France et de Navarre, et au-dessus, sur le plein de l'architrave, on
lisait : *Devictori omnium hostium et super omnes
retro principes providentissimo regi Henrico IV,
soli invicto, immortali memoriæ, et majestati ejus
semper dicatissimi pp. Ludovicus de La Valette* (2),
Arthusius d'Espinay (3).

Il faut avouer que dans cet appareil de regrets
officiels, dont l'expression eût dû rester nationale,
messieurs les Pères et les élèves des hautes familles
n'avaient pas beaucoup le bon goût de la modestie.

(1) Louis de Rohan, comte de Rochefort, fils du duc de
Montbazon et élève au Collége.

(2) Louis de La Valette, fils du duc d'Epernon, devenu
plus tard archevêque de Toulouse.

(3) Arthur d'Espinay, de la maison de Saint-Luc.

Des deux côtés de la cour on avait dressé deux galeries formées de dix-sept arcades séparées par des pilastres à fond noir, semés de larmes et de fleurs de lis d'argent. Au milieu de chaque arcade étaient des armoiries, des emblèmes funèbres, *des affiches en taille douce,* où, par imitation des apothéoses impériales de l'ancienne Rome, Henri IV était représenté las de la terre et emporté par un aigle dans le ciel.

Par de là l'arc de triomphe se dressait d'un côté une pyramide, de l'autre une colonne peinte, mais non terminée. L'entrée de la maison presque paternelle du feu roi, dont il avait fait don au Collége, était voilée de deuil et couverte d'écussons. Ce décor funèbre continuait jusqu'à la grande salle qui servit de chapelle jusqu'en 1622, et qui était tendue de velours : au devant de l'autel s'élevait une estrade couverte d'étoffes de soie; de chaque côté, des colonnes peintes en or bruni, du chapiteau desquelles montait jusqu'à la voûte un arc en demi cercle. Le vide était rempli par les armes de France et de Navarre. Une corniche allait d'une colonne à l'autre, et, sous le cintre de l'arc, laissait apercevoir une espèce de petit support doré, garni de branches, séjour provisoire du cœur de Henri IV. Le héraut d'armes étant monté sur l'estrade, le reçut des mains du duc de Montbazon, cria à haute voix : *Ici gît le cœur de Henri quatrième, très haut, très puissant et très chrétien roi de France et de Navarre,* et ayant répété par trois fois, selon la coutume de

France : *le roi est mort, priez pour son âme!* il le logea au lieu de son repos.

La durée de ce premier repos du cœur tourmenté de Henri IV, n'est pas connue, mais la place en est marquée par la statue en pied de ce roi au vestibule qui porte son nom (1).

Des urnes devaient être faites immédiatement, dont l'une pour recueillir le cœur du roi, l'autre le cœur de la reine et être placées devant le maitre-autel de l'église que l'on construisait alors et qui fut achevée en 1622. — En 1642, on songea enfin à acheter du marbre, qui fut payé 18,000 livres, pour construire les urnes royales (Marie de Médicis était morte cette année, sans secours, femme et mère de roi, sur le grabat d'un grenier de Cologne); mais laissé à la marbrerie du Louvre pour y être travaillé dans ce but, il y fut négligé, perdu de vue, et finalement employé à d'autres ouvrages.

Ces délais de l'indifférence, cette première profanation de l'ingratitude, en présageaient une autre. Le cœur du meilleur des rois, dont un couteau de boucher avait arrêté les battements, avait beau se réduire en poudre dans son enveloppe de métal, sa destinée n'était pas encore accomplie.

Peu s'en fallut qu'en cette cérémonie funèbre, où la vanité des vivants cherchait une place dans la gloire du mort, la question d'étiquette n'amenât une collision entre les jésuites du Collége et le curé de l'é-

---

(1) V. ci-dessus, ch. Ier, page 29.

glise paroissiale de Saint-Thomas. Les pères prétendaient porter le cœur directement à leur église ; le curé et les habitants désiraient qu'il fût présenté d'abord à l'église de la ville, ce à quoi le P. recteur Charlet voulut s'opposer. Néanmoins le marquis de la Varenne, malgré sa prédilection habituelle en faveur des jésuites, n'ayant pu refuser de se ranger à l'opinion et au désir du clergé et des habitants, la présentation à l'église fut décidée, et il fut convenu que le clergé de la ville marcherait en ligne d'un côté, les pères du Collége de l'autre, et que le curé et le recteur fermeraient la marche ; ce qui fut exécuté. Mais le recteur, furieux d'avoir eu le déssous, ne put s'empêcher, en marchant à côté du curé, de l'apostropher par ces paroles : « *bos non arat cum asino*, un bœuf ne laboure pas avec un âne. » « Je pourrais vous répondre en latin, répartit le curé ; mais je veux que tout le monde sache qu'un âne comme moi vaut mieux qu'un bœuf écorné comme vous, » faisant par cette réponse allusion à ce que, après la tentative de Jean Châtel sur la personne du roi, le bonnet quadrangulaire des jésuites avait été réduit à trois cornes.

En souvenir de la translation du cœur de Henri-le-Grand au Collége, il fut arrêté en la maison de ville de La Flèche qu'à l'avenir, le 4 juin, il se ferait une procession de l'église Saint-Thomas à l'église du Collége, à laquelle assisteraient les ecclésiastiques et les habitants ; qu'au retour se célèbrerait un service solennel pour le repos de l'âme du roi bienfaiteur de notre ville, et que la matinée de cet anniversaire serait considérée comme fête religieuse et civile, pendant laquelle tous travaux manuels resteraient suspendus : cette fête s'est continuée jusqu'à la révolution, sous le nom de *Henriade*.

Les pères jésuites ne voulurent pas demeurer en reste d'une décision qui témoignait à ce point de l'affection des habitants de La Flèche pour Henri IV. Il fut donc aussi décidé par eux que le 4 juin de chaque année serait pour le Collége un solennel anniversaire, auquel ils s'efforceraient de donner toute la pompe et tout l'éclat possible ; que, pour se rendre agréable à la ville et aussi pour exciter l'émulation des écoliers, des compositions grecques, latines et françaises, en prose et en vers, des emblèmes, des inscriptions, des anagrammes poétiques, composés par les élèves des quatre premières classes d'humanités, seraient lus publiquement dans ce jour extraordinaire.

En effet, au 4 juin 1611, au lieu d'un arc de triomphe dans la cour royale, il y en eut plusieurs ; au lieu de deux colonnes ou pyramides, il y en eut cent ; au lieu de cent écussons et inscriptions, il y en eut mille ; quant au lis, aux roses, aux larmes d'argent, aux étoiles d'or, aux petits cœurs de clinquant, c'était à ne pouvoir les compter. Puis le symbolisme classique était venu faire invasion au milieu de cette profusion emblématique de regrets et de fleurs : on voyait les statues des Dieux et des Déesses dont les attributs s'accordaient le mieux avec les qualités héroïques de Henri-le-Grand; puis, dominant tout le reste, devant la porte intérieure du Collége, au fond de la cour, s'élevait une pyramide de près de cinquante pieds de haut, portant à sa pointe l'effigie couronnée du cœur du roi.

Les Fléchois, est-il dit, n'avaient jamais rien vu de pareil, et les curieux de tous les pays voisins étaient accourus en foule des villes, bourgs et villages de dix et vingt lieues à la ronde, pour venir admirer ces merveilles inusitées. Elles durèrent trois jours et se partagèrent ainsi :

Le premier jour, prières, service à l'église, oraison funèbre du roi par le recteur du Collége. Le deuxième jour, exercices *philosophiques* le matin et *littéraires* l'après-midi, en l'honneur du roi défunt. Le troisième jour, pièce de théâtre, dans laquelle paraissait la France en habit de deuil, environnée du chœur des vertus royales; l'archange saint Michel et la Religion interviennent, la consolent et l'encouragent (1).

Ces cérémonies sont racontées dans la préface latine d'un recueil contemporain, les *Larmes du Collége de La Flèche*, imprimé en cette ville en 1611, et la lecture des pièces en trois langues qu'il contient, tant en prose qu'en vers, plus l'audition des oraisons funèbres prononcées à Saint-Thomas, l'une en français, l'autre en latin, durent achever de satisfaire l'empressement des amateurs lettrés. Mais

---

(1) *Bibliotheca script. soc. Jesu* : Art. *Flexiense Collegium*.

on était alors, en littérature, à cette période malade où l'originale fraîcheur du XVIe siècle était depuis longtemps passée et où la beauté du XVIIe n'était pas encore venue; la Muse s'en allait boitant de Dubartas à Malherbe, et elle n'inspira pas d'une manière très brillante ses nourrissons de La Flèche; on en jugera, bien que nous ayions tâché de faire un choix à travers ces *larmes*.

Regrets de la France pour la mort de son roy Henry-le-Grand.

« Au seul imaginer de ta fascheuse mort,
Ah! rien ne loge en moi sinon le déconfort!
Adieu toutes beautés, adieu toutes blandices,
Mon Henry par sa mort emporte mes délices.....
Mais, hélas! Atropos enviant mon bonheur
Et voulant m'abaisser, en a ravy l'autheur;
Toi, mon roy, car hélas! j'estais presque pillée
Par mes propres enfans, et presque dépouillée
De mon lustre et beauté; j'alloy tousiours formant
Une juste complainte en un si grand tourment,
Je souilloy de ma bouche et de mon front la grace,
Je plombois à grands coups ma poitrine et ma face,
Je baignoy mes deux yeux, et les chargeoy de pleurs,
Ma langue de souspirs et mon sein de douleurs.
Désià ma fleur de lys où ma gloire est enclose
Mourait par factions feuille à feuille desclose,
Quand (ô faveur des cieux!) je me soubmis à toy.....
. . . .
Faisons, peuples, faisons de nos larmes un fleuve,
Pour y plonger nos corps, et qu'elles soient la preuve
Du grand ressentiment que l'on a du forfait,

De l'injure et du tort que la mort nous a fait.
Pleurez, enfans, pleurez, vous perdez la déffence,
Le mur et le rempart de votre pauvre France, etc. (1). »

Ce livre, témoignage curieux, rarement touchant, presque toujours boursoufflé et bizarre des regrets des écoliers du Collége de La Flèche, prouve toutefois, par son contenu même, la rapide élévation de l'enseignement littéraire, l'importance qu'avait prise l'École dès son début, et l'habile direction des jésuites.

Trois ans après la mort de Henri IV, Louis XIII, son fils et son successeur, accompagné de la reine sa mère, honora le Collége de La Flèche d'une visite. Il y eut à cette occasion une représentation théâtrale mythologique; le roi et la reine sont introduits dans le sanctuaire des Muses sous l'emblème d'Apollon et de Pallas; dix-sept jeunes gens, choisis parmi les élèves, viennent, sous le costume et avec le titre d'ambassadeurs, exposer en autant de langues différentes l'objet de leur mission (2); l'un d'eux était un petit enfant de onze ans, aux manières gracieuses, à la figure intelligente, au cœur déjà hardi, qui avait nom Jean-Baptiste Bude. Trente ans après, le petit écolier de La Flèche mourait des suites d'une blessure, dans l'intérieur d'une ville ennemie qu'il venait de prendre; il s'ap-

(1) *In anniversarium Henrici-Magni obitus diem : Lacrymæ Collegii Flexiensis regii.* — Flexiæ, apud Jacobum Reze, typographum regium. MDXI.

(2) Extrait des *litteræ annuæ soc. Jesu* : anno 1613.

pelait à cette dernière heure le maréchal de Guébriant. La mort, en le frappant le premier entre les premiers grands hommes sortis de l'École, semble avoir voulu donner à celle-ci le baptême du dévouement militaire et marquer sa destinée.

« Celui qu'aiment les Dieux meurt jeune, » dit Ménandre ; la courte vie de J.-B. Bude, comte de Guébriant, confirme cette douce et triste sentence du poète. Il naquit en 1602, au château de Plessis-Bude, en Bretagne, cadet d'une famille ancienne mais pauvre ; il vint très jeune au Collége de La Flèche, et en sortit, comprenant qu'il ne devait attendre son élévation que de son mérite. Il fit ses premières armes en Hollande, puis on le retrouve dans l'expédition du Languedoc, au siége d'Alet et du Vigan, où il reçut à la joue un coup de mousquet qui mit ses jours en danger : guéri de cette blessure, il fut nommé capitaine au régiment de Piémont. Il passa en 1632 avec le même grade dans les gardes du roi, fut envoyé en Allemagne et se distingua en maintes rencontres par son intrépidité. Nommé maréchal-de-camp en 1636, il conduisit en Franche-Comté l'armée de la Valteline et parvint à opérer sa jonction avec celle du duc de Longueville. Retourné en Allemagne, il y servit sous les ordres du duc de Weimar, qui l'honorait d'une estime particulière. En 1638, il battit les Impériaux devant Brisach et contribua à la prise de la ville ; l'année suivante, il rentre en Franche-Comté, défait le duc de Lorraine, s'empare de Pontarlier, du fort de

Joux et de Nozeroy. Le duc de Weimar étant mort, Guébriant n'éprouva pas de la part du général suédois Banier les mêmes égards. Informé cependant que celui-ci se trouvait entouré par des forces supérieures, Guébriant fait taire son ressentiment, vole à son secours et le dégage. Quelques mois après, Banier mourut, avouant ses torts envers le jeune officier, et lui léguant ses armes en témoignage de son estime. Guébriant prend alors le commandement de l'armée. Jamais général français, dit Sismondi, n'avait eu une tâche plus difficile à remplir; il commandait, en pays étranger, une armée indisciplinée, composée d'aventuriers de tous les pays; il était associé à l'armée suédoise, qui déjà, sous le grand capitaine qu'elle venait de perdre, lui avait donné plusieurs preuves de jalousie et de mauvaise volonté, et il était pressé par une armée fort supérieure en nombre à la sienne et dirigée par les talents éminents de Piccolomini. Cependant il lui livra bataille le 29 juin 1641, près de Wolfenbüttel, et il remporta sur elle un avantage signalé, lui tuant près de 2,000 hommes et lui enlevant 45 drapeaux, tandis que lui-même n'avait pas 12,000 hommes sous ses ordres.

L'année suivante, mis à la tête de l'une des quatre armées créées par Richelieu, malgré la composition hétérogène de ses troupes, il bat les Impériaux à Ordingen et fait prisonnier deux généraux de l'ennemi. Cette journée, en élevant encore la réputation de Guébriant, lui mérita le bâton de maréchal.

Chargé de défendre ses conquêtes, il continua de battre l'ennemi et vint assiéger Rothwill en 1643. C'est là qu'il fut atteint dans la tranchée d'un coup de fauconneau. « Mes amis, dit-il aux soldats, ma blessure est peu de chose, mais j'appréhende qu'elle ne m'empêche de me trouver à l'assaut. Je me ferai rendre compte de ceux qui s'y seront distingués et je reconnaîtrai les services qu'ils auront rendus à la patrie dans une occasion si brillante. » Les assiégés se rendirent, et le brave maréchal s'étant fait porter dans la place, y mourut au milieu de son triomphe, le 24 novembre 1643; il n'avait que 41 ans. Son corps fut conduit à Paris, et le gouvernement de Louis XIV enfant honora par de magnifiques funérailles la mémoire de l'un des capitaines qui ont le mieux mérité de la France.

Avant Guébriant, né avant lui et mort après, était arrivé dans notre Collége naissant Marin Mersenne, du bourg d'Oisé, à 5 lieues de La Flèche; et trois mois après, Mersenne, c'est-à-dire à la fin des congés de Pâques de 1604, un enfant venu de la Touraine, de sang breton, pâle, de frêle et délicate santé (1), soldat comme le premier, ami du second, plus illustre que tous deux, en droit, la première gloire de notre ancien Collége, et l'une aussi des premières de ce noble XVIIe siècle qui en a tant produit ; il s'appelait René Descartes.

Son père Joachim, conseiller au parlement de

---

(1) Adrien Baillet. — *Vie de Descartes.*

Bretagne, en l'envoyant à La Flèche, le recommanda aux soins particuliers du P. Charlet, recteur, qui était son parent, et eut en effet pour lui des égards, dont Descartes se montra toujours reconnaissant. Le jeune René apporta au Collége la passion d'apprendre, mais sans aucune des singularités de caractère comme on aime à en supposer à l'enfance d'un grand homme. Dans le cours de ses humanités, qui fut de cinq ans et demi, il étudia avec la plus grande ardeur, « ayant un bon naturel et une humeur facile et accommodante; il ne fut jamais gêné dans la soumission parfaite qu'il avait pour la volonté de ses régents, et son assiduité scrupuleuse à ses devoirs de *classe* et de *chambre* ne lui coûtait rien (1). »

La chambre de Descartes n'est plus aujourd'hui qu'une mansarde délabrée, éclairée d'une lucarne d'où l'on voit le parc et les côteaux de Saint-Germain. Elle est adjacente à la salle des actes, vers l'ouest, et au-dessus du réservoir des fontaines du Collége. Les *bravos* de la distribution des prix, le bruit de l'eau et celui du vent sont les seuls qui troublent aujourd'hui ce séjour trop abandonné, qui a conservé jusques sous les pères de la Doctrine le nom d'*Observatoire de Descartes* (2).

Il fit de grands progrès dans l'étude des langues anciennes, comprit de bonne heure leur importance pour l'intelligence de l'antiquité; il aimait les vers

(1) Adrien Baillet. — *Vie de Descartes.*
(2) D'après une note du Ms. de M. de Sourdon : 1829.

et avait même du talent pour la poésie. Ses dernières compositions en Suède, à la cour de Christine, ne furent point de la philosophie ou des mathématiques transcendantes, mais des vers français dont il avait appris la prosodie à La Flèche. Ainsi, pour les plus grands hommes comme pour les plus obscurs, la vie est un cercle dont les premiers et les derniers points tracés se rejoignent dans leur destinée, sinon en réalité, du moins par le souvenir : *et dulces moriens reminiscitur Argos !*

Sans accorder à l'éloquence et à la poésie la valeur qu'on leur attribue communément, Descartes les aimait; seulement il les regardait plutôt comme un don du cœur que comme le fruit de l'étude. « Ceux, dit-il, qui ont le raisonnement le plus fort et qui digèrent le mieux leur pensée, afin de la rendre claire et intelligible, peuvent toujours le mieux persuader ce qu'ils proposent, encore qu'ils ne parlassent que bas-breton et qu'ils n'eussent jamais appris de rhétorique; et ceux qui ont les inventions les plus agréables et qui les savent le mieux exprimer, avec le plus d'ornement et de douceur, ne laissent pas d'être les meilleurs poètes, encore que l'art poétique leur fût inconnu (1).

En ramenant à leur source vitale le développement des connaissances humaines et en se faisant son éducation à lui-même, Descartes, écolier, n'en écoutait pas avec moins d'attention les leçons de

---

(2) Descartes. — *Discours sur la méthode.*

ses maîtres. Ceux-ci, pour le récompenser, aussi bien que pour donner un aliment nouveau à son désir d'apprendre et à ses progrès, lui permirent de ne pas s'en tenir aux leçons et aux compositions communes. Lui-même nous apprend que, non content de tout ce qui s'enseignait dans le Collége, il avait parcouru tous les livres qui traitent des sciences les plus curieuses et les plus rares, se persuadant que « la lecture de bons livres est comme une conversation avec les honnêtes gens des siècles passés, qui en ont été les auteurs, mais une conversation étudiée, en laquelle ils ne nous découvrent que les meilleures de leurs pensées (1). »

Son cours de philosophie fut interrompu par les trois jours de féries funèbres qui suivirent la mort de Henri IV. Il reprit le 7 juin l'étude de la philosophie morale, que le professeur avait commencé de dicter vers le mois d'avril; la logique, qu'il avait étudiée pendant l'hiver, fut de toutes les parties de la philosophie celle à laquelle il donna le plus d'application. Toutefois, le vide de la logique scolastique le frappa plus vivement encore que la stérilité de la rhétorique ou de la poésie réduites en art, et repoussant les formules syllogystiques enseignées jusqu'à lui, « ne comprenant point les cahiers de son régent de philosophie, le père Noël (2), » il s'attacha, écolier encore, selon Baillet,

(1) *Disc. sur la méth.*
(2) Manuscrit de M. de Quens, dit Ms. Mezeray, à la bibliothèque de Caen.

aux seuls principes qui lui paraissaient vrais, et qui, en bouleversant la philosophie de son temps, devaient servir de bases à la science : 1° ne tenir pour vrai que ce qui est très évidemment; 2° diviser les choses, pour apprendre à les connaître; 3° conduire ses pensées par ordre; 4° ne rien omettre dans ce qu'on divise.

Il semble que l'historien de Descartes, en faisant remonter aux leçons du Collége les principes sur lesquels repose le système du *doute méthodique*, ne ne fait pas assez attention à l'aveu que fait Descartes lui-même des motifs qui l'engagèrent, « sitôt que l'âge lui permit de sortir de la sujétion de ses précepteurs, à quitter entièrement l'étude des lettres et à ne chercher plus d'autre science que celle qui se pourrait trouver en lui-même ou bien dans le grand livre du monde (1).... » Est-ce de la part du savant biographe inadvertance ou réflexion ? Nous inclinerions volontiers et jusqu'à un certain point, à admettre ce dernier motif, et à penser que l'on a peut-être un peu trop cru le grand philosophe sur parole. Est-il donc si facile à l'homme de s'isoler de son passé, de créer à volonté et tout à coup le vide dans ses jugements, d'anéantir sa mémoire, de se supprimer aux trois quarts, et, sur ce plan balayé, de reconstruire tout à l'aise et tout à neuf l'édifice entier de ses connaissances, de ses opinions, de ses préjugés même, de leur influence

(1) *Disc. sur la méth.*

les uns sur les autres, et tout cela, sans employer, ne serait-ce que par distraction, quelque reste de l'édifice démoli?... N'est-il pas plus rationnel de penser que l'enseignement philosophique du Collége entra cependant pour quelque chose dans son plan de philosophie *révolutionnaire*, et qu'à défaut du père Noël, dont les cahiers ne lui apprenaient rien, une autre voix de notre École vint illuminer le jeune réformateur. Ainsi s'expliqueraient ces paroles de Descartes lui-même : « je dois rendre cet honneur à mes maîtres, de dire qu'il n'y a lieu au monde où je juge que la philosophie s'enseigne mieux qu'à La Flèche; » et cette démonstration géométrique de l'existence de Dieu, qui, puisée dans saint Anselme, n'avait pu lui être révélée que par ses maîtres. Ainsi s'expliquerait encore le bon accueil que la philosophie de Descartes rencontra chez les jésuites, en général, comme s'ils eussent retrouvé dans les écrits de leur élève quelques-unes de leurs idées. Il serait bien singulier, cependant, qu'à une époque donnée, les défenseurs du dogme de l'Autorité aient ainsi donné la main au théoricien du libre Examen. Sur l'avis de ce dernier, j'aime mieux douter, et sur celui d'un autre sage, dans le doute, m'abstenir, plutôt que de prononcer témérairement pour expliquer cette étrangeté.

Vers la fin de 1611, Descartes passa à l'étude des mathématiques; le plaisir qu'il y trouva le paya de son application, et ses progrès furent si extraordinaires que « le Collége de La Flèche s'est acquis par lui la gloire d'avoir produit le plus grand mathématicien que Dieu eût encore mis au jour. » La certitude et l'évidence des raisonnements le charmaient. A cause de la faiblesse de sa santé, le P. Charlet lui avait accordé, entr'autres adoucissements, de rester au lit le matin. L'enfant, qui trouvait à son réveil toutes les forces de son esprit recueillies et reposées par le sommeil, profitait de ces instants pour méditer. Cette habitude prise au Collége lui resta, et l'obligation où il fut d'y renoncer dans un climat plus froid causa la maladie pulmonaire qui termina ses jours.

Sans connaître, assure Baillet, les travaux de Viète, Descartes créa pour ses propres rédactions d'écolier la géométrie analytique, dont il révéla plus tard en ces termes le secret sommaire :

« Voulant résoudre quelque problesme, on doit d'abord le considérer comme désià fait et donner des noms à toutes les lignes qui semblent nécessaires pour le construire, aussy bien à celles qui sont inconnuës qu'aux autres. Puis, sans considérer aucune différence entre ces lignes connuës et inconnuës, on doit parcourir la difficulté selon l'ordre qui monstre le plus naturellement de tous en quelle sorte elles dépendent mutuellement les unes des autres, jusqu'à ce qu'on ait trouvé le moyen d'exprimer une mesme quantité en deux façons, ce qui se nomme une équation.... Et on doit trouver autant de telles équations qu'on a supposé de lignes qui étaient inconnuës. »

Ainsi Descartes n'est pas seulement l'inventeur du doute méthodique, il fut en outre géomètre, astronome, physicien. Par tous ces essorts multiples du génie, Descartes échappe à notre examen, comme sa gloire échappe à notre École, pour devenir la propriété des siècles, de la France et du monde.

Sorti de La Flèche à 16 ans, il passa un an à Rennes, auprès de ses parents, puis il vint à Paris. En 1617, à l'âge de 21 ans, il céda aux sollicitations de son père, se fit soldat, et alla servir volontairement et à ses frais sous Maurice de Nassau et sous le duc de Bavière. Il voyagea dans presque toute l'Allemagne, en Suède, en Danemarck, en Hollande, revint à Rennes et de là à Paris, trouvant toujours le temps, au milieu de cette vie agitée, de s'occuper de ses études. Ce fut même à l'armée qu'il commença son *discours sur la méthode* et quelques-uns de ses travaux mathématiques. Pendant les loisirs de ses quartiers d'hiver, il s'enfermait dans sa chambre pour se livrer à ses méditations. Un jour sa tête s'échauffa au point qu'il crut entendre une voix céleste qui lui promettait de lui enseigner le vrai chemin de la science; il vit des étincelles enflammées briller dans sa chambre; il invoqua le Seigneur et la sainte Vierge, et fit vœu d'aller en pèlerinage à N.-D. de Lorette, et de voyager à pied de Venise jusqu'au lieu saint. Il accomplit ce vœu, visita Rome, puis Florence où il *oublia* de voir Galilée. Rentré en France, il vendit une partie de son bien et reprit du service dans l'armée royale qui faisait le siège de la

Rochelle. En 1629, les institutions libres de la Hollande le déterminèrent à aller s'y établir. Ce fut là que parurent presque tous ses ouvrages; mais, contre son attente, ce fut dans ce pays qu'ils lui attirèrent le plus de persécutions. Il avait démontré l'immatérialité de l'âme, et l'existence de Dieu; il n'en fut pas moins accusé d'athéisme par les protestants des Pays-Bas, et il fallut l'intervention de l'ambassadeur de France pour empêcher que ses œuvres immortelles ne fussent brûlées par la main du bourreau. A Rome, on se borna à en interdire la lecture et la vente; en France, on les critiqua, mais on ne les censura point.

Ce fut alors que se renoua entre Descartes et Mersenne leur amitié commencée à La Flèche. Celui-ci était devenu minime, puis supérieur de la maison de son ordre à Nevers, jusqu'à ce que sa réputation de savant le fit appeler à Paris, où il put se livrer tout entier à son goût pour les études scientifiques. Des livres dont la variété des sujets témoignent de la variété de ses connaissances, furent le fruit de son assiduité au travail et étendirent au loin sa renommée; de ce nombre est entre autres son traité de l'*harmonie universelle*.

Mais ce ne fut pas seulement par ses ouvrages que Mersenne travailla à l'avancement des sciences; ce fut encore et surtout par l'empressement avec lequel il se fit le centre et le correspondant de tous les savants de son temps. « C'étoit à lui qu'aboutissoient toutes les nouvelles de littérature, pour se répandre ensuite dans le monde savant. On lui communiquoit tous les desseins, pour qu'il en facilitât l'exécution. Par ses innocentes intrigues, lorsqu'il ne pouvoit persuader les savants à faire part de leurs travaux au public, il essayoit de les y forcer, en insérant dans ses livres ce qu'il apprenoit par leur communication, et il les trahissoit, en profitant de leurs lumières, pour les mettre hors d'état de pouvoir reculer. Au moins empêchoit-il, par ce louable artifice, que la postérité ne fût privée de la connaissance de leurs desseins, et d'une partie de ce qui seroit mort avec eux (1). »

Or, il arriva qu'un jour l'innocente intrigue fut si bien nouée, qu'il est difficile encore aujourd'hui de décider lequel d'Huyghens, de Descartes, de Roberval ou de Mersenne, détermina le premier les propriétés de la cycloïde, c'est-à-dire de la courbe décrite par un point fixe d'une circonférence roulant sur une surface plane. On sait que ce problème, qui ne fut peut-être qu'un jeu scientifique, dans l'origine, pour ces nobles esprits, est descendu de la théorie pure dans le domaine des applications utiles, et qu'après avoir trouvé que son aire totale est triple de celle du cercle générateur, et que sa longueur rectifiée est quadruple du diamètre de ce même cercle, on a découvert que ses arcs sont parcourus en temps égaux par un mobile pesant, et déduit une application du pendule aux horloges.

(1) Ad. Baillet. — *Vie de Descartes.*

Pour entretenir ses relations avec les savants, Mersenne fit quatre fois le voyage d'Italie; il parcourut les principales provinces de France et alla voir Descartes en Hollande. Son caractère poli, doux et engageant lui fit partout d'illustres amis; il mourut regretté de tous et particulièrement de Descartes, le 1er septembre 1648.

Quant à Descartes lui-même, sa vie finit par être triste. Ses libraires se plaignaient du peu de débit de ses livres; ses cheveux blanchissaient; il se mit à étudier la médecine, pour essayer de prolonger ses jours jusqu'à cent ans. Malgré ce désir de vivre, une douleur muette, qui l'accompagnait partout, semblait être devenue depuis quelque temps comme l'ombre de son génie. Dans le but de le distraire de ses chagrins, Chanut, son ami, ambassadeur de France à la cour de Suède, engagea la reine Christine à appeler auprès d'elle le philosophe dont elle avait admiré les écrits. Il partit donc pour la Suède, où il fut reçu avec la plus grande distinction. La reine voulut qu'il lui donnât des leçons. Logé à l'ambassade de France, il se rendait tous les matins à 5 heures dans la bibliothèque du palais, et Christine employait les premières heures du jour à l'écouter lui parlant de philosophie, de morale et de religion, trois choses qui n'en faisaient qu'une pour lui, car s'il releva la dignité de l'homme, en lui apprenant le Doute comme un droit, et l'Examen comme un devoir, il regarda toujours la Foi comme une consolation.

Cependant le ciel du nord lui était inclément, le climat trop froid, le soleil trop rare; et puis la sève manque ordinairement aux transplantations tardives, et rien ne vaut pour vivre le sol natal. La santé du philosophe s'altéra, il fut attaqué d'une inflammation de poumons, accompagnée de fièvre continue, et expira dans la nuit du 11 février 1650, à 53 ans. Christine voulait faire placer ses restes parmi les sépultures des rois de Suède; mais dix-sept ans après ils furent rendus à la France et inhumés avec pompe dans l'église Sainte-Geneviève-du-Mont. Pierre d'Alibert, trésorier de Louis XIV, fit graver des épitaphes française et latine sur sa tombe, et l'ambassadeur de France en fit graver une autre sur son mausolée en Suède; l'une d'elles rappelle le souvenir de La Flèche (1).

Cette première période de 18 ans, graces à Guébriant et à Descartes, si brillante, s'illustra également par le talent des maîtres. La colonie primitive, arrivée de Pont-à-Mousson, s'était accrue successivement du P. Charlet, recteur en 1604, et provin-

---

(1) En voici le commencement :

D. O. M.
Renatus DESCARTES.
Vir supra titulos omnium retro philosophorum,
Nobilis genere, Armoricus gente, Turonicus origine,
 In Gallia *Flexiæ* studuit ;
 In Pannonia miles meruit ;
 In Batavia philosophus delituit ;
 In Suecia vocatus occubuit.

cial de France en 1620; du P. Noël, professeur de philosophie de Descartes; de Denys Petau d'Orléans (1583-1652), savant presque universel, l'un des hommes à la fois les plus simples et les plus distingués de son siècle. Après avoir professé la rhétorique à Reims, il vint remplir la même chaire à La Flèche, où il resta environ six années, car un manuscrit porte qu'il y composa, en 1613, la pièce de vers intitulée *Pompa regia*, à l'honneur de Louis XIII, de passage en cette ville, et les biographes nous apprennent qu'il ne quitta La Flèche qu'en 1618, pour aller occuper la chaire de théologie dogmatique au Collége de Clermont (lycée Louis-le-Grand), que les jésuites établirent cette année. Langues savantes, sciences, beaux-arts, littérature n'avaient rien de caché pour lui; il s'appliqua surtout à la chronologie, et se fit dans cette branche de la science historique un nom qui éclipsa celui de presque tous les érudits d'alors. Son grand ouvrage *De doctrina temporum* parut en 1627 et le fit connaître si avantageusement, que le roi d'Espagne, Philippe IV, invita l'auteur à venir remplir la chaire d'histoire au Collége impérial de Madrid. Il publia en 1637 une paraphase des psaumes en vers grecs, que l'illustre protestant Grotius voulait toujours avoir sur sa table, et que le pape Urbain VIII, auquel il l'avait dédiée, trouva si parfaite, qu'il fit solliciter l'auteur de se rendre à Rome, en lui faisant les plus séduisantes offres. La frayeur d'être nommé cardinal rendit malade le modeste savant, qui ne recouvra la santé qu'après avoir eu l'assurance qu'on le laisserait à sa cellule de travail du collége de Clermont. Toutefois, son ouvrage le plus utile et le plus connu est le *Rationarium temporum*, dont la première édition parut le 15 mai 1651; excellent manuel de chronologie, divisé en deux parties, dont la première, qui est historique, va du commencement du monde à l'an 1633; et la deuxième, purement scientifique, donne les principes de la chronologie. Outre son mérite réel, ce livre a eu cette fortune heureuse d'avoir inspiré un chef-d'œuvre. C'est le rapport établi par Petau entre les époques des diverses nations, depuis le commencement du monde jusqu'à J.-C., qui donna à Bossuet l'idée de cet enchaînement d'évènements dont il a déroulé, dans le *Discours sur l'histoire universelle*, le solennel tableau. Il travaillait à son important ouvrage de théologie dogmatique, science dont on l'a appelé le restaurateur, quand il tomba dans une langueur totale; l'air natal qu'il alla respirer ne lui rendit pas ses forces, et il revint mourir à Paris le 11 décembre 1652.

Contemporain de Petau à La Flèche, Pierre Musson, aussi professeur de rhétorique et poète, préfet de l'académie grecque, mais dont nul biographe n'a parlé jusqu'à ce jour, originaire de Verdun, professa pendant cinq ans à Pont-à-Mousson, où il avait donné cinq tragédies bien accueillies, moins, pense-t-il, par le mérite du style que par celui des jeunes acteurs. Arrivé à La Flèche, il fit jouer sur le théâtre de la salle des actes quatre drames historiques : *Pompée*, *Crésus délivré*, *Cyrus puni* et *Darius trahi*, avec promesse d'en faire paraître quatre autres à la fin de l'année, « si les précédents avaient le bonheur de sourire au bénévole et candide lecteur. » Ces quatre tragédies annoncées étaient le *Sacre de Clovis*, la *Défaite d'Alaric*, les *Fureurs d'Antiochus* et le *Supplice d'Aman*. Le plan de ces drames est fort simple, conforme en général aux données de l'histoire, avec quelques développements d'incidents et de personnages imaginés par le poète et introduits pour rendre l'effet plus frappant. Le spectacle de la salle des actes était ainsi une utile et brillante répétition de la leçon d'histoire. Clio se trouvait une fois de plus la sœur de Melpomène.

Les tragédies de Musson sont en vers ïambes, mêlés parfois d'hexamètres dans ce que l'on pourrait appeler les épilogues, et, au grand regret de l'auteur, elles n'ont pas de chœurs. Cet accompagnement classique était un perfectionnement qu'il réservait pour une seconde édition. Le latin rappelle celui de Sénèque le tragique ; les situations sont accusées ; seulement l'enflure, l'obscurité, les longueurs, l'appesantissement sur une idée nuisent au naturel que l'on n'y rencontre pas assez ; une analyse sommaire de sa tragédie de *Pompée* donnera une idée de sa manière.

Le premier acte nous montre ce grand homme inquiet des suites de la guerre qu'il veut entreprendre et troublé par des songes. Le roi Déjotarus et

Q. Scipion cherchent à le rassurer, en lui disant qu'un chef d'armée ne doit pas se laisser ainsi émouvoir par les fantômes de son imagination. Tout-à-coup on annonce qu'une terreur panique se répand dans le camp; tandis que Pompée sort à cette nouvelle pour passer ses troupes en revue, César, accompagné de M. Antoine et de Cn. Domitius, arrive d'un autre côté sur la scène; il reproche vivement à son armée sa fuite honteuse à Dyrrachium; ses soldats lui promettent de prendre leur revanche.

Dans le deuxième acte, Domitius Ænobarbus traite ironiquement Pompée absent de roi des rois et de nouvel Agamemnon, dont les hésitations n'ont pour cause que le désir ambitieux de se maintenir au pouvoir. Lucius Afra et Faonius joignent leurs sarcasmes aux siens. Cependant Pompée, accompagné du roi Déjotarus et de Q. Scipion, son beau-père, va dans son camp prévenir ses soldats de se préparer au combat. Quand il se retire, César reparaît : instruit des derniers projets des Pompéiens, il exhorte les siens à se mesurer avec eux. Pompée de son côté harangue ses troupes; il combat et est vaincu.

Cornélie, qu'avait un peu rassurée le succès de Dyrrachium, espère voir à Pharsale le triomphe complet de son mari. Tandis qu'au commencement du troisième acte, elle se berce de cette illusion, l'arrivée de Philippe, affranchi de Pompée, vient détruire cette espérance; elle fond en larmes en apprenant le désastre de Pharsale. En ce moment

Pompée survient. — Entrevue touchante du héros vaincu et de sa femme, qui voudrait pour l'avenir croire encore à un bonheur qu'elle n'espère plus. Pompée recommande à son fils Sextius l'amour de la patrie et la pratique des vertus républicaines dont il désire le voir doué. Il relève ensuite le courage de ses partisans, et, se fiant sur la promesse que lui fait un envoyé du roi Juba de lui fournir une nombreuse armée, il se flatte par ce secours et avec l'aide du roi d'Égypte sur le bon accueil duquel il compte, de recomposer son armée.

Cependant Ptolomée, entouré de ses conseillers Pothin, Théodore et Achillas, apprenant la défaite de Pompée, est d'abord mû pour lui d'un sentiment de générosité; puis, bientôt gagné par l'astucieuse et cruelle politique de ceux qui l'entourent, il se détermine à le faire assassiner. Dans l'attente de la réponse que lui doit le roi d'Egypte, Pompée hésite, puis se raffermit dans le projet d'aller lui demander lui-même des secours. Cornélie, tourmentée par le pressentiment d'un malheur prochain, convoque les augures, les aruspices, les pullaires, qui s'accordent à dénoncer comme funeste le débarquement de Pompée en Egypte. Celui-ci reste inébranlable, même devant l'apparition des ombres de Sylla, de Marius, de Camille et autres illustres romains que Cornélie fait évoquer par un devin. Ces différentes scènes se partagent le quatrième acte.

Dans le dernier, Pompée déplore la malheureuse destinée de sa patrie, et cette ruine de la république préparée par l'égoïste ambition de ses premiers citoyens. Il résiste une dernière fois aux supplications de ses amis. Bientôt apparaissent les envoyés du roi d'Égypte, qui le saluent d'hommages perfides. Septimius, qui avait autrefois servi sous ses ordres, le frappe d'un coup de poignard, et, après l'avoir tué, le décapite. On voit ensuite l'affranchi Philippe construire un pauvre bûcher et rendre les derniers devoirs à son maître. Ptolomée survient et ordonne que la tête de Pompée soit portée à César qui vient d'arriver en Égypte. Mais César détourne avec horreur les yeux de cet affreux présent, et fait rendre aux restes de son rival les honneurs funèbres. L'armée défile devant le bûcher.

On le voit, cette tragédie, jouée antérieurement à 1620, sur le théâtre de notre Collége, n'est que de l'histoire, de l'histoire décolorée même, sans l'émotion et sans les larmes que Plutarque a su y verser, et qu'Amyot, son *translateur*, a si fidèlement reproduites. Il est vrai, et ces observations doivent faire beaucoup pardonner au père Musson, que cette tragédie était faite pour des écoliers, qu'elle est écrite en latin, et que le théâtre en France n'avait point alors de règles ni de modèle. Corneille n'était qu'un enfant, et en remontant aux monuments poétiques latins sur la mort de Pompée, le professeur de La Flèche n'avait pu s'inspirer que de Lucain, qui, à cette page de la Pharsale, a manqué d'âme et de grandeur.

Si imparfaites que soient les tragédies de Musson, elles ont cependant la gravité du genre, la division en cinq actes imposée par Aristote, disent les classiques qui ont lu Aristote dans Horace, et l'on peut croire qu'à cette époque de la formation de la tragédie en France, les drames historiques joués dans les Colléges des jésuites, devant une nombreuse jeunesse qui quelques années après reportait dans le monde des idées toutes faites et des principes arrêtés en fait d'art, ne fut pas sans exercer une influence considérable sur le développement qu'a pris notre théâtre, et la ligne classique que lui ont fait suivre, l'un après l'autre, Corneille, Racine et Voltaire.

En l'année 1617, avec Musson, le recteur ou principal était le P. Filleau, frère du fameux avocat J. Filleau, connu par la publication de l'anecdote du projet de Bourgfontaine; le ministre ou sous-principal était Ennemond Masse, qui, avec le P. Biard, a fondé la mission du Canada; sous leur direction enseignaient Philippe Monceau, préfet des études et professeur d'écriture-sainte, docteur de la faculté de théologie de Paris; Louis Mairat, Fr. Loriot, Honoré Niquet, professeurs de théologie, connus par des ouvrages de piété et de littérature; Jean Bruanus, professeur de méthaphysique, Louis Lallemand, professeur de physique et auteur ascétique, Jean Deniau, professeur de logique, le père J. François, professeur de mathématiques, J.-B. Rollin, professeur de rhétorique et d'histoire, Nicolas Caussin, professeur de langue grecque et de poésie en rhétorique, préfet de l'académie hébraïque. On raconte que ses élèves, charmés de son éloquence à la suite de quelques-uns de ses discours, le portèrent en triomphe. Il fut confesseur de Louis XIII et s'honora dans ce poste éminent par sa consciencieuse indépendance. Nous pourrions citer encore Jean Solanus, principal du pensionnat, Michel Robardeau, préfet des choses spirituelles, Etienne Lurvic, prédicateur; et, en cette même année, parmi les écoliers ou étudiants devenus eux-mêmes plus tard professeurs à La Flèche et distingués par leurs ouvrages, il y eut J. Bagot, nommé censeur des livres à Rome, qui écrivit l'*Apologeticus fidei*, Fr. Vigier, de Rouen, auteur du célèbre traité des *Idiotismes de la langue grecque*, réimprimé de nos jours en Allemagne; puis Jean Chevalier et Jacques Grandamy, qui, par leurs travaux, appartiennent d'avantage à la période suivante (1).

(1) *Catalogus personarum et officiorum soc. Jesu in provincia Franciæ*, anno 1617.

CHAPITRE IV.

LE NOUVEAU COLLÉGE SOUS LES JÉSUITES
(1622 — 1762).

Voici la période la plus longue, la plus dépourvue d'évènements, sauf celui qui la termine, la plus tranquille, sauf une émeute, et par conséquent la plus pleine et la plus favorable aux études. Une rivière, après avoir été un torrent plus ou moins contrarié en son lit, à travers les montagnes où elle prend sa source, se calme dans les vallées inférieures et arrose uniformément, en les fécondant, de vastes campagnes, avant de se fléchir ou de se troubler de nouveau dans son cours. Ainsi fut-il du Collége pendant plus d'un siècle, et les détails que nous avons à donner ne sont guères que ceux qui forment cette monotonie.

Le personnel des écoliers, qui était déjà de 1,200 en 1610, avait continué à s'accroître dans les années suivantes; si bien qu'en 1626, il y avait, d'après le manuscrit d'un père, 299 pensionnaires et 1,800 externes. Dans un catalogue envoyé cette même année à Rome, et conservé aux *archives du Gesù*, il est dit que le nombre des élèves n'était en 1625 que de 1,350, dont plus de 1,000 étaient externes (1) et les autres pensionnaires; ce chiffre se maintint à peu près pendant le règne de Louis XIII et une partie de celui de Louis XIV ; mais dans le *compte-rendu au parlement de Paris*, touchant le Collége de La Flèche, par le président Rolland, le 5 juillet 1763, il est dit (2) qu'en 1761 il y avait au Collége environ 300 pensionnaires et 250 externes, et la raison de cette grande diminution dans ce dernier chiffre est donnée deux pages plus loin dans le même document : « les officiers municipaux de La Flèche nous apprennent qu'il n'y a pas quarante à cinquante ans il y avait plus de 1,000 externes à La Flèche, et que ce nombre n'est diminué que depuis qu'il s'est établi, sans autorité légale et par la seule permission des ordinaires, sept à huit colléges dans plusieurs villes voisines de La Flèche. » L'arbre géographique inséré dans le tome V de l'histoire de la compagnie de Jésus, par M. Crétineau-Joly, présente, au demeurant, cette maison comme l'une des plus importantes de l'ordre, puisqu'il y avait tout-à-la fois un collége, une pension et un séminaire;

(1) Une explication conciliera ces chiffres : les externes se faisaient inscrire ; les Pères *recommandaient* et *désiraient* cette mesure ; mais les étudiants, qu'elle contrariait par trop, étaient libres de ne pas s'y soumettre ; le chiffre de 1,350 est donc le chiffre officiel des élèves inscrits, tant externes que pensionnaires, et dans celui de 1,800 sont compris les étudiants libres.

(2) P. 371.

cette situation fut normale pendant toute la période.

Les moyens employés pour arriver à un état si florissant paraissent avoir été très simples; c'était d'abord les conditions d'admission, puis la douceur du régime suivi dans l'éducation des enfants, et, en troisième lieu, le zèle et le talent des maîtres, dont plusieurs furent des écrivains célèbres dans ces deux grands siècles qui en ont tant produits.

Conditions d'admission des Pensionnaires au Collège royal de La Flèche.

I. Il faut qu'ils soient de bonnes mœurs, dociles et capables de profiter dans les sciences.

II. La pension est égale pour tous, de 280 livres par an; elle se paie toujours par quartier et d'avance. On ne diminue rien pour les absences dans le cours de l'année, si elles n'arrivent pour cause de maladie. Pour l'absence des vacances, on la diminue si elle est de plus d'un mois. On prie Mrs. les parents de ne point rappeler leurs enfants avant le commencement des vacances, et de les renvoyer à la St.-Luc.

III. Outre la pension de 280 livres pour la nourriture, chaque pensionnaire paie pour chacun an dix livres pour le blanchissage de son linge et dix livres pour le bois, la chandelle, lit, coffre, table et autres meubles. Si quelqu'un veut se faire blanchir par des personnes de connaissance, on lui diminuera les dix livres. Tout cecy se paie comme la pension, par quartier.

IV. Il y a dans chaque chambre un préfet pour aider les pensionnaires dans leurs études, et un domestique pour les servir; on paie six livres par an pour les gages du domestique, et ceux qui veulent avoir un perruquier qui vienne leur faire les cheveux et les poudrer deux fois par semaine, ils lui payent quatre livres pour toute l'année; ces deux sommes se payent par avance et avec le premier quartier.

V. Chaque pensionnaire, outre son linge et ses habits, doit apporter un gobelet, une cuillère et une fourchette d'argent, et au moins six serviettes à sa marque. Il doit aussi, en entrant, se faire faire une robe de pensionnaire et acheter les livres propres de la classe où il doit aller.

VI. On ne fait aucune avance, ni pour l'entretien des pensionnaires, ni pour leurs menus-plaisirs, ni pour les différents maîtres d'écriture, de danse, de musique, d'instruments, d'armes, de dessein et autres, que l'on ne donne aux pensionnaires que par ordre de Mrs. leurs parents. Ils avancent l'argent nécessaire pour toutes ces dépenses, et on leur en rend un compte exact.

VII. Si quelqu'un veut avoir une chambre particulière (1), il payera vingt livres par an pour la chambre et les meubles, il se fournira de bois et de

(1) Les élèves qui n'avaient pas de chambres particulières avaient une cellule contenant leur lit dans les dortoirs ou chambrées, sous la surveillance des préfets des études; ils y travaillaient isolément à leurs devoirs de classes. — Nous ne pouvons du moins nous expliquer autrement cet arrangement : ces cellules ont existé en partie jusqu'en 1808.

chandelles et se fera blanchir. La pension du préfet est de 400 livres, celle du valet de chambre est de deux sortes. La petite est de 200 livres, et la grande de 300 livres. Au lieu d'un préfet, on peut avoir un gouverneur ou un précepteur, pour la pension desquels on paie 50 livres moins que pour celles d'un préfet. Ces pensions se paient aussi toujours d'avance et par quartier.

VIII. Il y a dans le Collége une infirmerie pour les maladies ordinaires, et une autre écartée pour celles qui peuvent se communiquer. Outre la pension ordinaire, les malades payent dix sols par jour pour les frais de l'infirmerie, sans parler de ce qui est dû au médecin, au chirurgien, et à l'apotiquaire. Si Mrs. les parents souhaitent, en cas de maladie, que l'on transporte leurs enfants en maison bourgeoise, chez quelque personne sûre, ils marqueront sur cela leur intention et on s'y conformera.

IX. Il y a dans la maison une chambre où l'on instruit les enfants qui ne sont pas en état d'aller en classe.

X. Les personnes que les pensionnaires auront près d'eux seront en tout soumises à l'ordre et au règlement du Collége.

N. B. On peut payer par lettres de change, à l'ordre du P. principal ou du P. procureur, sur Paris, Nantes, Tours, Angers, Caen, ou bien entre les mains du P. procureur des pensionnaires du collége de Louis-le-Grand, rue Saint-Jacques, à Paris, lequel donnera quittance. On peut aussi se servir de la voye du messager ou de la poste, en faisant charger sur le livre l'argent que l'on envoye, et en payant le port (1).

Plusieurs choses frappent dans ce court règlement : c'est tout d'abord la sage précaution de n'admettre aux études que l'enfant bien élevé; la liberté laissée aux familles; c'est surtout celle laissée aux pensionnaires, et ce respect presque touchant pour la personne de l'enfant, cet espace accordé à son individualité, qui devait se mouvoir à l'aise sous ces conditions indulgentes et attentives qui, à côté de la règle, admettent l'exception et les font servir l'une et l'autre à l'harmonie de l'ensemble.

Le mode d'enseignement n'était qu'une autre forme savante de cette même bienveillance; il était du reste le même à La Flèche que dans les autres grands établissements de la compagnie. Les jésuites cherchaient tous les moyens de rendre l'étude aimable. « La grammaire et la latinité sont des pays assez secs, dit Jouvency; il faut égayer l'esprit si l'on veut qu'il s'éveille; les buissons plaisent quand ils sont fleuris. » Sous cette gracieuse comparaison de ce moderne Quintilien, se révèle, un peu embelli sans doute, l'esprit des maîtres dans l'enseignement. Quant aux élèves, un remarquable esprit d'égalité régnait parmi eux; c'est Descartes qui le dit : « Il y a quantité de jeunes gens de tous les quartiers de la France; ils y font un certain mélange d'humeurs par la conversation les uns des autres, qui leur apprend presque la même chose que s'ils voyageaient; enfin

---

(1) Réimprimé d'après une copie authentique.

l'égalité que les jésuites mettent entr'eux, en ne traitant guère d'autre manière ceux qui sont les plus distingués que ceux qui le sont le moins, est une invention extrêmement bonne. »

De cet esprit d'égalité et de nationalité, pris dans le sens opposé à celui de provincialisme, peut-être est-il toujours resté quelque chose à La Flèche; nos élèves ne sont ni bretons, ni alsaciens, ni gascons particulièrement; ils sont français, et cet avantage réel, comme élément dans la composition d'une armée nationale, serait perdu si, d'après des plans désastreux et souvent reproduits, une prétendue mesure d'économie disséminait les élèves dans les soixante lycées des départements.

Les premières familles du royaume tenaient à honneur d'envoyer leurs enfants faire leurs études à La Flèche. C'est ainsi que l'on y vit dès les commencements l'abbé Louis de la Valette, depuis archevêque de Toulouse, les abbés d'Elbeuf et d'Armagnac, de la maison de Lorraine, les fils des familles de Brissac, de La Rochefoucault, de Saint-Luc, cinq princes italiens de la maison d'Este-Modène; plus tard on y vit comme élèves, puis comme professeurs, les PP. de la Châtre, de la Fare, d'Armaillé, Louis de la Ferté, fils du maréchal de ce nom, etc., etc.

Tandis que la bonne tenue de la maison faisait affluer ainsi les enfants des hautes familles, l'externat gratuit remplissait la ville de non pensionnaires, auxquels il suffisait de se faire inscrire pour avoir le droit de suivre les leçons ; ils logeaient dans des maisons bourgeoises; tout un quartier quelquefois était rempli par des étudiants d'un même pays; c'est ainsi que la petite rue des Lavallois a reçu son nom des écoliers de Laval qui l'habitaient. Plusieurs de ces jeunes gens, quoique externes, étaient gentils-hommes et portaient l'épée. La présence de plus de mille étudiants dans la ville, baucoup moins considérable il y a deux siècles qu'elle n'est aujourdhui, devait lui prêter une physionomie singulièrement animée, et lui donner beaucoup de ressemblance avec ce qu'étaient naguères les villes à universités en Allemagne, d'autant que cette jeunesse nombreuse, même à La Flèche, même sous les jésuites, mêlée de français et d'étrangers venus de toutes les parties du monde, de Russie, de Tartarie, de Chine, d'Amérique, des deux Indes, etc., n'observait pas toujours le calme que désiraient les Pères.

Il y avait certainement quelque chose de grand et de généreux dans cette libéralité de l'instruction offerte et distribuée ainsi à tous.

Un établissement fondé par un roi et dirigé selon des principes et des desseins si bienveillants, devint facilement une puissance. Aussi les jésuites, puissants à la cour, sur l'esprit des familles et sur celui des enfants qui leur étaient confiés, maîtres honorés d'une jeunesse nombreuse, oublièrent un jour, dans leur prospérité, — on était en 1636, — les obligations qu'ils devaient à la famille de la Varenne, et disputèrent à René, son fils et son successeur au gouvernement de la province d'Anjou, le droit de pêche dans les fossés qui ceignent la ville, et notamment dans la partie qui traverse le jardin et le parc du Collége. Appuyé sur un titre formel, le marquis gouverneur ayant voulu faire pêcher dans les fossés et les douves du Collége, les jésuites, non contents de récriminer vivement contre lui, finirent un jour par sonner le tocsin, par ameuter le peuple et fermer le Collége ; ils allèrent même jusqu'à cesser la célébration de l'office divin, mêlant ainsi, et trop, le sacré à un intérêt tout profane, et renouvelant presque, dans une petite ville inoffensive et religieuse, l'effet de ces anathèmes que les évêques au moyen-âge ne lançaient que sur des provinces en révolte. Il fallut en venir aux moyens extrêmes, et le gouverneur vint, le 9 avril, accompagné de 150 hommes de la garnison, faire pêcher dans le parc, en présence de plus de 4,000 personnes attirées sur les lieux par ces débats. Alors les jésuites attaquèrent à leur tour le marquis en justice, et portèrent même leur plainte au roi, qui envoya à La Flèche un maître des requêtes pour informer. En vain le duc de Montbazon et le prince de Condé voulurent-ils intervenir dans ce différent, pour l'apaiser ; ce ne fut qu'en 1634 que, par une transaction avec le marquis de la Varenne, les jésuites s'obligèrent à lui payer une somme de mille écus, pour laquelle il s'engagea à leur faire l'abandon de son droit de pêche sur les fossés passant dans leur enclos.

Marie de Médicis, reine, mère et femme malheureuse, avait disposé avant sa mort que son cœur serait déposé avec celui du roi son époux dans l'église du Collége. Mais la scène qu'avait occasionnée le recteur à l'arrivée du cœur de Henri IV, se renouvela à l'arrivée de celui de la reine d'une manière bien plus scandaleuse encore, ainsi que le constate le procès-verbal qui en fut dressé par les autorités civiles et judiciaires de La Flèche, le 13 avril de l'année 1643. Le père Mairat, avec d'autres jésuites de la maison professe de Paris, avait été chargé d'apporter le cœur de la reine avec le cérémonial observé à la translation de celui du roi. Tous les ordres, corps et communautés de la ville, et vingt-six curés des paroisses environnantes, avec leurs prêtres et leurs chapelains, vinrent assister au convoi, ainsi que l'abbé de Foix et l'abbé du Loroux, à qui le curé de la paroisse avait déféré l'honneur de prêtre officiant. Les jésuites de la maison de La Flèche avaient été appelés à délibérer avec les autorités publiques, réunies à l'hôtel-de-ville, sur le cérémonial à suivre, et avaient participé à la délibération. Le choix leur avait été laissé de tenir la droite ou la gauche du cortége religieux, ce dont ils ne furent point satisfaits, prétendant marcher en corps immédiatement après le cœur, au préjudice du clergé. En conséquence et afin de rompre les décisions prises pour la cérémonie, ils envoyèrent des émissaires au-devant du carosse dans lequel était amené le cœur, et essayèrent de le faire arriver au Collége par un chemin détourné, ce à quoi s'opposa une cavalcade de jeunes gens de La Flèche des meilleures familles, qui étaient allés jusqu'à trois lieues au-devant. Arrivés aux portes de la ville, où toutes les autorités, corporations et communautés s'étaient réunies, les jésuites de Paris, chargés du cœur, voulurent passer outre et firent refus de mettre pied à terre, sous prétexte qu'ils avaient ordre de conduire leur dépôt directement au Collége et sur ce qu'ils ne voyaient point leurs confrères du Collége présents à la cérémonie; mais les autorités s'étant opposées à ce dessein, le P. Mairat descendit de voiture avec les autres pères, se revêtit d'une étole et prit entre ses mains le cœur couvert d'un crêpe, lequel fut recouvert d'un riche poêle dont les coins étaient tenus par le maire et les échevins de la ville. Le cortége s'achemina dans l'ordre qui avait été déterminé et avec le cérémonial convenu, vers l'église paroissiale, d'où il se dirigea vers l'église du Collége, qui se trouva fermée. « L'on y frappe en vain à plusieurs reprises, dit le procès-verbal, ensemble aux autres portes du Collége, personne n'y vient. Les pères qui accompagnaient le convoi, quittent leur rang et y vont eux-mêmes, et n'en reçoivent plus de satisfaction. Enfin, après avoir tenu en cet état toute la procession pendant plus d'une heure, lesdits jésuites ouvrent la porte, et lorsque les ecclésiastiques du Collége furent introduits, et le cœur avec le poêle étant sur les marches de l'entrée, le P. Celot, recteur, voulut prendre le cœur des mains du P. Mairat, lequel lui en fit refus. Alors les PP. Chévalier et Drienne avec un frère lai se jettent au poêle et le déchirent. Et d'autant que quelques ecclésiastiques voulurent s'opposer à cette violence, survinrent plusieurs autres jésuites avec un grand nombre de serviteurs domestiques, tant du Collége que du pensionnat, *ayant des bâtons* à la main, et sans exception de qui que ce soit, frappèrent et excédèrent les premiers qui se rencontrèrent, ecclésiastiques et autres, entre lesquels il y en eut de blessés, au grand scandale de tout le peuple (1). »

Voici un récit plus plaisant, pas mal curieux, et dont le contenu, rapproché des faits précédents, prouvera que le procédé des coups de bâton fut employé plus d'une fois par les pères du Collége dans leurs démêlés très divers avec leurs nombreux ennemis; et qui, de plus, démontrera que si les émeutes sont d'ancienne date dans notre École, celles que le régime militaire a eues à réprimer à différentes époques ne sont rien auprès de cette révolution d'étudiants au temps le plus florissant de la direction des jésuites; le document est textuellement réimprimé (2).

(1) Burbure, *Essais sur La Flèche.* — Pesche, *Dictionnaire de la Sarthe.*

(2) *Remarques pour la justification des Pères Jésuites du Collège Royal de la Flèche, et des serviteurs de leurs Pensionnaires, Deffendeurs, contre Messires Jean de Brehan, et Olivier de Bois-Baudry. Curateurs de Jean-François du Gourray, écolier, demandeurs.* — Factum imprimé, de 7 p.

« Depvis que les Ecoliers sont venus en vn tel excés contre les Peres Iesuites du College Royal de la Fleche, que d'enfoncer impunément la porte de leur Collége; ce qu'ils firent au carnaval dernier, auec haches, et leuiers, depuis les huict heures du soir, jusques à deux heures après minuict, ce n'a esté qu'vne suite de Desordres, et de Reuoltes parmy eux contre leurs Maistres, qui a enfin abouty à vn accident qui sert de sujet au present procez.

» Cet accident a commencé par vn scandale tel qu'il est declaré dans l'Information du 28 May : auquel iour vne femme inconnuë (1) fut conduite et promenée dans la Cour des Classes, et dans les Classes mêmes, entre sept et huict heures du soir, par vne troupe de jeunes hommes, auec vne hardiesse et jnsolence extréme.

» Le Portier du College croyant qu'il estoit de son deuoir de les auertir du scandale qu'ils faisoient dans vne Maison Religieuse, vsa de paroles qui ne les pouuoient offencer : Eux au contraire, après l'auoir chargé d'iniures, se mirent à le batre et exceder outrageusement, et l'entrainerent même dans la ruë, où sans le secours des voisins, il eut esté accablé de coups; enfin ne pouuans pis faire, ils emporterent les clefs du College, lesquelles depuis ils n'ont jamais voulu rendre.

» Et d'autant que l'vn de ces mutins fut pour lors

---

(1) Dans cette continuation de mauvais tours d'écoliers commencés à carnaval, cette *femme inconnue* nous a bien l'air d'être simplement un étudiant déguisé.

pris, et mené au P. Principal, qui se contenta de luy remontrer sa faute et de le renuoyer sans autre châtiment, ses compagnons et complices, s'étant r'alliés, et croyans qu'il fut detenu dans le College, reuinrent à la porte faire vn grand vacarme, menaçant de la rompre, si on ne leur rendoit celuy qu'on auoit arresté.

» Surquoy le Pere Principal étant décendu, pour leur faire entendre qu'il l'auoit mis en liberté, au lieu de reconnoistre cette faueur, ils mirent la main à l'épée pour l'outrager : Ce que voyans ceux qui accompagnoient ledit Pere Principal, se saisirent de celuy qui s'auança le plus d'entre-eux, et fermerent la porte du College sur luy.

» Cela donna sujet aux autres d'entrer en plus grande rumeur qu'auparauant. Ils vont chez les armuriers, se garnissent d'armes, et viennent faire leurs protestations, auec sermens exécrables de rompre les portes, comme ils auoient fait quelques mois auparauant, si on ne leur deliuroit leur compagnon. Ils passent la nuit souz les armes, et assiégent toutes les yssuës du College par où l'on pouuoit le liurer entre les mains de la Iustice : Le matin venu ils entrent dans le College auec armes, continuant leurs menaces, qu'ils auroient leur compagnon de gré, ou de force, et qu'ils enléueroient vn Iesuite, ou vn Pensionnaire par droit de represaille ; ce qui fut cause qu'on jugea à propos de faire absenter de classe les Pensionnaires, et les tenir dans leurs chambres.

» Cependant les Peres Iesuites ont recours à Monsieur le Gouuerneur, et au Magistrat; Monsieur le Gouuerneur envoya le sieur de la Pommeraye Gentil-homme, qui fut témoin de la sédition, et luy en fit rapport, dont il a donné certificat, qui est au procez. Messieurs les Lieutenant Criminel, et Procureur du Roy, se transporterent au College, où ils decreterent contre ledit Ecolier detenu : mais n'osant faire executer leur decret, ni entreprendre de traduire le Criminel dans les prisons publiques, à cause de la sédition qui étoit violente, ils chargerent les Peres Iesuites de le garder, à quoy le Pere Principal donna ordre; par prouision et préparation d'armes nécessaires à cet effet.

» L'aprés-disnée du mesme iour, les revoltés ayant resolu de faire un grand effort pour deliurer le Criminel auant qu'il pût être traduit dans les prisons de la Ville, baillerent leur armes en garde à quelques voisins du College, et se mirent aux auenuës, garnis d'épées, bâtons, nerfs de bœuf, et de pierres, repoussant les Ecoliers qui s'assembloient au son de la cloche pour aller en Classe; ce qu'ils executoient en sorte que personne n'entroit.

» Alors le Pere Préfect des hautes Classes s'étant mis en devoir de remedier au desordre present, et pour cela étant sorty auec les Maistres, sans verge, ny bâton, pour écarter, par leur presence, et par leurs remontrances les séditieux, et faire filer les Ecoliers en Classe, les séditieux qui avoient proietté d'enlever un Iesuite, ou un Pensionnaire pour leur compagnon, au lieu de se retirer, se jetterent sur eux (comme il est vérifié dans l'information faite à la requête desdits Peres Iesuites) pour s'en saisir, avec une si grande furie, que l'on fut contraint, pour les dégager de leurs mains, de faire sortir quatre ou cinq seruiteurs qui se rencontrerent sur l'heure, de plus de trente qui sont au service des Pensionnaires; Vn desdits Serviteurs prit un fusil, l'autre vne halebarde, les autres des bâtons, qui étoient les armes que l'on auoit préparées pour garder le Prisonnier, selon les ordres desdits sieurs Lieutenant Criminel et Procureur du Roy, comme il paroît par l'Acte qu'ils en ont dressé le 28 May.

» Le dessein n'étoit pas de frapper : mais seulement par la terreur, et par la vuë des armes, faire cesser la violence et l'irruption que les mutins auoient fait sur leurs Maitres. Ce qui eut du succès : car quelques Iesuites estant sortis auec les Serviteurs pour empescher qu'il n'arriuât aucun desordre : et leur ayans expressément commandé de ne point frapper, mais seulement de faire peur, en effet personne ne fut frappé; et les mutins auec la frayeur ayant pris la fuite, donnerent le moyen aux PP. Iesuites, qui étoient souz leurs mains, de se sauuer.

» Il n'y eut qu'vn Ecolier nommé du Gourray qui rendit cette action funeste par sa temerité; car au lieu de se retirer comme firent les autres seditieux de sa troupe, il s'auança contre le Seruiteur qui portoit le Fusil sur le bras, le bout en haut, et s'étant jetté sur luy et sur son arme, le voulut forcer de la luy rendre : Mais dautant que cela ne se fit point en vn instant, et que les efforts qu'il faisoit pour arracher l'arme, receurent de la resistance de la part de celuy qui la portoit, et qui craignoit qu'en la rendant l'autre ne s'en seruit contre luy; Vn des Maîtres du College eut le loisir de s'aprocher de l'Ecolier, et le coniurer par son propre nom de se retirer, et mesme il se mit entre-deux pour l'oster du danger où il étoit; Mais le malheur voulut que dans cette contestation, le ressort du Fusil s'étant lâché, le coup déchargea, perçant premierement la sotane du Maître engagée entre le canon de l'arme, et le ventre de l'Ecolier, puis se glissa entre la peau et les chairs du ventre, sans entrer dedans, et alla rencontrer l'os de la cuisse, dont il resta blessé.

» Voila succintement la narration du fait, dont la substance et toutes les circonstances sont r'aportées, et certifiées dans le procez, par des témoins qui ne souffrent point de reproches, et le seroient encore plus amplement, si les accusateurs ne s'étoient non plus opposez à la querimonie des accusez, qu'eux à la leur; et s'ils n'auoient point formé d'opposition à l'audition des témoins, après avoir fait ouïr tous ceux qu'ils ont voulu produire en leur faueur : Surquoy les Accusez, n'ayans desia que trop de preuues de leur innocence, n'ont pas voulu insister, pour ne plus retarder le iugement du procès, après sept mois de prison, etc..... »

Ce récit comico-tragique manque de date; nous l'avons retrouvée dans un second document manuscrit portant la signature autographe du marquis de la Varenne, et commençant ainsi :

« Nous, marquis de la Varenne, gouverneur de la ville et Chasteau de La Flèche, certifions à tous qu'il appartiendra que le lundi vingt-huitième jour de mai, sur les huit heures, de la présente année *mil six cent quarante-six*, le père recteur des jésuites du Collége de cette ville ayant envoyé vers nous le père préfet des hautes classes, pour nous donner advis que les escholiers dudit Collége s'étoient révoltés et mutinés contr'eux, faisant plusieurs séditions et violences.... » (suit un récit sommaire de ce qui précède en ancien style juridique).

Il ne serait point équitable d'imputer aux pères jésuites la faute de ce soulèvement de jeunes étourdis, ni même de leur faire un crime capital du mode de répression qu'ils employèrent; il était dans les mœurs du temps, à La Flèche et ailleurs; et le dix-septième siècle, d'un idéal si pur sous le point de vue littéraire, n'était pas sans présenter parfois quelque chose de brutal; « les cours souveraines faisaient volontiers le coup de poing pour garder le pas dans les cérémonies, dit Monteil, et, à leur imitation, les cours inférieures se battaient avec beaucoup de courage pour le même motif; c'est ainsi que nous lisons qu'à La Flèche, le 22 janvier 1697, lors du convoi pour l'enterrement du marquis de la Varenne, petit-fils de Fouquet, les sieurs Leroyer, lieutenant-général, Doisseau, lieutenant-criminel, les assesseurs, conseillers, avocat, procureur du roi,

7

président et autres officiers du présidial, tous au nombre de plus de trente, « se seroient violament et avec des emportements extraordinaires, jetés sur le nommé Darondeau, l'un des archers de la ville, et l'ayant pris par les cheveux et fort maltraité à coups de pieds et de poings, lui auroient ôté sa pertuisane, et au même instant se seroient saisis du nommé Dislé, aussi archer de la ville, et après l'avoir de même accablé de coups de pieds et de poings, lui avoir arraché les cheveux et puis sa pertuisane, le jetèrent dans une cave et l'y laissèrent comme mort; ensuite de quoy le sieur Cirenil, conseiller, porta un coup de poing dans l'estomac du maire; un autre conseiller, le sieur Bidault de Luigné, fermant le poing, le traita de gars, etc. (1). »

En présence de ces faits, il faut avouer que la manière dont les jésuites se défendirent contre les agressions des externes, violente sans doute pour notre temps, n'était pour lors et relativement, que fort débonnaire, et le coup de fusil qu'un accident.

Mais ce n'est pas sous le jour projeté par ces faits anecdotiques, que nous tenons à faire envisager l'enseignement du Collége de La Flèche, sous les maîtres habiles qui le dirigèrent pendant cette longue période; cette appréciation ne serait ni vraie, ni digne de cette foule de littérateurs et d'hommes

---

(1) Enterrement du marquis de la Varenne. — *Séances de la subdivision de la société française du département de la Sarthe pour les travaux historiques*, sous la direction de M. de Caumont, en 1847.

éminents dont nous avons le droit et sans doute aussi le devoir de conserver le souvenir. De ce nombre furent Ph. Briet, qui vint après Petau et marcha dignement sur les traces de son savant devancier ; Jean Chevalier, grand-préfet du Collége pendant plus de trente ans, auteur de plusieurs ouvrages de poésie latine et d'une vie de Robert d'Arbrissel, imprimés à La Flèche ; Jacques Grandamy (1588-1672), qui s'appliqua à la physique et à l'astronomie, fit imprimer en 1645, à La Flèche, une *Nouvelle démonstration de l'immobilité de la terre*, tirée des propriétés magnétiques du globe, écrivit plus tard des tables astronomiques, des dissertations sur les comètes de 1664 et 1665, et une *Chronologie chrétienne*; « sa piété, sa douceur, sa modestie et ses talents le rendirent le modèle de ses confrères, dont il était aussi chéri que respecté (Weiss) ; » Antoine Sirmond, neveu du célèbre P. Jacques Sirmond ; Claude de Lingendes, « qui aurait pu prétendre et participer à la gloire de Bossuet, comme orateur, mais qui, n'osant se fier à notre idiome encore barbare, traduisait lui-même ses sermons en latin, après les avoir prêchés en français avec de grands applaudissements, sous le règne de Louis XIII et durant la minorité de Louis XIV (card. Maury) ; » Georges Fournier, mort à La Flèche, en 1652, auteur d'un traité d'*Hydrographie*, professeur de mathématiques, ainsi que le P. Bourdin, qui écrivit une *Perspective militaire*; Ch. Pajot, qui passa plusieurs années à La Flèche et y fit imprimer ses syntaxes et ses dictionnaires; le P. Le Moine, auteur du poëme de Saint-Louis, mêlé de vers tantôt barbares, tantôt très beaux, et qui dans une épître a écrit les quatre suivants, que l'on a pu attribuer à Voltaire :

> Et ces vastes pays d'azur et de lumière,
> Tirés du sein du vide et formés sans matière,
> Arrondis sans compas, suspendus sans pivot,
> Ont à peine coûté la dépense d'un mot.

Au milieu de ces hommes célèbres et de vingt autres dont la simple mention hérisserait ces lignes de noms propres, apparaît dans un demi-jour, qui ressemble encore un peu à une auréole poétique, le P. Pierre Mambrun (1600—1661); il avait de l'élévation dans la pensée, de l'élégance et de la facilité dans la composition; ses hexamètres sont tout virgiliens, aussi bien que les titres même de ses poëmes. Nous avons de lui, imprimés à La Flèche, des églogues, des géorgiques en quatre livres sur la culture de l'esprit, une épopée en douze livres, *Constantin*, etc. Malgré la comparaison provoquée par le choix de ses sujets, comparaison nécessairement malheureuse pour lui, Mambrun cause une impression sympathique; on lui tient compte de son respect pour toutes les traces de son modèle, du soin pieux qu'il met à les reproduire, et, dans l'illusion qu'il fait naître, les lieux et les temps semblent se transposer, et l'imagination faire un instant croire que l'on est dans la Rome des empereurs, l'hôte d'un descendant chrétien de Virgile.

De son temps professa Vavasseur, autre poète;

Jean Phelyppeaux, qui écrivit avec acharnement contre le quiétisme et contre Fénelon, et fut pour cette mauvaise raison peut-être, nommé grand-vicaire de Meaux; puis Jos. Jouvency (1643—1719), grande figure classique encore aujourd'hui dans nos Colléges, qui étudia la jeunesse avant de l'instruire, composa pour elle l'*Art d'apprendre et d'enseigner*, annota Virgile, Horace, Ovide, Martial, Térence, Perse et Juvénal, et écrivit l'*Appendix*, chaste petit catéchisme d'une mythologie voluptueuse, qui vient, lui aussi, de subir l'annotation.

Après le grave Jouvency, voici venir un poète au léger bagage, Ducerceau, qui fit une part égale de sa vie de soixante ans et de ses vers de huit à douze pieds, à nos deux siècles littéraires. Son recueil de poésies diverses, imitées de Marot, célèbres naguère encore, amusent bien pendant dix rimes et fatiguent au bout de vingt. Nos révolutions ont eu ce résultat, bon ou mauvais, selon le point de vue, mais en tous cas très réel, de replier la pensée sur elle-même; véritables leçons du malheur, elles ont appris au poète à être grave, parfois triste, souvent rêveur et toujours ému; les badineries poétiques auxquelles nos ayeux attachaient tant de prix, ne sont plus pour nous que des frivolités dépaysées; Aussi de la *Valise* de Ducerceau on n'a guère retenu que ces deux vers :

> J'étais pour Ovide à quinze ans,
> Je suis pour Horace à quarante.

Et il faut avoir tout-à-fait le goût des productions

de terroir, pour lire sans ennui, malgré les fleurs de détail, cette double pièce locale en quarante-cinq strophes, sur *le Messager du Mans* :

> Ce n'est point l'intérêt ni l'amour de la gloire
> Qui me fait en ce jour importuner les Cieux ;
> Je n'ai rien à prétendre au temple de mémoire,
> Le vif éclat de l'or n'éblouit pas mes yeux :
> De ces faibles honteux mon âme préservée
> N'écoutera jamais de si bas sentiments ;
> Tout ce que je demande est la prompte arrivée
>   Du Messager du Mans.

Après plus de trente strophes, le Messager arrive enfin ; on voit qu'il n'est pas pressé :

> Hôte de la Croix-d'Or, hôte à la face ronde,
> Vous qui par un bonheur qui fait tant de jaloux,
>   Hébergez si souvent chez vous
>   La fleur des messagers du monde,
> De votre grande porte ouvrez les deux battants,
> Otez votre rabat, retroussez votre manche,
> Envoyez à la cave et préparez l'éclanche,
>   Voici le Messager du Mans.

Suivent encore treize strophes pour fêter son arrivée. Au reste le poète sent lui-même combien sa verve habituelle est, au fond, peu poétique ; il dit quelque part de bonne grâce :

> Condamnez avec moins de rigueur
> Ces rimes dont je suis à peine auteur,
> Et qu'une aveugle et bizarre manie
> Malgré moi presque arrache à *mon génie*.

Ducerceau fit aussi quelques pièces dramatiques

pour les représentations du Collége, moyen qu'employaient habilement les jésuites pour rendre l'étude attrayante, et dont un grand évènement, un grand personnage historique, un travers moral à corriger, un canevas allégorique formaient ordinairement le sujet. Dans toutes ces compositions, il ne faut pas sans doute aller chercher du génie; mais on y rencontrerait souvent de l'esprit et toujours une pensée bien soigneusement morale, sauf toutefois dans les pièces de circonstances, à l'occasion de la naissance ou du mariage d'un prince, sorte d'adulations où l'encens aplatit le héros à force de le diviniser. Mais la grande littérature n'a-t-elle pas été complice de ces abaissements?

Nous avons parlé de Musson et de ses tragédies; tant que notre théâtre fut sans chef-d'œuvre, jusqu'aux créations de Corneille, et peut-être jusqu'à Racine, la Melpomène des Écoles parla latin, ce qui, excepté pour les humanistes et les régents, devait être assez peu récréatif; puis enfin la langue nationale prit sa place, et l'on se mit à parler français dans la chaire, dans les tribunaux, et même dans les académies et les colléges. De ces pièces scolastiques fléchoises, tragédies, comédies, ballets, très peu nous restent, bien que dans cette longue période elles aient été nombreuses. Le plus souvent même la distribution et les actes ne sont qu'indiqués; la composition est restée dans les cahiers, aujourd'hui perdus, des professeurs et des écoliers, en sorte que nous sommes presque réduits à l'indication des affiches ; en voici quelques-unes, conservées dans des *recueils de pièces diverses*, à la bibliothèque du Prytanée.

Les Arts, les Sciences et les Armes, employés par l'Hyménée pour le mariage de monseigneur le dauphin, pièce meslée de chant, de spectacle et de danse, qui sera représentée au Collége royal de La Flèche le treizième jour de mai, de l'an 1680.

Argument général : « l'Hyménée voulant faire quelque chose de considérable au mariage de monseigneur le dauphin et de la princesse de Bavière, emploie pour cela tout ce qu'il y a de beau dans les arts, dans les sciences et dans l'exercice des armes. Mais sans avoir recours à Minerve et à Apollon, ni à Mars, il se sert pour ce dessein des Amours, qui sont ses frères, les jugeant capables de réussir à tout. Ainsi les Amours, déguisés en artisans, en sçavants et en guerriers, font les trois parties de cette pièce. »

Autre : *la Mode*, comédie mêlée de musique et de spectacle, pour servir d'intermède à la tragédie d'Alexis, empereur de Constantinople, sera représentée sur le théâtre du Collége de la compagnie de Jésus, par les écoliers de seconde, le 30 janvier 1690, à une heure après midi, à La Flèche.

Argument : « Anselme était entêté de la mode jusqu'à la folie, et faisait d'excessives dépenses pour satisfaire son inclination. Eraste, son fils, entreprend de lui faire connaître le ridicule de son entêtement et y réussit. La scène est à Besançon. »

Cette pièce, dont les actes sont analysés, présente un plan assez spirituel.

Autre : *les différents plaisirs des Saisons*, ballet qui sera dansé à la tragédie de Mithridate, sur le théâtre du Collége royal de La Flèche, le 27 août 1691, à une heure après midi. — « L'ouverture du ballet se fera par les quatre Saisons, accompagnées des Plaisirs, qui tâchent à l'envi de faire voir les avantages que chacune d'elles prétend avoir sur les autres. » — Quatre élèves costumés représentaient les quatre Saisons, et la pièce elle-même se divise en quatre parties.

*I*re *partie :* les plaisirs du Printemps. — 1re *entrée :* Éole amène une bande de zéphirs, pour régner durant le printemps. — 2e *entrée :* des bergers attirés par la douceur de la belle saison, viennent se divertir dans leurs campagnes.

*II*e *partie :* les plaisirs de l'Été. — 1re *entrée :* des jardiniers préparent leurs allées et leurs bois pour les promenades de Vertumne. — 2e *entrée :* des chasseurs fatigués et échauffés cherchent quelqu'endroit frais pour se reposer.

*III*e *partie :* les plaisirs de l'Automne. — 1re *entrée :* une troupe de vendangeurs s'offrent à Bacchus pour faire vendange. — 2e *entrée :* Silène et des paysans reviennent ivres de vendange.

*IV*e *partie :* les plaisirs de l'Hyver. — 1re *entrée :* Saturne, voulant donner idée des plaisirs de la saison, donne le bal aux Dieux. — 2e *entrée :* une troupe de masques vient voir le bal et s'y divertir.

Ballet général. La Renommée annonce à tous les peuples de la terre les différents plaisirs que fournit chaque saison et les invite à y prendre part.

Quelques années après ce brillant ballet mythologique, l'évêque d'Angers Le Peltier ayant fait au Collége de La Flèche l'honneur d'une visite pastorale, on choisit parmi les pensionnaires et dans la ville quelques-uns des enfants les plus distingués pour lui réciter cinq idylles. Dans la première, Alcidor, Hylas, Corydon, Iolas et Atys célèbrent à l'envi les louanges de Daphnis, nom bucolique donné au vénérable pasteur.

ALCIDOR.

Nous avons consacré cette belle journée
A Daphnis, la gloire et l'amour
De cet agréable séjour.
Mais pour louer Daphnis, c'est trop peu d'une année,
Et nous n'avons qu'un jour.

HYLAS.

Nous chanterons tour à tour
Avec un plaisir extrême
Ce que nous dicteront le plaisir et l'amour;
On dit toujours bien quand on aime.

CORYDON.

D'ailleurs, dans ce qu'un berger dit,
C'est le cœur qui doit plaire, on laisse là l'esprit.

IOLAS.

Hâtons-nous, jeune Atys; je gage ma musette
Que je chanterai mieux que vous.

ATYS.

Et moi, je gage ma houlette.

Le dialogue continue dans cette idylle et dans les autres sur ce ton facile et qui n'est pas sans charme.

La dernière renferme un petit apologue moral qui ne manque ni de grâce ni de sentiment.

> Un autre jour, caché dans du glaïeul,
> Je vis Daphnis avec ses moutons seul,
> Puis j'entendis qu'il leur disait : « la rive
> Est peu sûre, mes chers moutons,
> N'en approchez pas tant, paissez dans les vallons ;
> Le mal, hélas ! qui vous arrive,
> Votre berger le sent bien mieux que vous.
> N'abandonnez point votre mère,
> Tendres agneaux ; un d'entre vous naguère,
> Pour s'en être écarté fut dévoré des loups ;
> La perte de ce misérable
> Vous doit servir d'exemple à tous. »

Ce genre pastoral qui, par son innocente douceur, anticipe de trois quarts de siècles sur Florian, fut cultivé à La Flèche, après Ducerceau, par le P. Bougeant, mieux connu par la malice de ses pièces en prose, la *Théologie en quenouille*, le *Saint déniché*, les *Quakers français*, qui ont de l'entrain et de la gaîté, et dont les titres, sinon l'ensemble, ont l'air d'appartenir au vocabulaire de l'école philosophique; ils n'étaient cependant qu'à l'adresse des jansénistes. Son petit livre, *Amusement philosophique sur le langage des bêtes*, ayant scandalisé quelques esprits, ce Toussenel jésuite fut exilé momentanément à La Flèche. Mais à côté de ces fantaisies littéraires, il écrivit l'histoire du *Traité de Westphalie* et se plaçait par elle au rang des bons historiens. Avec Bougeant, nommons Sanadon, traducteur un peu fantasque d'Horace; Du Halde, professeur de rhétorique, puis préfet des études à La Flèche avant son voyage en Chine; Ph. Lallemant, qui s'attacha à Fénelon; Rodolphe Dutertre, qui voulut réfuter Mallebranches; Yves André, l'aimable auteur de l'*Essai sur le Beau*, qui sut rester son ami; Hyacinthe Lelivec, plus tard professeur distingué de mathématiques, et massacré aux Carmes, à Paris, dans les journées de septembre 1792; Ingoult, prédicateur du roi; Fontaney, savant astronome, mort en Chine, etc.

Malgré le témoignage de Burbure et de Pesche, il est peu probable que Brumoy, l'auteur du *Théâtre des Grecs*, ait professé ou écrit à La Flèche.

Quant au père Porée, à Desfontaines et à Fréron, ni Sabatier, ni Feller, ni Michaux, ni aucune des notes manuscrites nombreuses que nous avons parcourues, ne disent qu'ils aient enseigné les humanités, ou qu'ils soient même venus simplement habiter La Flèche.

Charles Porée, né à Vendes, près de Caen, en 1675, fut, à peine âgé de 20 ans, envoyé à Rennes, professer la rhétorique, et dès l'année suivante fut appelé à Paris, pour y prendre la direction des pensionnaires (1). Desfontaines ne commença sa carrière de critique et de journaliste, voire même de traducteur de Virgile, qu'à sa rentrée dans le monde, en 1715. Quant à Fréron, né en 1719, sorti de l'ordre en 1739, il est impossible qu'il ait pu, comme l'affirme

---

(1) Georges Mancel. — *Etude bibliographique sur Charles Porée*: Caen, 1845.

Burbure, être un des professeurs jésuites qui *illustrèrent le plus* le Collége de La Flèche. L'institut n'a jamais tenu, que nous sachions, à le réclamer à ce titre. Mais l'auteur des *Essais* sur La Flèche écrivait il y a un demi siècle, sur la foi des admirations de 1750, alors que Voltaire semblait à la génération contemporaine un Jupiter littéraire, et Desfontaines et Fréron des espèces de Briarée en révolte contre le dieu. Sous l'empire de cette préoccupation, envoyer ces deux petits Titans à La Flèche, y mettre avec ou avant eux la personnification la plus brillante du professorat chez les jésuites, Porée, le maître toujours honoré et consulté de Voltaire, était une erreur toute naturelle, et l'on doit la pardonner volontiers aux écrivains de l'histoire locale.

Plusieurs jésuites, après avoir parcouru des terres lointaines dans les missions, ou s'être fait un nom dans les lettres, sont venus passer leurs derniers jours et mourir à La Flèche. « Lorsque nous étions écolier, raconte Charles Boucher (1), nous sommes descendu dans le caveau qui les recèle. Presque à chaque fois qu'un de ces pères mourait, une curiosité naturelle à la jeunesse nous y entraînait. Depuis ce temps, nous y avons pénétré avec le sentiment de respect que l'âge mur, la connaissance de la manière de vivre de ces religieux nous inspire, et dernièrement, partageant les motifs du citoyen Burbure, nous y sommes descendu dans le dessein de

(1) Notes manuscrites.

copier les épitaphes. Le vandalisme nous avait précédé, il avait arraché les inscriptions et en avait brisé le plus grand nombre. Cependant, après en avoir recueilli les fragments, nous les avons rapprochés suivant les dimensions des fractures et la forme des lettres; par ce moyen, nous avons recueilli les épitaphes des hommes vénérables dont les noms suivent. »

Ces noms ne sont qu'au nombre de cinq dans ces notes sûrement incomplètes :

Etienne-Nic. Deschamps, né à Bourges en 1613, mort à La Flèche en 1701, joignait à beaucoup de savoir, beaucoup d'aménité; il écrivit contre le jansénisme et fut l'ami du grand Condé, et c'est de lui qu'a parlé Bossuet dans ce passage de l'oraison funèbre de ce prince : « l'heure de Dieu est venue, heure attendue, heure désirée, heure de miséricorde et de grâce. Sans être averti par la maladie, sans être pressé par le temps, il exécute ce qu'il méditait. Un sage religieux qu'il appelle exprès, règle les affaires de sa conscience : il obéit, humble chrétien, à sa décision. »

Michel Le Tellier, mort à La Flèche en 1719, après avoir été confesseur de Louis XIV. Dans cette guerre contre les jansénistes, aux écrits de ses confrères il joignit, tout le monde le dit, la violence des actes et l'inflexibilité d'une âme qui ne connaît ni ne sait inspirer de pardon. Sans lui, les gracieux environs de la vallée de Chevreuse verraient peut-être encore s'élever au moins les ruines de cette noble abbaye de Port-Royal, que ne protégèrent contre sa haine ni les droits de la piété, ni ceux du génie..... On nous assure que vers 1824, une exhumation ayant été faite des corps enterrés dans les caveaux de l'église Saint-Louis du Collége, les restes de celui qui n'avait pas respecté les dalles de Port-Royal furent à leur tour troublés dans leur tombe, et, confondus avec d'autres, transportés simplement au cimetière de La Flèche.

P.-Cl. Fontenay, mort en cette ville en 1742, auteur des IX⁰ et X⁰ volumes de l'*Histoire de l'Église gallicane,* se distingua dans la rédaction du journal de Trévoux. « Il se rendit cher et vénérable à tous ceux qui l'approchaient par une vertu et une candeur digne des patriarches (1). »

Bernard Benoît, mort à La Flèche en 1760, dans un âge très avancé, après avoir travaillé vingt ans au journal de Trévoux.

Gabriel de Billy, orateur renommé, mort à La Flèche en 1754.

P.-Fr.-Xav. de Charlevoix, né à Saint-Quentin en 1682, s'embarqua à La Rochelle en 1720, pour les missions du Canada, arriva à Québec en septembre, remonta le Saint-Laurent et les grands lacs, descendit le Mississipi, visita Saint-Domingue, revint en France, et mourut à La Flèche le 1ᵉʳ février 1761, juste à temps pour n'être pas obligé d'aller retourner mourir chez les sauvages. Il écrivit.....

(1) Notes manuscrites de Ch. Boucher.

Mais qui n'a lu et n'aime à relire le *Génie du Christianisme*, et dans ce livre immortel comme la religion dont il est l'homérique poëme, ces pages si belles sur les missions? et qui, après les avoir lues, ne s'est pris à aimer le nom de ce religieux, tout à la fois si savant et si simple, si loyal et si français, qui raconta les missions des deux Indes, la république du Paraguay, les terres libres de la Nouvelle-France, en échauffant toutes ses pages du sentiment si vrai chez lui de la religion et de la patrie? J'ai relu dans cet Hérodote des peuplades primitives de l'Amérique, l'histoire du P. Brébeuf, du P. Lallemant, du P. Jogue, de saintes et rudes histoires ; j'ai parcouru ces cartes confusément marquées de noms français et indiens, disparus à la fois, et ces parenthèses mélancoliques formées par les lacs et les replis des fleuves qui disent : ici étaient les Ériés! ici les Mohicans, les Illinois, les Natchez, les Hurons! et je ne sais quelle impression indéfinissable m'a causée ce livre que j'ai trouvé digne d'être l'aîné de ces histoires du désert que nous ont apprises avant de mourir hier Fenimore Cooper et François de Châteaubriand.

Comme pour Bougeant, La Flèche fut pour Gresset (1709-1777) un lieu d'exil. Ce charmant poëte, après avoir fait à Amiens, sa ville natale, ses premières études chez les jésuites, entra dans l'institut à seize ans, et fut envoyé au collège Louis-le-Grand pour y terminer son éducation. Il avait vingt-quatre ans lorsqu'il composa *Ver-Vert*, que J.-B. Rousseau, écrivant à Brumoy, baptisa du nom de phénomène littéraire. « Si jamais, ajoute-t-il, il peut parvenir à faire des vers un peu plus difficilement, je prévois qu'il nous effacera tous tant que nous sommes. »

Pour parvenir à versifier plus difficilement, il eut fallu à Gresset ce qui lui manqua presque toujours, des idées sérieuses. « Ce poète, a fort bien dit M. Sainte-Beuve, n'a fait en sa vie que deux choses qui se puissent relire avec un vrai plaisir, et qui s'attacheront toujours à son nom : il a fait *Ver-Vert* à son moment le plus vif, et le *Méchant* à son moment le plus mûr. Dans tout ce qu'il a écrit dans l'intervalle et depuis, il n'a fait que répéter, affaiblir, délayer la manière ou les idées de ces deux excellents ouvrages, les seuls de lui qui méritent de rester. Le plus léger des deux, *Ver-Vert*, est peut-être celui qui, à cette distance, a le moins perdu dans son ensemble ; il se retrouve d'un bout à l'autre agréable et charmant. »

On sait l'histoire du perroquet de Nevers. Mécontente du bruit que l'oiseau terrible faisait dans le monde, la supérieure de l'une des maisons de la Visitation, qui était en même temps sœur d'un ministre, fit demander par son frère, aux supérieurs du jeune poète, la punition du scandale que causait la publication de cet ouvrage. Gresset était alors à Tours ; les jésuites ses supérieurs l'*exilèrent* à La Flèche. La punition n'avait rien de bien rude : il paraît cependant que le grand écolier en pénitence s'ennuya de son nouveau séjour ; il se vengea de ce déplacement un peu forcé, d'un côté, par une espèce de pensum assez mal fait qu'il intitula : *Traduction des églogues de Virgile*, qui pourrait servir à prouver qu'il est plus facile de faire parler un perroquet qu'un poète ; de l'autre, par une relation moqueuse de son voyage à La Flèche, dont les Fléchois, sans trop lui garder rancune, redisent encore ces fragments :

« Enfin, d'horreurs en horreurs, de monstres en monstres, nous arrivâmes et nous fîmes notre entrée dans la ville, bourg et village de La Flèche, où je pris volontiers congé de ma veuve de Rossinante ; que vous dire maintenant de ce pays-ci ? »

La Flèche pourrait être aimable
S'il était de belles prisons ;
Un climat assez agréable,
De petits bois assez mignons,
Un petit vin assez potable,
De petits concerts assez bons,
Un petit monde assez passable..
La Flèche pourrait être aimable
S'il était de belles prisons.

Gresset quitta l'habit religieux pour rentrer dans le monde ; mais il honora par des regrets sentis les maîtres qui l'avaient élevé. Ses *Adieux aux Jésuites* rappellent ceux de Lamartine écolier, quittant le collége de Belley, et montrent qu'en creusant un côté de son talent, celui du cœur, il ne lui était pas impossible de devancer la Muse reeueillie du XIXᵉ siècle. Le *Siècle pastoral*, autre petite pièce à laquelle Jean-Jacques ne dédaigna pas, dans sa sympathique approbation, d'ajouter quelques strophes, appartient encore à cette vague idée d'un monde nouveau. Mais Gresset n'eut que le soupçon du nuage qui montait à l'horizon ; il resta étranger au mouvement d'idées qui se faisait de son temps, et jusque dans le *Méchant* même, son second chef-d'œuvre, les pensées justes, et il y en a un grand nombre, ont quelque chose d'émoussé comme ce qui est banal, et de battologique comme des redites.

Cette pièce cependant le fit académicien.

Ce fut là le point culminant de son talent ; il n'y stationna même pas, et se hâta de redescendre par la même pente et les mêmes petits sentiers, escorté des images permanentes et souriantes chez lui des colléges, des couvents et des nonnes. — Heureux poète, son automne ressemblait à son printemps !

Gresset mourut le 16 juin 1777. En 1810, ses restes reposaient dans une écurie où des mains dédaigneuses avaient jeté son cercueil (1). En 1851, Amiens lui a érigé une statue de bronze. La postérité est comme la fortune, elle a ses retours, et, comme elle, des fantaisies peu explicables ; c'est ainsi que la ville de La Flèche, dont Gresset a médit, a marqué de son nom une de ses nouvelles rues, et, par un rapprochement assez singulier, cette rue est située dans des terrains de l'ancien parc des dames du couvent de l'Ave-Maria.

(1) Charles Nodier.

Parallèlement aux noms de tous ces maîtres célèbres, une foule de noms d'élèves illustrèrent l'enseignement du Collége, qui, et c'est encore un de ses mérites, ne fit pas que déterminer de hautes vocations dans l'Église, l'armée ou les lettres, mais exerça encore une influence considérable sur le développement des arts mécaniques parmi les ouvriers de la ville. De ce nombre fut Mathurin Jousse, né à La Flèche le 27 août 1607, et qui dut, comme externe, fréquenter les cours vers cette année 1622, que nous considérons comme la limite commune des deux premières périodes. Il se livra de bonne heure à la mécanique, dut faire très jeune son tour de France et aller en Dauphiné et « en la Franche-Comté, » d'après la manière dont il parle de la mode de l'un et des petits hachereaux de l'autre, et dès 1627, n'ayant que vingt ans, fit imprimer à La Flèche deux traités avec gravures sur acier et sur bois, dont l'un a pour titre : *La fidèle ouverture de l'art du serrurier, où l'on voit les principaux préceptes, desseins et figures touchant les expériences et opérations manuelles dudit art, ensemble un petit traité de diverses trempes, le tout fait et composé* par Mathurin Jousse de La Flèche. A la première page se lit une humble dédicace aux Pères du Collége : « Messieurs, le lustre et l'éclat incomparable de la doctrine et vertu que vous professez avec une admiration singulière de tout l'univers, semblerait me devoir rendre timide et craintif d'approcher de vous pour vous présenter et consacrer ce rude et mal poly mien petit labeur, etc. »

Le second ouvrage est intitulé : *Le théâtre de l'art de charpentier, enrichi de diverses figures, avec l'interprétation d'icelles, terminé par un brief traité des cinq ordres des colomnes.* Ces deux ouvrages différents ont pu faire croire que Jousse était serrurier ou charpentier ; mais, observe Ch. Boucher, il est qualifié d'ingénieur dans les priviléges. Il fut encore l'auteur d'un livre ayant pour titre : *Le secret de l'architecture découvrant fidèlement les traits géométriques, coupes et dérobemens nécessaires dans les bâtiments ;* il publia en dernier lieu la *Perspective positive.*

Jousse commença par le métier et arriva à l'art, et la science, l'érudition même marchent de pair à côté. Il cite Vitruve, Diégo Sagredo, Vignolles ; il parle nombre et proportions géométriques comme un mathématicien ; il versifie comme un poète du temps et même mieux, et sa prose, simple et claire, mais arriérée, et tenant plus du XVIe que du XVIIe siècle, a très souvent le charme du doux style d'Amyot.

L'église du Collége est embellie de l'une de ses œuvres ; il travailla aussi au château de la Varenne, et parmi les différentes inventions mécaniques dont il fut l'auteur, on a longtemps admiré un fauteuil et une chaise avec lesquels on pouvait avancer ou reculer et se tourner en tout sens par le moyen d'un seul ressort ; une main et une jambe de fer qui suppléaient à la main ou à la jambe amputées et se mouvaient à volonté,

Il serait difficile d'apprécier aujourd'hui la part d'instruction et de vocation que vinrent prendre au Collége toute une suite assez nombreuse de Fléchois célèbres, parmi lesquels on distingue les deux frères ingénieurs et géographes Jean et Jacques Leloyer, de dix et douze ans plus jeunes que Jousse; Jean Picard, l'un des plus savants astronomes du XVIIe siècle et le créateur de la *Connoissance des temps* ou *Ephémérides astronomiques*, qui, se succédant d'année en année, sont arrivées, en 1853, au 175e volume, publié par M. Arago; Joseph Sauveur, professeur de mathématiques à Paris, reçu à l'académie royale des sciences en 1696; le P. capucin Timothée Pechard, nommé évêque de Béryte; Jacques Morabin, historien et traducteur de Cicéron, auteur d'un manuscrit perdu sur l'histoire de La Flèche; Ignace Ervoil d'Oiré, ingénieur militaire, mort maréchal-de-camp à Sédan (1755), anobli par Louis XIV; Jérôme Leroyer de la Dauversière, qui s'honora par son dévouement aux malades et aux indigents de La Flèche; Louis-François-Henri Menon de Turbilly (1717-1776), lieutenant-colonel au régiment de Roussillon, blessé à la bataille de Lauffeld, où il eut un cheval tué sous lui, créateur des prix d'agriculture, auteur d'un traité sur les défrichements, d'une nouvelle bèche propre à ce genre de travail (1), et

(1) Le livre et la bèche du marquis de Turbilly furent vendus jusque dans les appartements de Louis XV et méri-

joignant quelques travers d'amour-propre au goût de l'agronomie et à la fantaisie des essais dans l'art céramique. C'est par ces occupations utiles qu'il honora sa retraite de Turbilly, au lieu « d'y tourmenter les hommes, et d'y faire la guerre aux cerfs et aux lièvres. »

Ces hommes, dont la ville de La Flèche doit se glorifier, durent être ou externes ou pensionnaires au Collége. Parmi les autres élèves devenus célèbres, on compte Philippe Labbe, effrayant par ses labeurs littéraires ; le chancelier de France Daniel-François Voysin, conseiller d'Etat, ministre de la guerre sous Louis XIV, dont il écrivit le testament ; il fut membre du conseil de régence ; le prince Eugène de Savoie, dont les exploits, aux dépens de la France, se sont étendus dans deux siècles (1663-1736), les dominant l'un et l'autre par une gloire militaire longtemps sans rivale ; Antoine-Louis Séguier, avocat-général au grand conseil et au parlement de Paris, remplaçant de d'Aguesseau dans la magistrature, et digne d'un tel prédécesseur par

tèrent à leur auteur une marque de considération de la part du roi de Danemarck, qui lui envoya une tabatière d'or avec son portrait. Voltaire l'a chanté dans une épître à Mme Denis, et l'agronome anglais Arthur Young honora sa mémoire par une visite au château de Turbilly en 1787. — M. Guillory aîné, président de la Société industrielle d'Angers, auteur d'une notice intéressante sur le marquis de Turbilly, n'a pas connu tous ces faits que nous mentionnons d'après les notes biographiques laissées par Ch. Boucher.

son éloquence et ses vertus ; Pasquier, né au Mans, conseiller de grand'chambre, connu par la part active qu'il prit (1761) à la suppression des jésuites, se croyant sans doute engagé à les combattre par tradition de famille ; un comte de Rohan, grand-maître de Malte en 1775 ; Tainturier, prédicateur de Louis XV ; La Borde, physicien, inventeur du clavecin électrique, mort curé de la Colancelle, en Nivernais, en 1777 ; Louis-Xavier de Saint-Estévan, plus tard missionnaire dans les Indes, et membre, en 1789, de l'Assemblée constituante.

Le dernier élève célèbre des jésuites de La Flèche a du être Mgr. de Talleyrand Périgord, né en 1736, mort en 1821, archevêque de Paris et cardinal ; il avait remplacé en 1819 le cardinal Maury, qui s'en était allé expier au château Saint-Ange, à Rome, ses mandements en faveur de l'empereur. Longtemps avant cette époque et antérieurement à la révolution, l'abbé de Talleyrand, nommé coadjuteur, puis archevêque de Reims, avait été le conseiller du comte de Provence pendant l'émigration, et, au retour des Bourbons, il honora l'épiscopat français par ses lumières, l'intelligence de son époque, sa modération conciliante et sa charité.

Cependant le XVIIIe siècle s'était mis à son drame de démolition du passé, et l'expulsion des jésuites peut en être considérée comme le premier acte. A la distance actuelle, cet évènement d'un autre temps peut sembler simple, tandis qu'en réalité il fut produit par mille causes, au nombre desquelles il faut mettre la vanité d'un ministre dont l'administration, du reste, fut souvent marquée par des mesures intelligentes ; l'aversion d'une favorite, l'insouciance du Sardanapale qui avilissait le trône, les griefs des jansénistes et d'une partie des dévots contre les jésuites, leurs querelles théologiques fatigantes, la haine des philosophes qui excellaient à se moquer des uns et des autres, la vieille antipathie des parlements, enfin la puissance produite par ces causes, et qui, à son tour, les faisait valoir toutes, l'opinion publique.

Il faut le dire aussi, l'illustre compagnie, perdant devant le péril l'habileté qu'on lui prête, se donna un tort immense en rejetant sur un de ses membres, le P. Lavalette, la responsabilité d'une faillite de plusieurs millions. « Il y eut dans tout le commerce, dit M. de Sismondi, un mouvement d'indignation et de scandale lorsqu'on apprit qu'un jésuite avait fait banqueroute. En vain les chefs de l'ordre voulurent-ils prétendre que leur collègue avait transgressé les constitutions de la compagnie, qui interdisent le commerce ; le parlement de Paris, devant lequel cette affaire fut portée, trouva dans cette allégation, contraire aux faits, un motif légitime pour demander communication de ces constitutions ; quatre commissaires hostiles furent nommés pour les examiner ; tous les parlements s'animèrent du même esprit de réprobation, et l'ordre fut condamné par la grand'chambre, le 8 mai 1761, à satisfaire les créanciers du P. Lavalette. Tous ses actes les plus mystérieux furent livrés à l'inspection de la magistrature, et par elle à l'animadversion d'une partie du clergé et de tout le public, dont l'opinion de plus en plus ennemie considérait l'abaissement de la société des jésuites comme le triomphe de la raison humaine. » Puis tous les gouvernements de l'Europe se déclaraient contre eux ; Louis XV, disposé à les conserver, ne sut que formuler un édit en leur faveur, que, de guerre las, il finit par retirer.

Alors le parlement prononça, le 6 août 1762, un arrêt par lequel il condamnait l'institut des jésuites, les sécularisait, et ordonnait la vente de leurs biens.

« Sans doute, a dit un homme grave (1), les parlements avaient en cette affaire excédé la limite du pouvoir judiciaire ; mais ils exprimaient certainement un vœu national. »

Quelques mois avant cette époque prévue du 6 août, alors que plus d'un de ces savants religieux s'écriait dans une douloureuse résignation :

Venit summa dies et ineluctabile tempus,

dans la soirée du 1er avril (2), les pères jésuites de La Flèche montèrent à cheval et quittèrent le Collège au milieu d'une population attristée de leur départ (3).

(1) Daunou. — *Cours d'études historiques*, t. VI.
(2) Crétineau-Joly. — *Hist. de la Comp. de Jésus*, t. V, ch. IV.
(3) Renseignements verbaux.

Voici les noms et les qualités de plusieurs de ces bannis, auxquels, sur leur demande, le parlement voulut bien accorder des secours (1) : Besnard de Fougeray, ministre ou sous-principal; J.-B. Chabrier, professeur de théologie; L.-René Charpentier, professeur de logique; Michel-Théod. Cordier, père spirituel; Louis Corvisart de la Cour, id.; Fr.-Marie Duboys, professeur de positive; Jacques Froment, étudiant en théologie; Génisset, dit de Mongaucher, répétiteur de philosophie; Charles Gérard, Claude Griffet, simples frères; J.-Fr. Harel, préfet des classes; Jouan de Kerberet, professeur de rhétorique; Gab.-Jos. Kergonin, préfet des hautes études; Gilbert le Vernié, professeur de mathématiques; Jos. Louvart de Pontigny, frère; Jean Moignard, professeur de rhétorique; Louis de la Motte, prédicateur du Collége; Martin Monnet, dit Favier, professeur de morale; Marie Leseillier, frère; Antoine Vacher de la Grave, principal du pensionnat; Fr. Vacquerie, procureur du Collége; Max. Doucé, Cl. Marchand, Michel Giron, Henry Jouanne, Adrien de Velesnes, P.-Fr. Vacheux, compagnon du procureur, Henry Barré, Bonaventure Chenuel, Hugues Deschamps, Toussaint Destournot, Druon, Dufour, Ch.-Hercule Maisonneufve,

(1) Extrait de l'*Arrêt de la Cour du Parlement qui statue sur les requêtes présentées par plusieurs des ci-devant soi-disant Jésuites aux Chambres assemblées, à fin de pensions annuelles et alimentaires.* — Paris, 1763, in-4°.

Pierre Méchin, G. Hamo et P. Cloué, simples frères, pourvus de différents emplois subalternes.

Pour avoir une liste complète, il faudrait retrouver les noms des profès qui se crurent assez riches ou qui furent trop fiers pour descendre jusqu'à demander des secours au parlement; puis y joindre ceux des scholastiques et des novices auxquels le parlement avait annoncé qu'il n'en accordait pas; nous ignorons leurs noms, mais nous pensons que Joseph de Grosbois, Jean-Nic. Grou, l'élégant traducteur de Platon, Joseph d'Incourt, prédicateur distingué, Louis de Mailly, René de Kergatté, etc., furent de ce nombre (1).

« J'ai vu, dit Ch. Boucher, élève des jésuites de La Flèche, chirurgien de l'ancienne Ecole royale et de notre premier Prytanée, j'ai vu ces pères mener leurs écoliers dans les chaumières, dans les hôpitaux, dans les prisons; ils ne se contentaient pas de faire verser l'argent destiné aux plaisirs, mais encore ils faisaient connaître tout ce que la morale pouvait retirer d'avantageux de l'inspection et de l'établissement de ces lieux répressifs. » Et plus loin il ajoute : « les jésuites répandaient de grandes aumônes et se conduisaient avec le plus grand désintéressement dans l'administration de leurs biens. Tous leurs fermiers étaient riches; le prix des fermes n'augmentait jamais. Lorsqu'après la destruction de la compagnie, on donna ses biens à

---

(1) *Catalogus personarum et officiorum soc. Jesu*, an. 1766.

ferme, ils furent portés à 40,000 livres d'augmentation pour un bail de trois ans, et au second bail ils le furent à 60,000 livres. »

Ces détails, honorables pour ces religieux proscrits l'autre siècle, et encore inculpés et suspectés dans celui-ci, nous les donnons dans le seul intérêt de l'impartiale vérité.

CHAPITRE V.

ENSEIGNEMENT INTÉRIMAIRE (1762-1764).

Le départ des jésuites créait un vide dans l'instruction publique en France, et l'un des premiers soins du ministère Choiseul dut être d'aviser à leur remplacement dans les colléges qu'ils abandonnaient. La municipalité de La Flèche fut chargée par lui de pourvoir aux chaires vacantes : elle justifia cette confiance en appelant à ces fonctions des hommes, tant prêtres que laïques, distingués par leurs connaissances et leur mérite, et qui crurent ne pouvoir mieux faire que de continuer dans l'enseignement la marche suivie par leurs devanciers, qui avaient été leurs maîtres. Le plus distingué d'entre eux fut l'abbé Louis Donjon, né à Château-Gontier en 1730 ; il avait pris de bonne heure tous ses grades à l'université d'Angers, une des plus célèbres universités de province par sa faculté de théologie. Sa licence, ses thèses pour le doctorat avaient été brillantes et lui avaient mérité l'amitié particulière de l'évêque diocésain, M. de Vaugirault. Ce prélat, fort lié avec les jésuites, leur parlait avec complaisance du jeune docteur Donjon. Lors de l'envoi de plusieurs de leurs étudiants théologiens à Angers, pour recevoir les ordres, les jésuites cherchèrent l'occasion de le connaître par eux-mêmes, et, charmés de l'étendue de ses connaissances en mathématiques, en physique, en histoire, en philosophie, en économie politique, sciences auxquelles un goût juste, un jugement sain, une mémoire heureuse donnaient un prix de plus, ils cherchèrent à se l'attacher et l'appelèrent à La Flèche, en lui offrant la chaire de répétition de philosophie.

Mais le zèle du jeune professeur ne se borna pas à l'enseignement de cette science : il exerça le saint ministère avec une charité exemplaire et un infatigable dévouement; et, aussi heureux de faire des chrétiens que des savants, il consacra à la confession et à la prédication le reste des moments que lui laissaient ses leçons au Collège.

Grace à ses talents et à son expérience, le changement de 1762 se fit sans transition brusque. Le P. La Grave, qui avait occupé pendant longtemps la place de principal, fut heureux, en s'éloignant, de la lui laisser. De concert avec la municipalité, l'abbé Donjon s'adjoignit des hommes instruits de La Flèche et des environs; de ce nombre furent, pour les classes inférieures, Melouet, Le Mort, devenu plus tard précepteur des fils de l'intendant de l'École militaire Dupont, Noyel, lauréat du prix d'honneur à l'université d'Angers, Duvigneul, qui fut professeur de cinquième, Jouassin, puis Pierre Boucher, de Mareil, fils d'un ouvrier sabotier, qui venait de faire son cours de philosophie, continua ses études en théologie, devint prêtre, puis agrégé à l'université de Paris ; Dolbeau, de La Flèche, professeur de troisième ; Riboudet, laïque érudit, qui entreprit plus tard un commerce de librairie, fut professeur d'humanités. Les noms des professeurs des chaires de sciences et de philosophie ne nous sont pas connus ; peut-être furent-elles remplies par l'abbé Donjon lui-même. Grâce à son intelligente activité, les exercices classiques se continuèrent sans encombre, et, comme sous les jésuites, l'année scolaire se termina par une distribution des prix où fut jouée la comédie du *Bourgeois gentilhomme* et la tragédie de la *Mort de César*. Le spectacle, en devenant plus français, n'avait rien perdu de sa beauté.

« A la rentrée de l'année classique suivante (1762-63), le nouveau principal prononça une harangue latine digne du célèbre P. Porée (1). »

Mais on était alors sous le régime du bon plaisir, et le respect pour une maison d'éducation fondée par Henri-le-Grand, sa conservation même importaient peu aux courtisans sans mœurs et sans souvenirs qui alors entouraient le trône, en l'avilissant et donnant ainsi par le vice une mission de moralité aux révolutions. Un personnage favorisé de la marquise de Pompadour, Poyanne, colonel-général des carabiniers, voulut s'emparer du Collège pour y loger son régiment. Donjon, Coualier, Biré, habitants de La Flèche, réunirent leurs efforts, et,

---

(1) Note manuscrite de Ch. Boucher.

malgré le crédit du militaire courtisan, ils conservèrent le Collége à sa destination. La ville seulement souffrit de la licence des officiers de ce corps, et une décadence dans l'antique austérité des mœurs fléchoises fut le résultat de leur séjour.

Cependant le bannissement des jésuites, le départ des élèves étrangers qui en avait été la conséquence, ce sans-façon avec lequel un courtisan en faveur avait prétendu traiter l'École en place conquise, l'incertitude du sort qui lui était réservé, produisaient leur résultat inévitable, la ruine prévue de la maison; pour la prévenir, les officiers de la sénéchaussée de La Flèche adressèrent au roi Louis XV un mémoire dans lequel ils disaient :

« Le roi Henri IV est le fondateur de ce vaste et magnifique Collége, composé de sa propre maison appelée son Château-Neuf, et des autres édifices qui y ont été construits par ses ordres et à ses dépens, tels que les représente le plan qui a été joint aux états ci-devant adressés à la cour.

« Ce roi avait conçu un projet plus étendu encore, pour augmenter l'illustration et les avantages du Collége royal, dont il voulut faire une académie.

« Cet établissement a été florissant dès les premières années de sa fondation, et c'est à cette célébrité, bien plus qu'à l'établissement des tribunaux, qu'on doit attribuer la prospérité de la ville de La Flèche.....

« Le conseil expose que le préjudice apporté aux intérêts de la ville par l'absence du plus grand nombre des élèves, des maîtres et des personnes employées ci-devant dans l'établissement, est tel que *plus de soixante familles ont déjà été obligées de s'expatrier,* pour chercher ailleurs les moyens d'existence que leur patrie languissante se trouve forcée de leur refuser; que la ville n'ayant ni manufactures, ni commerce d'exportation, les ressources des habitants ne consistent que dans les consommations locales : celles du Collége royal, avant l'expulsion des jésuites et la dispersion des élèves, était de 200,000 livres environ par an; que le vide actuel de cette maison peut être facilement remplacé par la conservation du pensionnat et par l'exécution de cette partie des dispositions du fondateur qui a été négligée jusqu'à présent, on veut dire par l'établissement au Collége de cent places gratuites à la nomination du roi, en faveur de la noblesse de son royaume.

« Sa Majesté vient d'établir une École militaire pour former à la profession des armes la jeune noblesse qu'elle y destine. Il ne sera pas moins digne de l'attention paternelle du roi, pour cette précieuse partie de ses sujets, de procurer, sous son autorité et sous sa protection, à ceux que les circonstances excluent de l'admission à cette École, les parties d'éducation qui les rendraient propres soit à l'Église, soit aux charges de judicature et *même à la profession des armes,* par l'étude des belles-lettres et des sciences propres à chacun de ces états.

« Cent places gratuites au Collége de La Flèche, au

choix et à la nomination du roi, en faveur de la jeune noblesse, formeront pour elle une École de plus. Ce ne serait pas la moins utile à l'État ; le vœu du fondateur serait rempli à cet égard, et le préjudice que cause le vide actuel du Collége royal serait réparé.

« En jetant les yeux sur le plan de cette vaste et célèbre maison, on peut voir qu'indépendamment des lieux destinés aux classes et au pensionnat, le surplus des spacieux bâtiments peut très commodément loger cent jeunes gentilshommes, avec les maîtres qui seraient préposés à leur éducation.

« Ces maîtres peuvent être choisis à l'instar de ceux des Colléges de Navarre ou de Mazarin à Paris. Les règlements de l'un ou de l'autre de ces Colléges peuvent être introduits dans celui de La Flèche, rectifiés ou modifiés selon les circonstances et les localités, etc.

« Un établissement de cette nature ne sera pas une charge nouvelle pour l'État ; les revenus des biens de ce Collége, de quelque nature qu'ils soient, conservés, économisés, augmentés même par une bonne et sage administration, seront suffisants pour faire face à la dépense en tout genre, etc.

« L'attention des officiers municipaux dans le choix des nouveaux maîtres, que l'on a provisoirement logés dans le pensionnat depuis l'expulsion des jésuites, a monté ce Collége de la manière la plus brillante. Les classes s'y trouvent fréquentées par plus de deux cents élèves externes, et il est certain que le pensionnat se trouvera rempli d'un nombre de pensionnaires proportionné à son étendue, sitôt qu'il aura reçu une consistance et une approbation légales. La manière d'enseigner et la police intérieure, provisoirement observées pour la tenue des classes, sont conformes aux principes d'éducation établis par M. Rollin dans son *Traité des études*, ce qui comprend les exercices de toute espèce propres à former non seulement les mœurs et les principes des élèves, mais encore à animer leurs progrès en tout genre de science et de littérature.

» Après cette première partie de leur mémoire, les officiers de la sénéchaussée ne dissimulent pas les craintes que leur donnent les intrigues de l'université d'Angers pour se procurer les revenus et la direction du Collége royal de La Flèche, et exposent le danger qu'il y aurait de céder à ses prétentions.....

» Lorsque le Collége royal aura acquis une consistance légale autorisée par le roi et par la cour du parlement, qui sera suppliée de les homologuer, le choix des maîtres, qui ne sera gêné par aucune prétention étrangère, qui ne sera déterminé que par le mérite et les talents personnels des sujets, assurera la bonne éducation des élèves, donnera à la religion des enfants soumis, à la patrie des citoyens vertueux et instruits, et au roi des sujets fidèles (1). »

(1) Extrait d'une copie imprimée que possédait M. Desperrés.

D'après les sages conseils de Rollin dans le *Traité des études*, l'abbé Donjon, à partir de 1763, supprima les représentations dramatiques que donnaient chaque année les pères jésuites, et les remplaça par des plaidoyers littéraires sur différents sujets, exercices plus simples, plus modestes et à tous égards préférables aux pièces de théâtre, qui ne laissent dans la mémoire de l'écolier que le personnage qu'il a appris, personnage souvent mauvais et vicieux en soi, et d'où peuvent résulter des impressions qui influent jusque sur le caractère du jeune acteur; tandis que les plaidoyers, roulant sur des sujets d'instruction littéraire et morale, ne sont point accompagnés du vice qui fait par son ombre ressortir les traits de la vertu. De plus, les exercices dramatiques faisaient perdre chaque année un temps considérable, ne servaient qu'à donner à l'élève le maintien du comédien, talent qui plait et fait rire sans persuader, tandis que le plaidoyer pouvait mieux l'habituer à acquérir la grace et la gravité nécessaires à l'orateur.

Ces sages motifs engagèrent l'abbé Donjon à substituer les plaidoyers aux drames dans les représentations de fin d'année, et il fut particulièrement aidé dans cette réforme par le zèle et le talent de Pierre Boucher, de Mareil, tout à la fois professeur, orateur et poëte.

CHAPITRE VI.

LE COLLÉGE DEVIENT ÉCOLE MILITAIRE (1764-1776).

La demande des officiers de la sénéchaussée de La Flèche, pour obtenir la recréation d'un Collége sous le patronage du roi, fut favorablement accueillie par M. de Choiseul. Interprètes des primitives intentions de Henri IV, ils avaient demandé un établissement pour préparer la jeune noblesse aux carrières de la magistrature et de l'Église, et *même à la profession des armes*. Cette vue, cachée à l'arrière plan, fut à la Cour aperçue la première, et le ministère se décida immédiatement à faire du Collége de La Flèche une espèce de petit séminaire préparatoire à l'École militaire de Paris, que Louis XV avait créée en 1751, il y avait douze ans.

L'institution des Écoles militaires était nouvelle en France, et elle a été alors et depuis très diversement appréciée. Marmontel et les encyclopédistes, oubliant que dans leur grand ouvrage ils en avaient fait remonter l'idée à Delanoue (1587), et un commencement d'exécution à Mazarin (créateur du collége de ce nom), attribuèrent cet établissement à *l'humanité et aux nobles sentiments* de la marquise de Pompadour. Grimm, de son côté, s'étonna « que dans un siècle aussi éclairé que le sien, on pût encore songer à enfermer les jeunes gens dans de vastes bâtiments, à leur donner une éducation à laquelle la pédanterie préside et qui ne peut convenir tout au plus qu'aux moines, de tous les hommes les plus inutiles à la société. »

Le mathématicien S.-F. Lacroix, juge plus compétent, voyait, en 1805, dans l'institution des Écoles militaires, un écartement de la routine, lequel associait enfin l'étude des sciences, de l'histoire et de la langue maternelle à celle des langues anciennes, et la considérait comme une grande expérience faite pour perfectionner l'instruction publique.

A l'époque où elle eut lieu, la création des Écoles militaires eut en France d'autres résultats. Elle servit à maintenir indépendant, au moins sur deux points (à Paris et à La Flèche), l'enseignement que, sans cette mesure, l'Université, complètement maîtresse du terrain depuis l'expulsion des jésuites, eût entièrement absorbé; à appliquer la partie pratique des théories d'éducation proposées, en dehors de ce corps, par tous les penseurs sérieux ou réformateurs; enfin elle prépara cette suite d'hommes de guerre, qui commence à La Tour-d'Auvergne pour finir au général Damesme, en séparant ces deux élèves de La Flèche par l'élève de Brienne, Napoléon. La création des Écoles militaires fut donc éminemment nationale.

Les lettres-patentes de Louis XV, portant création d'une École à La Flèche, préparatoire à l'École militaire du Champ-de-Mars, sont du 7 avril 1764.

Voici une partie du préambule de ce long document (1) et le texte ou l'analyse des 42 articles qui le composent :

Louis, par la grâce de Dieu, etc.

Notre affection singulière pour cette noblesse illustre qui fait la gloire et la force de notre royaume, et le désir d'en perpétuer l'éclat et l'utilité, nous a porté à instituer, par notre édit du mois de janvier 1751, une École militaire pour y élever 500 gentilshommes dans l'art des armes, et nous procurer ces officiers de distinction auxquels est due principalement la réputation des armes françaises; mais l'expérience nous a fait reconnaître que les instructions et les exercices qui appartiennent à la profession militaire exigent une première éducation commune aux différentes professions ouvertes à la noblesse, et que celle qui ne se rapporte qu'à un seul objet est souvent infructueuse ou déplacée, quand elle prévient l'âge dans lequel le caractère et la portée des enfants commencent à se déclarer. Nous avons donc jugé que le cours des études publiques, destiné à préparer à toutes sortes de professions indistinctement, devait être le fondement de l'éducation de ceux qui seraient par nous admis à notre École militaire, comme celui de toutes les autres professions; mais ce premier degré d'instruction ne pouvant se trouver que dans une École célèbre et nombreuse, nous avons cherché celle qui serait la plus capable d'exciter l'émulation, et de nous faire juger de l'aptitude et des dispositions de ses écoliers : c'est ce qui nous a fait jeter les yeux sur le Collége de La Flèche, qui, par la noblesse de son établissement, par les avantages de sa situation, par l'étendue de ses bâtiments et par les grands biens dont

(1) Reproduit d'après Expilly. — *Dictionnaire géographique de la France*, art. La Flèche.

il a été doté, nous a paru remplir tout ce que nous pouvons désirer à ce sujet ; et, plus jaloux de nous montrer héritier des sentiments et des vertus du grand roi qui l'a fondé, que de l'être de son sang et de sa couronne, nous avons vu, avec la satisfaction la plus sensible, que par un tel choix nous ne ferions qu'accomplir ses vœux, et donner à cette affection paternelle et bienfaisante qu'il avait pour la noblesse de son royaume, tout l'effet qu'il n'avait pas eu le temps de lui procurer, en même temps que nous porterions cet établissement à l'état le plus digne de son auguste fondateur, puisque c'était pour l'éducation gratuite de 100 pauvres gentilshommes qu'il avait donné sa propre maison, l'avait décorée avec magnificence et enrichie de ses bienfaits. En marchant ainsi sur ses traces, nous serons en état de distinguer, par les progrès de 250 gentilshommes qui feront leurs études en ce collége, ceux dont le goût et les talents les porteront au service militaire, d'avec ceux qui paraîtront destinés plustôt à servir notre État dans l'Église, dans la magistrature ou dans toutes autres professions nobles, etc.

Art. Ier. Le Collége royal de notre ville de La Flèche sera et demeurera conservé, confirmant en tant que de besoin l'établissement qui en a été fait par le roi Henri-le-Grand d'heureuse mémoire.

Art. II. Et désirant nous conformer à ses intentions, voulons que ledit Collége soit et demeure dorénavant et à perpétuité destiné à l'éducation et à l'instruction des enfants de 250 gentilshommes de notre royaume.

Art. III. Lesdits 250 gentilshommes seront élevés dans ledit Collége royal, nourris et soignés tant en santé qu'en maladie, et vêtus de l'uniforme qui aura été par nous réglé, sans que, pour quelque cause que ce soit, il y puisse être établi aucun autre pensionnat ; voulons néanmoins que toutes les classes dudit Collége soient publiques, et que *tous externes y soient admis gratuitement,* ainsi que dans les autres colléges de plein exercice.

Art. IV. Les enfants desdits gentilshommes qui rempliront lesdites 250 places seront par nous nommés et choisis dans la noblesse de nos États, sur la présentation qui nous en sera faite par notre secrétaire d'État ayant le département de la guerre et de la marine.

Les art. V, VI et VII font mémoire des preuves de noblesse et établissent les conditions d'âge des enfants admis, à savoir de huit à neuf ans jusqu'à celui de dix à onze, et pour les orphelins jusqu'à treize, et créent 250 places à l'École royale militaire de Paris pour pareil nombre d'élèves sortis de La Flèche.

L'art. VIII place l'administration sous l'inspection du secrétaire d'État au département de la guerre, par l'intermédiaire d'un bureau composé de l'évêque diocésain, président, du lieutenant-général et du procureur en la sénéchaussée de La Flèche, de deux notables choisis parmi d'anciens gentilshommes retirés du service, du maire de La Flèche et du principal du Collége.

L'art. IX crée un inspecteur permanent résidant au Collége, ayant voix délibérative dans le conseil d'administration, et réserve, à l'occasion, l'envoi d'un officier supérieur pour vérifier tout ce qui pourra concerner les élèves et en rendre compte au ministre : sans néanmoins que ledit officier puisse avoir entrée dans ledit bureau ni s'immiscer dans ce qui appartiendra à son administration.

Les art. X et XI organisent le personnel enseignant, qui se composera d'un principal, d'un sous-principal, de trois professeurs de philosophie, deux de rhétorique, cinq régents pour les classes inférieures, et des sous-maîtres ; les appointements de ces fonctionnaires sont fixés à 1,500 et

1,200 livres pour les deux premiers, à 1,000, 900 et 500 livres pour les autres. Ils pourront être ecclésiastiques ou séculiers.

L'art. XII fixe la pension de l'émérite, après vingt ans de service, au tiers du traitement actif.

Les art. XIII, XIV, XV, XVI, XVII et XVIII déterminent un mode de nomination aux places de principal, de professeurs et régents, au moyen d'un examen pour la première place et d'un concours pour les autres : une liste de trois concurrents était dressée, et l'un d'eux nommé par le roi à la chaire vacante (1).

L'art. XIX attribue au principal la nomination du sous-principal et des sous-maîtres.

L'art. XX maintient les professeurs provisoires établis depuis deux ans par l'administration municipale.

Les art. XXI, XXII, XXIII et XXIV règlent la desserte de la chapelle par le moyen de quatre chapelains, cinq chantres et un organiste, sous la juridiction de l'évêque diocésain; les quatre chapelains étaient nommés par le roi, sur la présentation de l'évêque.

L'art. XXV retire au Collége de La Flèche, pour les donner à l'entretien des Colléges de Bretagne, les rentes sur les *papegais* de cette province.

Art. XXVI. Les abbayes de Bellebranche et de Mélinais, et les prieurés de Luché, de Saint-Jacques et de l'Écheneau seront et demeureront unis audit Collége royal, confirmant, en tant que de besoin, les unions anciennement faites desdits bénéfices en faveur de l'éducation de la jeunesse, et imposant silence tant à notre procureur-général qu'à tous autres qui voudraient attaquer lesdites unions, sous quelque prétexte que ce puisse être.

(1) Ce mode de nomination par le concours, peu praticable et mal suivi, fut réformé trois ans après.

Les art. XXVII, XXVIII, XXIX, XXX et XXXI sont relatifs à l'administration des bénéfices précités et des revenus de l'abbaye d'Asnières, de la terre de Bonnes, etc., attachées au Collége par fondations récentes.

Les art. XXXII et XXXIII spécifient que dans le cas où les revenus du Collége ne pourraient suffir aux dépenses nécessaires pour l'éducation et l'entretien des 250 élèves gentilshommes, il y sera suppléé annuellement sur les revenus de l'hôtel de l'École militaire de Paris; pour cela il sera passé des marchés, avec des entrepreneurs solvables, au meilleur compte que faire se pourra, pour la fourniture des subsistances, habillements, médicaments, etc. ; et pour établir la quotité de la contribution ainsi fournie, il sera dressé chaque année, au mois de janvier, un état des revenus perçus, etc.

Art. XXXIV. Il sera tenu trois tables communes et séparées dans notre Collége : l'une pour lesdits principal, inspecteurs, professeurs, régents et chapelains ; une autre pour les sous-principal, sous-maîtres et 250 gentilshommes ; et la dernière pour les domestiques dudit Collége.

Les art. XXXV et XXXVI règlent des détails de compte et d'administration.

Art. XXXVII. Tous les titres et papiers appartenant à notredit Collége lui seront remis sans délai, si fait n'a été, par ceux qui en seront en possession, et seront placés dans le lieu qui sera à ce destiné par ledit bureau d'administration.

Les art. XXXVIII et XXXIX disent que les contestations relatives à l'administration du Collége seront portées devant le sénéchal de La Flèche, et, par appel, à la cour du parlement de Paris.

Art. XL. Voulons au surplus que ledit Collége royal de La Flèche jouisse de toutes les franchises, exemptions et immunités par nous accordées à notre hôtel de l'École royale militaire, conformément aux dispositions portées par notre édit du mois de janvier 1751.

Art. XLI. Ledit Collége royal continuera d'être régi en la forme portée par notre édit du mois de février 1763, jusqu'au 1ᵉʳ octobre prochain.

Art. XLII. Permettons aux administrateurs dudit Collége royal de faire mettre sur la principale porte dudit Collége nos armes avec une inscription portant : *Collége royal*, comme aussi d'avoir un sceau à nosdites armes, autour desquelles sera gravé : *Collége royal de La Flèche*.

L'art. XLIII et dernier renferme la formule juridique qui termine ordinairement les lettres-patentes et autres actes de l'autorité royale.

Par cet important édit, le Collége de La Flèche qui, sous Henri IV, Louis XIII et Louis XIV, n'avait eu l'élément militaire représenté que par quelques fils de familles nobles, boursiers du roi, exceptionnellement élevés pour l'armée, change de caractère; de général qu'il était sous les jésuites, son enseignement se spécialise, en même temps que les priviléges d'admission s'élargissent et tendent, en s'abaissant par quelques clauses, à suivre au moins de loin le cours des idées contemporaines. Non seulement le fils du gentilhomme, mais aussi celui de l'officier blessé à la guerre, les fils même de chevaliers de Saint-Louis, quoique leurs pères ne fussent pas nés gentilshommes, pouvaient être admis.

Concessions patriotiques et intelligentes, qu'un esprit de progrès dictait au duc de Choiseul, que

Louis XVI par bonté de cœur élargit encore, que la République n'interrompit que dans un temps de malheurs, et que l'Empire a définitivement consacrées, en les accordant à tous les officiers de l'armée, sortis ou non des rangs du peuple.

L'externat, gratuit sous les jésuites, est maintenu par ce passage du préambule : « le libre et gratuit accès des classes du Collége royal, accordé à tous les écoliers externes, sans distinction, mettra nos autres sujets en état de profiter des bons maîtres dont il est rempli et des exemples des pensionnaires, » et concédé de nouveau par l'article III.

Cependant l'université de Paris voyait avec peine un fleuron important tenu depuis 1604 en dehors de sa couronne; elle fit tant et si bien, que nul ne s'y opposant plus, l'École de La Flèche, par lettres patentes du 7 avril 1767, lui fut affiliée, et l'enseignement assimilé pour les chaires de grammaire et de littérature à celui des Colléges universitaires.

Le nom du duc de Choiseul, honorablement attaché à l'édit organique de 1764, l'est encore à des améliorations matérielles de différents genres, au nombre desquelles il faut citer la distribution de l'eau de fontaine dans l'intérieur du Collége.

Entre les coteaux des jolis villages de Verron et de St.-Germain s'ouvre, vers le nord-ouest du Prytanée, un gracieux et pittoresque vallon, qui va se rejoindre par son extrémité à la garenne des *Sars* (1). Vers

---

(1) Ou des Cerfs, si l'on s'en rapporte à l'étymologie donnée par Pesche dans son *Dictionnaire statistique de la Sarthe*.

le milieu et sur le côté nord de cette espèce de combe à laquelle une maison en forme de chalet donne un petit air helvétique, à dix-sept mètres au-dessus du sol du Collége, jaillit une source abondante; elle fut, dans les derniers temps de l'administration de ce ministre et par ses ordres, emprisonnée dans un caveau de maçonnerie, et de là conduite par un aqueduc et des tuyaux souterrains, sur une longueur de trois kilomètres, jusque dans l'intérieur de l'École. Un réservoir de trente-sept mètres cubes, haut de cinq mètres, reçoit les eaux et les distribue dans les différentes fontaines et les lavoirs de la maison, et dans les bassins du parc, dont le plus grand a cinquante-un mètres de circonférence (1).

Non content de mettre à contribution la vallée des *Sars*, le duc de Choiseul avait l'intention d'acheter le plus élevé des coteaux qui la forment et la dominent, la gracieuse croupe du Mont-à-Foin, et de faire construire sur son sommet une maison de plaisance, où les élèves se seraient rendus pour passer les récréations des jours de congé; de larges allées parallèles, ombragées de tilleuls, et s'étendant du mur du parc jusqu'aux coteaux de Saint-Germain, devaient y conduire. Ce plan magnifique resta en projet, aussi bien que le polygone décidé plus tard par l'empereur et qui devait précisément occuper en grande partie le même espace.

Des raisons d'économie portèrent le duc de Choi-

---

(1) V. plus haut, ch. 1er, page 30.

seul à supprimer, en 1768 (lettres-patentes du 27 mai), les quatre places de chapelains, et en même temps à établir un second sous-principal, sous le titre de préfet des études : la chapelle devait être desservie sous la direction du principal, par le principal lui-même, et subsidiairement par les autres prêtres, professeurs au Collége, sous la juridiction de l'évêque (1).

Le 20 février 1772, de nouvelles lettres-patentes apportèrent de notables modifications à l'édit constitutif de 1764 ; il ne sera reçu à l'avenir que des enfants de huit à neuf ans (et de dix ans s'ils peuvent entrer en sixième) ; tous les jeunes gens reçus à l'École militaire de Paris devront avoir fait leurs études au Collége de La Flèche. Des admissions pourront avoir lieu en faveur des familles composées de huit enfants vivants, *dont les pères n'auront pas servi*.

Pour ne pas troubler l'ordre des études, la nomination des élèves de La Flèche envoyés à l'École militaire, sera faite à la fin de l'année scolastique, c'est-à-dire avant le 1er octobre.

Les élèves entrés dans leur quatorzième année seront examinés sur leurs dispositions, leurs progrès, leur conduite, et l'état qu'ils désirent embrasser. S'il s'en trouve parmi eux qui se disent appelés à l'état ecclésiastique ou à tout autre état que celui

---

(1) Archives de la mairie de La Flèche, *Recueil des lettres patentes*.

des armes, il en sera donné avis aux parents et au ministre de la guerre, sans le consentement desquels ils ne pourront continuer leurs études au Collége.

Si ces élèves viennent à changer de dispositions, ils ne pourront être reçus à l'École militaire.

L'article XI dit qu'aucun élève reçu à l'École militaire, après avoir fait ses études au Collége de La Flèche, ne pourra être renvoyé dans ce Collége, sous prétexte de vocation à tout autre état que celui de la guerre; et l'article XII porte que les élèves du Collége, jugés propres à la profession des armes, pourront y continuer leurs études, à moins qu'ils ne se conduisent mal (1).

Grace à la sollicitude des ministres de Louis XV et à l'habile direction de l'enseignement, à la tête de laquelle l'abbé Donjon fut maintenu, le Collége de La Flèche, devenu Ecole militaire, revint rapidement à un état florissant. Charles Boucher considère, dans ses notes manuscrites, cette phase de l'Ecole « comme l'époque la plus mémorable pour La Flèche ». En effet, maîtres et élèves ont rendu remarquable ce court espace de douze années qu'elle dura; parmi les premiers, Jean Pechméja (1741 — 1785), atteignit même à une véritable célébrité littéraire.

Né à Villefranche, dans le Rouergue, Pechméja professa d'abord l'éloquence à La Flèche, et alla ensuite

---

(1) *Archives de la mairie de La Flèche*, recueil précité.

à Paris, remplir une place de précepteur. Distingué par un accessit académique (1773), pour un éloge de Colbert, il s'attacha à Necker qui avait eu le prix. Bientôt une publication plus importante vint le mettre en réputation. Il y avait alors un élan général des esprits vers les réformes économiques et politiques. Pechméja suivit le mouvement ou plutôt même le devança, en publiant, en 1784, *Téléphe*, poème en prose, en douze livres. Cet ouvrage, aujourd'hui presque oublié, obtint lors de son apparition une vogue extraordinaire; on vanta l'élévation des idées et l'élégance du style, on le traduisit en anglais et en allemand, on alla jusqu'à comparer *Téléphe* à *Télémaque*. Laharpe avec raison le jugea plus sévèrement; mais ce que Laharpe ne dit pas, c'est que la lecture de ce livre attriste; on comprend que l'auteur a souffert, qu'une corde s'est brisée dans son cœur avec une vibration déchirante, reproduite par des échos intimes et éternellement mélancoliques. Avec moins d'emphase, défaut du temps, *Téléphe* ne serait pas indigne d'être l'aîné de cette famille trop nombreuse, hélas! de frères malades qu'on appelle Werther, Obermann, Adolphe, René, Joseph Delorme, que chacun de nous, à notre époque de brisements sociaux et individuels, a rencontrés loin de la grande route, sur quelque sentier égaré de son passé. En dehors de cette tristesse, âme de l'œuvre, si les idées de *Téléphe* sont utopiques, les sentiments sont honnêtes et lui méritent mieux que l'oubli.

Lié avec l'abbé Raynal, Pechméja travailla avec lui à l'*Histoire philosophique des deux Indes,* dans dans laquelle il écrivit, entr'autres, le morceau sur la traite des nègres. Outre Raynal, l'auteur de *Téléphe* eut et mérita d'avoir des amis, au nombre desquels fut le médecin Dubreuil, qu'il eut la douleur de voir mourir, mais auquel il ne survécut que de quelques semaines seulement. Il mourut lui-même à St-Germain-en-Laye, le 7 mai 1785, à 45 ans.

Les lecteurs des notes du deuxième chant du charmant poème de Berchoux n'ont pas oublié ce piquant dialogue dans lequel Delille prouve à un savant peu au fait des usages de la bonne compagnie, qu'il les a blessés quinze ou vingt fois dans le courant d'un dîner. Ce savant peu instruit des usages du monde, était l'abbé Cosson, alors professeur au collége Mazarin, après l'avoir été dans la chaire d'humanités à La Flèche. Né à Mézières, vers 1740, lauréat de l'académie de Besançon en 1764, il se fit remarquer quatre ans après par un éloge de Bayard, qui fit dire que le panégyriste était digne du héros, puis il célébra en vers les talents du géomètre Legendre. Il achevait la révision de la traduction de Tite-Live, de Guérin, quand la révolution vint lui enlever sa pension d'émérite. Il allait se trouver sans ressource; mais un de ses élèves, chargé d'une mission en Alsace, l'emmena avec lui en qualité de secrétaire. Nommé commissaire du gouvernement dans le département du Mont-Tonnerre, il se fit aimer des habitants, tout en faisant respecter par sa fermété la dignité du nom français; ce qui ne l'empêcha pas d'être dénoncé. Disculpé par la loyauté de ses réponses, mais trop sensible au chagrin d'avoir été même soupçonné, il tomba malade, languit et mourut le 18 juillet 1801.

Le professeur J. B. Porion avait été d'abord, avant de venir à La Flèche, secrétaire de M. de Beaumont, archevêque de Paris; il fut ensuite nommé curé à Arras, élu évêque constitutionnel de Saint-Omer, renonça dans les années suivantes aux fonctions ecclésiastiques, se fit défenseur officieux près des tribunaux, puis épousa la fille d'un officier irlandais et devint président de la municipalité d'Arras. Il est mort en 1830, à Paris, après avoir versifié en latin et en français pour les différents pouvoirs qui se sont succédés en France, et composé un commentaire sur Lhomond et un corrigé de thèmes destinés à l'éducation de sa fille.

Parmi les hommes d'un mérite reconnu que l'abbé Donjon appela successivement pour le seconder, il faut encore citer Lambert, dernier principal, docteur en théologie; Massé, remarquable par la vivacité de son esprit, la variété de son érudition, son éloquence, son peu d'amour pour le travail, et une insouciance qui ne l'empêcha pas « de refuser le serment ecclésiastique et de supporter avec courage l'indigence : sa bibliothèque fut vendue, et il sortit de La Flèche comme Bias sortit de Priène, il n'emporta que ses talents, ses vêtements et son bréviaire; » Dumas, né à

Issoudun en 1738, savant helléniste, traducteur des *Economiques* de Xénophon, membre de l'académie des Jeux Floraux ; Pillon, qui remplaça le précédent dans la chaire d'humanités, voulut quitter le Collége à l'époque où l'abbé Donjon devint curé de Saint-Thomas, et fut lui-même pourvu de la petite cure de Verron ; d'Acheville, d'abord gouverneur des princes de Nassau, fut envoyé à La Flèche par l'Université, comme professeur de mathématiques, ainsi que Guy, qui lui succéda dans cette même branche de l'enseignement, et se distingua par son talent pour la poésie de société, en même temps que par la justesse de raisonnement que donne l'étude des sciences exactes ; Clément, professeur de belles lettres ; ces trois derniers enseignèrent sous la direction de l'abbé Hamelin, qui avait remplacé Donjon dans les fonctions de principal, sans le suppléer sous le rapport du talent.

Parmi ces professeurs et principaux de l'ancien Collége militaire, l'un des plus recommandables par la loyauté de son caractère et de sa conduite, aussi bien que par la considération que lui valut son talent dans la première de nos assemblées, fut l'abbé Jacquemart. Né à Vaucouleurs, le 1er avril 1739, professeur de littérature, puis sous-principal à La Flèche, il devint curé de Brissarthe en Anjou, et fut nommé député à l'Assemblée Constituante en 1789.

Partisan des réformes modérées, il s'efforça constamment de les faire prévaloir, comme on peut le voir au Moniteur de 1790, dans les séances du 15 juin, du 20 octobre et du 18 novembre. Les excès dont il ne tarda pas à être le témoin et dont il craignit d'être la victime, l'attristèrent profondément; son refus de serment le laissant sans ressource dans sa patrie, l'abbé Jacquemart alla revoir sa famille, et là, voisin de la frontière, effrayé par la révolution, il émigra, et mourut à Schwannegen, château du roi de Prusse, au pays d'Anspach, le 5 janvier 1796, honoré de l'estime de M. de Bethizy, évêque d'Uzès (1).

L'École militaire de La Flèche, dans le court intervalle, de 1764 à 1776, fournit aux armées de terre et de mer des officiers remarquables par leur mérite, leur intrépidité, leur esprit d'aventures que favorisèrent à quelques années d'intervalle la révolution d'Amérique et la révolution française.

Le premier en date fut La Tour-d'Auvergne.

Je n'écris le nom de cet ancien élève de La Flèche qu'avec un respect religieux. De toutes les illustrations simplement militaires de la révolution, la moins contestée, la plus universellement populaire, la plus digne de l'être, est celle-ci. Si notre ancienne Monarchie est justement fière de son chevalier, la République doit l'être de son premier grenadier, nouveau Bayard, comme l'autre, sans peur et sans reproche. Le temps, les rivalités militaires et même les passions politiques, si peu généreuses, ont laissé sa mémoire intacte; elle grandira tous les jours, parce que les hommes de cette trempe semblent de-

1) Renseignements écrits.

venir de plus en plus rares. Mais Dieu ne permettra cependant jamais qu'ils manquent complètement sur cette terre de France; et si un jour le moule de ces hommes à la Plutarque venait à se briser dans notre patrie, il suffirait, pour le recomposer et recréer les types perdus de la vertu modeste, du désintéressement, du dévouement à l'amitié, du courage intrépide et du patriotisme, de rappeler aux jeunes générations la vie de Théophile Malo de la Tour-d'Auvergne Corret, premier grenadier de France, chevalier de l'ordre militaire de Saint-Louis et de Charles III d'Espagne, membre de l'académie celtique.

Il naquit le 23 décembre 1743, à Carhaix, en Basse-Bretagne. Il appartenait à la maison de la Tour-d'Auvergne par Henri de Corret, fils illégitime reconnu de Henri de La Tour-d'Auvergne, père du maréchal de Turenne. Olivier de Corret, son père, homme honorable et bon jurisconsulte, le mit au Collége de Quimper. Le jeune Corret s'y fit remarquer par son application et l'élégance de ses compositions littéraires, et y puisa pour l'étude des langues un goût qui ne l'a jamais quitté depuis. En quittant le collége de Quimper, Théophile Malo de Corret voulut embrasser la carrière militaire qu'il aimait par instinct et qu'il avait la noble émulation de parcourir à l'exemple de ses illustres ayeux. Ses parents demandèrent son admission à l'École militaire de La Flèche. Corret s'y distingua de manière à montrer qu'il serait un jour compté au nombre de nos officiers les plus instruits et les plus braves. Il obtint la croix de mérite (1) décernée à l'élève qui se faisait le plus remarquer par sa bonne conduite et son application, et annonça par ce premier triomphe la gloire qu'il pourrait acquérir sur un plus grand théâtre. En 1767, âgé de vingt-trois ans, il entra dans les mousquetaires, et quelques mois après il reçut un brevet de sous-lieutenant dans le régiment d'Angoumois. Il employa ses loisirs à s'instruire dans toutes les parties de l'art de la guerre; Polybe, Végèce, Folard, Montecuculli, et surtout les *Commentaires de César* formaient sa lecture habituelle. Capitaine en second le 29 octobre 1784, il ne devint capitaine de grenadiers qu'en 1792.

Dans le cours de 1779, le duc de Bouillon, prince de Sédan, son parent, descendant de Turenne, frappé des qualités éminentes du lieutenant de Corret, l'autorisa à faire précéder son nom de celui de La Tour-d'Auvergne.

Passionné pour la liberté, La Tour-d'Auvergne sollicita un congé pour aller défendre contre les anglais l'indépendance de l'Amérique, en prenant part comme volontaire à la petite expédition de Lafayette. Il ne put l'obtenir, mais on lui accorda la permission de se joindre à l'armée espagnole commandée par le duc de Crillon. Devenu son aide-de-camp, il re-

(1) Ces détails biographiques sur le séjour de La Tour-d'Auvergne au Collége de La Flèche sont empruntés à sa *Vie*, écrite par M. Buhot de Kersers, ancien élève de l'École polytechnique.

çut du roi d'Espagne Charles III la décoration de son ordre; mais il refusa la pension de trois mille francs que ce prince lui fit offrir. En 1783, après la paix, il rejoignit son régiment et reprit ses études sur les origines gauloises. Aidé par son ami Le Brigant, il fit une étude approfondie de la langue des Celtes et se disposait à publier le résultat de ses recherches quand la révolution éclata.

Quoique noble, il voulait l'émancipation du Tiers-État, et son avènement comme pouvoir politique était à ses yeux le fait dominant. Il voyait l'aristocratie, dédaigneuse des travaux de l'esprit, abdiquant sa gloire militaire, ne savoir conserver pas même l'influence attachée à la propriété, engager ses terres pour répondre de ses dettes et les laisser passer aux mains de traitants enrichis, avec ses titres et ses droits antiques; bien plus, il la voyait protéger de son crédit la licence qui outrageait la religion et la morale publique. Il n'en fallait pas tant à ce cœur droit et austère pour lui tracer la ligne qu'il avait à suivre; aussi, quand son colonel et plusieurs de ses camarades vinrent le prier de passer à l'étranger avec eux, il refusa : « Malheur, disait-il, à celui qui au moment du danger abandonne son pays; jusqu'au dernier soupir j'embrasserai sa cause.... J'appartiens à la patrie; soldat, je lui dois mon bras; citoyen, je dois respect à ses lois! »

Refusant tout nouvel avancement, La Tour-d'Auvergne fit, simple capitaine de grenadiers, la campagne de 1792 à l'armée des Alpes, et entra le premier dans Chambéry; il revint ensuite avec son régiment vers les Pyrénées, qui devaient être le principal théâtre de ses exploits. C'est là qu'à la tête de sa division de grenadiers, qui conquit dans cette rude campagne le glorieux surnom de *colonne infernale*, il tourna la vallée d'Arran, et traversa la Bidassoa, enlevant à la bayonnette toutes les redoutes qui en défendaient le passage. Son manteau plié sur le bras gauche, il fondait le premier sur l'ennemi, l'épée à la main, et le mettait en fuite. « Humain, généreux même avec les vaincus, il était le père de ses soldats, s'imposait des privations pour adoucir leurs besoins, mangeait avec eux, et couchait sous la même tente. Dans les marches, il allait toujours à pied, tenant son cheval par la bride; et si quelqu'un de ses grenadiers lui paraissait fatigué: « Camarade, lui disait-il, monte à cheval, je suis las de conduire! »

Souvent appelé dans les conseils, chaque fois qu'il émettait un avis, il le terminait par cette affirmation laconique: « *res non verba!* ce que je propose, je me charge de l'exécuter avec mes grenadiers! » Son courage et son habileté comme négociateur nous valurent la prise de Saint-Sébastien, des provisions de toute espèce, et cent trente-neuf pièces d'artillerie conquises avec un canon.

A la fin de la campagne il obtint un congé; mais ayant choisi la voie de la mer pour revenir en Bretagne, il fut pris en vue de Brest par les anglais et conduit en Angleterre, où il resta prisonnier pendant plus d'un an : « Le signe révéré de ma nation, la cocarde tricolore, écrivait-il plus tard, fut toujours sur mon casque, et mon costume dans les fers fut celui que j'avais dans les batailles. »

A sa rentrée en France, il apprit qu'il venait d'être mis à la réforme; il ne se plaignit point d'une injuste mesure qui le privait d'un grade acquis par quarante ans de service, et content de pouvoir se livrer tout entier à l'étude, il s'établit dans une ferme, à Passy, pour y terminer ses *Origines gauloises,* dont il donna une seconde édition en l'an V.

Son humanité était inépuisable, et sa générosité le réduisit à son traitement de réforme de huit cents francs qu'on lui payait en assignats; leur discrédit l'obligea à s'adresser au ministre de la guerre, qui donna ordre de lui compter quatre cents écus; il ne prit que cent vingt francs, en disant : « S'il le faut, je reviendrai; » mais il ne revint pas et il restitua l'avance quelque temps après.

Le duc de Bouillon, son parent, à qui il avait fait rendre ses biens, voulut le forcer d'accepter la terre de Beaumont-sur-Eure, qui valait dix mille francs de rente. A toutes ses instances il ne reçut d'autre réponse que celle-ci : « Je vous remercie, citoyen; je n'accepterai pas, j'ai ce qu'il me faut. »

Informé que le plus jeune fils de son ami Le Brigant allait être enlevé par la conscription, il demande à le remplacer comme soldat; il rejoignit l'armée en Suisse, combattit à Zurich, et, après la victoire, sauva la vie à des soldats russes qui, cernés, refusaient de se rendre. Après le 18 brumaire, il fut élu par le sénat membre du corps législatif; mais il refusa d'y siéger, en disant : « Je ne sais pas faire les lois, je ne sais que les défendre. »

C'est alors que Napoléon, premier consul, admirant tant de vertu, sur le rapport de Carnot, ministre de la guerre, décerna à La Tour-d'Auvergne un sabre d'honneur avec le titre de *premier grenadier de la République*. Voici ce rapport tout empreint de la simplicité sublime d'un Spartiate ou d'un Romain.

« En fixant mes regards sur les hommes dont l'armée s'honore, je vous ai vu, citoyen, et j'ai dit au premier consul :

» La Tour-d'Auvergne Corret, né dans la famille de Turenne, a hérité de sa bravoure et de ses vertus.

» C'est l'un des plus anciens officiers de l'armée; c'est celui qui compte le plus d'actions d'éclat; *partout les braves l'ont surnommé le plus brave.*

» Modeste autant qu'intrépide, il ne s'est montré avide que de gloire et a refusé tous les grades.

» Aux Pyrénées orientales, le général commandant l'armée rassembla toutes les compagnies de grenadiers, et pendant le reste de la guerre ne leur donna point de chef. Le plus ancien capitaine devait commander; c'était La Tour-d'Auvergne : il obéit, et bientôt ce corps fut nommé la *colonne infernale*.

» Un de ses amis n'avait qu'un fils, dont les bras étaient nécessaires à sa subsistance; la conscription l'appelle. La Tour-d'Auvergne, brisé de fatigues, ne peut travailler, mais il peut encore se battre. Il vole à l'armée du Rhin remplacer le fils de son ami; et pendant deux campagnes, le sac sur le dos, au premier rang, il est à toutes les affaires, et anime les grenadiers par ses discours et son exemple.

» Pauvre, mais fier, il vient de refuser le don d'une terre que lui offrait le chef de sa famille. Ses mœurs sont simples, sa vie est sobre; il ne jouit que du modique traitement de capitaine à la suite, et ne se plaint pas.

» Plein d'érudition, parlant toutes les langues, sa science égale sa bravoure, et on lui doit l'ouvrage intéressant intitulé : *les Origines gauloises*.

» Tant de vertus et de talents appartiennent à l'histoire; mais il appartient au premier consul de la devancer. »

« Le premier consul, citoyen, a entendu ce récit avec l'émotion que j'éprouvais moi-même; il vous a nommé sur-le-champ *premier Grenadier des armées de la République*, et vous décerne un sabre d'honneur.

» Salut et fraternité.
» *Signé* CARNOT. »

La guerre allait recommencer en Allemagne; il fit ses dispositions pour rejoindre l'armée, rédigea son testament, et n'ayant pas foi dans son retour, s'occupa avec le plus grand calme de ses dernières volontés.

Il écrivit au général Moncey : « Mon destin est de finir sur les champs de bataille; mon titre de pre-

mier grenadier de France sera mon brevet de mort. »
A un de ces amis, il donna la tasse qui lui avait
servi aux Pyrénées : « Rappelez-vous, mon cher
camarade, La Tour-d'Auvergne..... nous étions
amis ... ma carrière va finir ; l'armée est ma famille,
et c'est au sein de ma famille que je dois mourir.
Toujours en paix avec ma conscience, j'ai toujours
été heureux. » A un autre il écrivit : « Je pars comblé des grâces du gouvernement ; il croit que je vaux
encore un coup de fusil. Il m'a jeté le gant ; en bon
Breton, je l'ai relevé. Je vais rejoindre l'armée de
Moreau, mon ami, mon compatriote.... Je retrouverai là mes anciens camarades, les grenadiers de
la 46ᵉ. Cette épée d'honneur, je la montrerai de près à
l'ennemi ; j'inspirerai à mes frères d'armes le désir
d'obtenir la même récompense. A cinquante-sept
ans la mort la plus désirable est celle d'un grenadier
sur le champ de bataille, et j'espère que je l'y trouverai. »

Il acquitta d'avance la pension viagère qu'il avait
créée en faveur d'une pauvre famille, et confia son
testament cacheté de noir à un ami. Le lendemain,
La Tour-d'Auvergne devait partir à cinq heures du
matin de Passy pour l'armée. Quand ses amis, MM.
Paulian, chez qui il habitait, entrèrent à quatre
heures du matin dans sa chambre pour l'éveiller,
ils trouvèrent le premier grenadier de France agenouillé et priant ; à cinq heures il les serrait dans
ses bras et s'en séparait pour ne plus les revoir.

Le ministre de la guerre l'ayant autorisé à choisir

le corps qui lui conviendrait le mieux, il fit choix de la 46ᵉ demi-brigade, commandée par son ami Forty, et faisant partie de l'armée du Rhin, commandée par Moreau.

Il arriva à l'armée le 21 juin 1800. Six jours après, le 27, à onze heures du soir, en combattant à la tête de sa brigade contre deux régiments autrichiens, il tomba, percé au cœur d'un coup de lance par un Uhlan, sur les hauteurs en arrière d'Ober-Hausen, près Neubourg, en Bavière. Son regard mourant vit fuir l'ennemi devant la 46ᵉ, dont il avait pris le commandement en chef, en remplacement de son brave ami Forty, tué une heure avant lui.

Les grenadiers pleurèrent leur vieux capitaine comme on pleure un père et un ami. L'armée entière fut consternée, et le brave général Dessoles mit à l'ordre du jour des dispositions dont les annales de nos armées ont conservé le souvenir.

Les premiers magistrats de la République complétèrent ces honneurs rendus au héros citoyen. Un arrêté des consuls, du Iᵉʳ thermidor an VIII, était ainsi conçu:

« Le sabre de La Tour-d'Auvergne, premier grenadier de France, sera suspendu dans le temple de Mars. »

On renferma le cœur dans une urne d'argent; on la confia au plus vieux sergent de la compagnie de grenadiers de la 46ᵉ, et tous les jours, à l'appel de son nom conservé sur les contrôles de cette demi-brigade, le sous-officier chargé de ce précieux dépôt, répondait : *« mort au champ d'honneur! »*

Aujourd'hui la statue de La Tour-d'Auvergne s'élève à Carhaix, au milieu de ses compatriotes, et le dernier roi de Bavière a fait restaurer son tombeau sur cette noble terre d'Allemagne qui, moins ennemie qu'hospitalière à deux héros d'une même famille, continue d'entourer leurs restes de l'hommage respectueux que le sentiment moral chez tous les peuples accorde toujours au patriotisme, au courage et à la vertu (1).

C'est à cette période qu'appartiennent encore, comme élèves, de Sercey, qui se distingua plus tard dans l'art des fortifications, et mourut jeune, avec la réputation d'un des premiers officiers du génie; Riom-Montalembert, mort aussi dans un âge peu avancé, après avoir été un habile officier de marine; le poète J.-Alexis d'Héral; Louis-François-Bertrand Dupont-d'Aubevoie, né au château de Lauberdière, commune de Bocé, près Baugé. Après avoir fait ses études au Collége militaire de La Flèche, il en sortit à 17 ans, vers 1774, devint aide-de-camp du général Rochambeau, son oncle, dans la guerre d'Amérique, fit ensuite toutes les guerres de la République et de l'Empire à l'armée du Nord, en Allemagne et en Espagne. Après la honteuse capitulation du général

1) Ces détails sont empruntés à la *Notice historique* de La Tour-d'Auvergne, par M. Calohar; à *sa vie*, écrite par M. Buhot de Kersers. — La *Biographie bretonne*, sous la direction de M. Levot, a considéré le héros de Carhaix comme celtologue, et a donné sur ses travaux littéraires des renseignements intéressants. (1853. — 15me livraison.)

Dupont, son homonyme, à Baylen, Dupont d'Aubevoie, redoutant jusqu'à une ressemblance de nom, reprit le titre de comte de Lauberdière. Il commandait à Rouen, comme lieutenant-général, la 15e division militaire, lors du retour de l'île d'Elbe. Son empressement à se rallier à l'Empereur lui valut sa retraite à la seconde restauration ; il vint alors habiter, près de Baugé, son château de Lauberdière, où il est mort aimé et honoré, le 7 février 1837. Il était chevalier de Saint-Louis, de l'ordre américain de Cincinnatus, d'un ordre de Bavière, et commandeur de la Légion-d'Honneur (1).

Dupont d'Aubevoie se lia, à l'École de La Flèche, avec Dominique Dufour de Pradt, devenu plus tard grand-vicaire de Rouen, député du clergé de Normandie aux États-Généraux de 1789, aumônier du premier consul et archevêque de Malines, ambassadeur de France à Varsovie, auteur d'une foule de pamphlets politiques et littéraires, mort en 1837.

Hédouville, issu d'une famille noble de Laon, en 1755, vint à La Flèche avec un frère cadet qui suivit le parti des princes et périt à Quiberon, tandis que lui-même, officier dès avant la révolution, conquit à Valmy les épaulettes de colonel, fut élevé en 1793 au grade de général de brigade, et envoyé comme chef d'état-major à l'armée de la Moselle. Le 6 septembre, à la tête d'un corps de dix mille hommes, il s'empara de Poperin-

(2) Renseignements verbaux et manuscrits.

gue, et chassa le même jour les autrichiens de Vlämertingen. Destitué de son commandement à la fin de la campagne et enfermé à l'abbaye, la réaction thermidorienne le rendit à la liberté, et la Convention lui confia, avec le grade de général de division, le commandement général de l'armée des côtes de Brest. De concert avec Hoche, il contribua efficacement à la pacification de la Vendée. En 1797 il reçut la nomination de commissaire du gouvernement à Saint-Domingue, où il se conduisit avec prudence et désintéressement. A son retour, une nouvelle prise d'armes le rappela au commandement de l'armée de l'Ouest. La ville d'Angers, en reconnaissance des services rendus par Hédouville pour pacifier la Vendée, lui décerna une couronne.

« J'avais vu les deux frères Hédouville élèves à l'École royale militaire de La Flèche, écrit Charles Boucher dans ses *Mémoires;* l'aîné y revint pour rétablir la paix dans les esprits, ayant ordre de faire des voyages fréquents çà et là dans ce dessein. Il revit avec plaisir sa cellule et tous ceux qui de son temps avaient été attachés à ce grand établissement; je lui rendis mes devoirs, et au milieu du compliment que je lui fis sur la tranquillité qu'il ramenait parmi nous, je lui adressai ce passage de Virgile :

O Melibœe, Deus nobis hæc otia fecit.

Il me répondit avec sensibilité; je l'entretins seul une demi heure. Hédouville marqua du mépris pour le jacobinisme ; il affecta de laisser P..n dans le coin de sa chambre, sans lui parler ; on dit même que le lendemain il lui recommanda de la modération. »

Après la pacification de la Vendée, Napoléon confia au général Hédouville une mission diplomatique en Russie, et, à son retour, le nomma grand officier de la Légion-d'Honneur, puis chambellan. A la suite du décret du 1er mars 1808, Hédouville prit le titre de comte, et à partir de cette époque, le guerrier devint de plus en plus diplomate. En janvier 1814, le chambellan impérial vota la déchéance de l'Empereur. Louis XVIII, le 4 juin, l'éleva à la pairie. Le comte d'Hédouville est mort près d'Arpajon, le 31 décembre 1825.

Quoique la destinée des deux Aubert-Dupetit-Thouars ait été bien différente, ils étaient frères et ils s'aimaient, et notre École les vit plusieurs années ensemble. Aristide, l'aîné, le fameux capitaine du *Tonnant,* naquit en 1760, au châtau de Boumois, près de Saumur. Envoyé à l'École de La Flèche, la lecture de Robinson Crusoé, ce roman étrange qui donne à tout enfant énergique ou rêveur le désir d'une île solitaire au milieu d'une mer lointaine, éveilla en lui la passion des aventures maritimes : il composa même, dit-on, comme Daniel Foe, un roman dont il était le héros, et voulut le réaliser en s'échappant un beau jour du Collége avec deux de ses camarades, (1) pour aller ensemble s'embarquer à

(1) Cette équipée eut lieu le 20 mars 1775 : ses camarades d'évasion étaient Legras et Boulainvilliers. — *Journal ma-*

Nantes, en qualité de mousses. On courut après eux, et lorsqu'on les eut retrouvés, on allait les punir sévèrement, quand le naturaliste Dolomieu, qui se trouvait en garnison à La Flèche et auquel le caractère de Dupetit-Thouars avait plu singulièrement, obtint grâce pour cette équipée. Elle ne fut pas, à ce qu'il paraît, la seule, et l'originalité de ses espiègleries le fit remarquer au-delà de ce qu'auraient désiré ses maîtres. Après la réforme des Écoles militaires, en 1776, comptant sur un avancement plus facile, il entra dans le régiment de Poitou; mais la nouvelle du troisième voyage de Cook vint le rappeler à ses premières préférences, et il voulut s'offrir à l'accompagner. On le retint, et bientôt la guerre avec l'Angleterre lui permit d'aller à Rochefort, où il fut reçu garde-marine. Quelque temps après, il assista au combat d'Ouessant, à la prise du fort Saint-Louis de Sénégal, et à baucoup d'autres affaires où sa bravoure et son habileté le signalèrent également.

Passionné pour les excursions lointaines, il résolut d'aller à la recherche de Lapeyrouse, vendit ses biens, afin de compléter son armement, entraîna son frère dans son projet, gagna même l'adhésion de Louis XVI, et partit le 2 août 1792. Il fut contrarié dès le début par la nécessité de laisser son frère, mis *révolutionnairement* en prison. Une série d'aventures, où il montra tout à la fois la bonté de

---

nuscrit, en *neuf cahiers*, du 1ᵉʳ octobre 1771 au 30 septembre 1776.

son cœur et l'énergie de son caractère, firent échouer son entreprise. La moitié de son équipage périt ; lui-même, fait prisonnier, essuya une assez longue captivité. A peine libre, il part pour l'Amérique septentrionale, où il alla, avec le duc de la Rochefoucault-Liancourt, visiter la chute du Niagara. Il n'y avait pas longtemps que Châteaubriand l'avait décrite, en visitant seul ces mêmes solitudes. Ces trois noms sont aujourd'hui trois gloires pour notre patrie, et en se rappelant quels ils furent, on est tenté de s'écrier : scènes saintes de la Nature, n'est-ce pas vous qui agrandissez le cœur et le génie des hommes ?

Une apparence de tranquillité fit revenir Dupetit-Thouars en France. On y préparait alors l'expédition d'Egypte; il ne fut pas oublié, et Bonaparte lui donna le commandement du *Tonnant,* vieux vaisseau de quatre-vingts canons, sur lequel il retrouva Dolomieu, *son correspondant* de La Flèche, et alors l'un des savants de la commission attachée à l'expédition. Arrivée en Égypte, la flotte fut retenue dans la rade d'Aboukir, et bientôt (fin juillet 1798), la flotte anglaise, que commandait Nelson, fut en vue. Dans un conseil convoqué à bord de l'amiral, Dupetit-Thouars ouvrit l'avis d'appareiller sans délai, affirmant que l'on était perdu si l'on attendait Nelson dans la position défavorable où l'on était. Cet avis ayant été repoussé : « Je ne sais ce que l'on fera, reprit Dupetit-Thouars; mais on peut-être sûr que sitôt que je serai à bord, mon pavillon sera cloué au mât. » Il tint parole, et quand cette bataille se perdait, quand le désastre était déjà accompli, sur son vaisseau criblé par l'ennemi, rasé comme un ponton, au milieu de ses marins combattants, mourants ou morts, Dupetit-Thouars, ayant les deux cuisses emportées par un boulet, se fit asseoir dans un tonneau de son, pour prolonger jusqu'au dernier souffle de vie cette héroïque défense; et plus grand alors peut-être que n'avait été Léonidas lui-même, mais moins heureux, il mourut en jetant à son bord cet ordre suprême et sublime : « *Equipage du Tonant, n'amène jamais ton pavillon!!* » Quand les anglais s'emparèrent du *Tonnant*, ils ne trouvèrent debout qu'un jeune aspirant de marine.

Louis-Marie Aubert-Dupetit-Thouars, frère du marin, élève avec lui à La Flèche, en sortit à seize ans, pour entrer comme sous-lieutenant dans le régiment de la couronne. On était alors en paix, et le jeune officier utilisa ses loisirs de garnison en se livrant à l'étude de la botanique. Quand son frère, en 1792, lui parla de son projet d'aller à la recherche de Lapeyrouse, l'espoir d'enrichir son herbier d'espèces nouvelles le fit s'associer avec empressement à son entreprise. Mais voilà que notre botaniste, en se rendant à Brest pour l'embarquement, s'avisa de vouloir herboriser en route. Des gendarmes qui le rencontrèrent, pensèrent tout d'abord qu'un homme errant dans les champs, muni d'une boite de fer et de beaucoup de petits papiers marqués de noms inconnus, devait être nécessairement un ennemi de la nation, et très probablement un émissaire de Pitt et de Cobourg. Ils l'arrêtèrent et le remirent aux autorités de Quimper, qui, provisoirement, le gardèrent en prison, jusqu'à comparution devant le tribunal révolutionnaire. Heureusement que les jurés de Quimper, rectifiant l'idée des gendarmes, comprirent qu'une promenade botanique et qu'un voyage scientifique n'étaient pas une émigration, et que le jeune sous-lieutenant ne se rendait point par l'Atlantique à l'armée de Condé. Il fut acquitté; mais, dans l'intervalle, Aristide était parti, lui donnant rendez-vous à l'île de France,... Quand il y arriva, il n'y trouva pas son frère, et manquant de ressources, il entra comme employé chez un riche planteur de la colonie. Une visite qu'il fit à Madagascar augmenta ses connaissances et sa collection. Il revint en France en 1802, pour publier son herbier, trésor de deux mille plantes étrangères. En 1820, il fut élu membre de l'Institut, et en 1826, M. de Villèle, qu'il avait connu à l'Ile-de-France, le fit nommer directeur de la pépinière du Roule. Il est mort le 12 mai 1832, auteur d'un grand nombre de publications sur la botanique en général, et en particulier sur les végétaux des iles de l'Afrique.

Cependant, malgré l'article II de l'édit par lequel Louis XV semblait se promettre la perpétuité de son œuvre, celle-ci ne dura que douze ans. Louis XVI, en 1774, lui avait succédé, et le comte de Saint-Germain, nommé au ministère de la guerre, et apportant à ce poste, avec d'excellentes intentions, des idées et des pratiques d'outre Rhin, qui contribuèrent autant peut-être que l'invasion des nouvelles idées à désaffectionner du roi l'armée qui l'aimait, bouleversa avant l'heure même des révolutions un établissement fondé sur des bases faites pour en assurer la durée.

Ces intentions du ministre transpirèrent avant l'heure de l'événement et jetèrent le Collége et la ville dans une inquiétude profonde, qu'exprima en ces termes, dans son journal, un des administrateurs de l'École (1) :

« *Vendredi* 15 *décembre* 1775. — Tout le monde est ici, comme ailleurs sans doute, dans l'attente des grands changements que l'on annonce; les uns craignent, les autres espèrent; ces derniers sont peut-être fous. On attend pour mercredi le nouveau préfet des études, et le successeur de M. Noyel.

« *Dimanche* 31. — L'instruction religieuse est faite par M. Bouchery. Hier, sur les dix heures sept minutes du matin, on a senti ici un tremblement de terre qui a duré environ trois secondes. Beaucoup de personnes s'en sont aperçu, surtout les Carmes. Dans le Collége, le sieur Lemercier, qui travaille sous mon cabinet, vit les portes de ses armoires s'ouvrir et la fenêtre de son bureau se fermer, en même temps qu'il fut ébranlé ; il m'en fit part sur-le-champ; mais comme je ne m'étais aperçu de rien et que je ne vis point le baromètre et le thermomètre varier, je le traitai de visionnaire; mais il n'y a plus doute aujourd'hui. »

(1) Recueil en 9 cahiers, précédemment cité.

Mais bientôt le sol de l'École trembla moins fort que les hommes, car, en poursuivant ces éphémérides, nous lisons :

« *Lundi* 22 *janvier* 1776. — Le courrier n'est arrivé que sur les trois heures du soir. D'après les lettres qu'il a apportées, M. Lambert et moi nous avons été trouver, chacun de notre côté, les différentes personnes qu'il était important de voir. On s'est rassemblé tous chez le principal, et on a convoqué un bureau extraordinaire pour demain.

« *Mardi* 23 *janvier*. — L'abattement et la consternation sont très grands, non seulement dans le Collége, mais même dans presque toute la ville. Le prieur de Clermont, qui se trouvait hier en ville, rassemble aujourd'hui les curés du Maine, ses voisins, pour avoir une attestation sur la situation du Collége. M. Donjon fait de son côté la même chose; tous les corps vont écrire au ministre; chacun y met un vif intérêt. La ville doit aussi écrire à l'intendant. Le bureau s'est assemblé à neuf heures et demie du matin. M. B.... était d'avis qu'on députât quelqu'un. Il y en a qui voulurent que l'on écrivît à l'évêque. On s'est borné à arrêter, qu'informé par les Bénédictins eux-mêmes de la destruction du Collége et de la dispersion des élèves dans leurs maisons, et cela attendu la mauvaise conduite imputée à celui-ci, il en serait écrit au ministre, pour détruire la calomnie et le supplier de conserver l'établissement, dont la perte entraîne celle de la ville et du pays. Le vieux curé s'est trouvé à cette séance extraordinaire, mais qui a été touchante par la tristesse et l'indignation de ceux qui la composaient.

« *Mercredi* 24. — Dans l'assemblée du clergé et des curés voisins, il y en eut à qui la crainte de la destruction du Collége a arraché des larmes. Il y a eu dans quelques compagnies de gens bien intentionnés des sorties fort vives contre les gazetiers anonymes de La Flèche. M. Ducan a fort mal mené à cette occasion le docteur La Tour.... Quelques lettres ont encore augmenté les alarmes.

« *Jeudi* 25. — Le présidial a écrit au procureur général du parlement; la ville a écrit à l'intendant; il y a eu aussi des particuliers qui ont écrit. On assure que l'abbé Boucher et l'abbé Leroyer ont chacun écrit à M. de Saint-Germain. Il y a sans doute de l'excès dans les mouvements qu'on s'est donnés; bien des gens avaient perdu la tête. Les Visitandines ont fait des prières et consigné les Bénédictins à leur porte.

« *Jeudi 1er février* 1776. — On ne doute plus de la destruction *de ce* Collége. MM. Chaubry et Pihery partiront demain l'après midi pour Paris, afin de travailler à conserver quelques débris de *leur* Collége. »

On voit que l'évènement est proche; le rédacteur de ces notes quotidiennes abdique et parle déjà du Collége comme n'y tenant plus.

« *Vendredi 16 février.* — Arrivée de deux élèves, MM. de Chaumontel et de Perrache d'Ampus. Voilà sans doute les derniers.... Cela nous fait trois cent quarante-quatre effectifs. »

La situation se traîna ainsi pendant plusieurs semaines dans une espèce d'agonie morale; puis une décision du ministère arriva, par laquelle l'École militaire de Paris et son annexe de La Flèche étaient licenciées, et les élèves disséminés, par fractions de cinquante, dans *douze* petites écoles militaires de province, établies à Auxerre, Beaumont, Brienne, Effiat, Pont-à-Mousson, Pontlevoy, Tiron, Tournon, Rebais, Sorrèze, Vendôme et La Flèche.

Cette dispersion fut violente comme un enlèvement, brutale comme une exécution vulgaire; en effet, le journal précité porte :

« *Vendredi* 12 *avril* 1776. — Thèse de physique soutenue par M. d'Héral, qui s'est fait honneur. L'approche du moment de la dispersion des élèves et de la cessation des travaux est déjà sensible à bien des Fléchois.

« *Samedi* 13. — M. de Quatrebarbes est venu faire ses adieux à son fils; il paraît affligé de tout ceci.... Il est arrivé après midi un fourgon pour emmener les élèves de Vendôme. Quelle différence avec les gondoles de l'École militaire! Elle n'a pas échappé au public, qui s'est récrié sur l'indécence de cette voiture. M. de Quatrebarbes en a été indigné et s'en est expliqué très vivement devant un bénédictin de Beaumont. Ce moine fait le fâché d'avoir des élèves, et dit que c'est un prétexte pour les détruire un jour.... Ce Collége n'a que des charriots pour emmener ses cinquante-un élèves. Ils sont en route. On trouve ici cette manière de voiturer les élèves semblable à celle dont on use pour les forçats ou les malfaiteurs qui vont à leur jugement en dernier ressort; mais ce qui révolte le plus, c'est de voir les moines, en même temps, dans des chaises de poste.

« *Lundi* 15 *avril.* — Le préfet des Oratoriens de Vendôme est parti à huit heures avec son convoi de vingt-quatre élèves.

« *Mardi* 16. — A trois heures après midi, un Minime de Brienne est parti avec trente-six élèves, y compris M. de Colnet, pour l'École militaire; deux *carabas* emmèneront quarante personnes; dès septembre on médite cette belle équipée, m'a dit le R. P. — On a commencé la construction du pont du parc. — Thèse de logique.

« *Mercredi* 17. — Les Bénédictins de Beaumont sont arrivés ce soir avec des charriots à deux roues. Ceux de Rebais sont aussi ici.

« *Vendredi* 19. — Départ des cinquante-un élèves pour Beaumont, à 7 heures du matin; ils sont sortis de la ville dans deux fourgons, et à un demi quart de lieue, ils avaient trois trains de charretier, dans lesquels ils les ont versés. Il y a eu, à cette occasion, une scène fort vive entre les moines et des gens de la ville, indignés de la manière dont on traitait les élèves; ceux-ci criaient dans la route : *ayez pitié des pauvres galériens!*

« *Samedi* 20. — Départ de quarante-huit élèves de La Flèche pour Sorrèze. Les quarante-neuf pour Rebais sont aussi partis ce matin; tous étaient en route à sept heures et demie, ceux-ci dans deux fourgons suivis d'un charriot de bagages, sur lesquels Mme d'Eyquem a suivi son fils; ceux de Sorrèze avaient eu sept chaises de poste pour les élèves; ce sont les mieux, quoique serrés. — On s'imagine bien que les moines sont voiturés plus doucement. »

Dans la semaine suivante, les détachements d'élèves destinés pour Effiat, Pontlevoy, Tyron, Brienne, partirent de la même manière.

« *Jeudi 2 mai*. — Le prince Louis de Rohan a passé à La Flèche, pour aller au château du Verger, auquel on a fait quelques réparations. On fait courir le bruit que ce sera pour une treizième École militaire monacale. »

Après tous ces départs, le Collége de La Flèche n'était plus que l'ombre de son passé, et l'enseignement donné par trente-trois régents sous Henri IV, eut pu facilement être donné par un seul.

CHAPITRE VII.

LE COLLÉGE SOUS LES PÈRES DE LA DOCTRINE
(1776-1793).

Mais la destruction de l'École fondée par le généreux roi qui avait bien réellement mis de partie son cœur dans son œuvre, causera toujours une espèce de remords au gouvernement qui voudra la tenter, et à côté de l'idée de suppression viendra plus ou moins immédiatement se joindre celle de réorganisation. Le Collége n'était licencié que depuis quelques semaines; il avait encore conservé ses administrateurs, son intendant Dupont de la Motte, son principal Guillaume Lambert, plusieurs professeurs, quand Louis XVI songea à le rétablir sur de nouvelles bases, par lettres-patentes données à Versailles le 20 mai 1776 et dont voici le préambule :

Louis, par la grace de Dieu, roi de France et de Navarre, à tous ceux que ces présentes lettres verront, salut ;

Après nous être occupé des moyens de perfectionner l'éducation et l'instruction des jeunes gentilshommes qui se destinent à la profession des armes, il ne nous reste plus qu'à faire connaître nos intentions sur ceux qui se trouveront appelés à l'état ecclésiastique ou aux fonctions honorables de la magistrature, et qui ne sont pas moins dignes de notre attention. C'est principalement en leur faveur que, par l'article VIII de notre déclaration du 1er février dernier, nous nous sommes réservé de nous expliquer sur l'ancienne fondation du Collége royal de La Flèche. Ce monument respectable de la bienfaisance de Henri IV, de glorieuse mémoire, nous a paru d'autant plus propre à remplir nos vues, qu'il a été destiné par son auguste fondateur à l'éducation gratuite de la pauvre noblesse, et qu'en affectant les places que nous nous proposons d'y établir, aux enfants de tous les gentilshommes qui nous auront servi dans nos armées, dans la magistrature et dans d'autres professions utiles à l'État, nous donnerons une nouvelle preuve de notre affection aux différentes classes dont notre noblesse est composée. Nous aurions désiré pouvoir laisser le Collége sous l'administration qui y a été établie en 1764 ; mais après nous être fait rendre compte de l'état de ses biens et de ses charges, ainsi que des mémoires qui nous ont été adressés par notre cour de parlement, nous avons connu que, malgré les grandes libéralités des rois nos prédécesseurs, les revenus dont il jouit ne seraient pas suffisants pour l'entretien de 100 jeunes gentilshommes, conformément au vœu d'Henri IV, si nous ne prenions les mesures convenables pour en simplifier et diminuer les dépenses. C'est par ces considérations que nous avons favorablement reçu la proposition qui nous a été faite par la congrégation de la Doctrine chrétienne de se charger de l'administration dudit Collége, d'y entretenir dès aujourd'hui 50 gentilshommes, et d'en augmenter le nombre jusqu'à 100, à proportion de la diminution des charges et de l'amélioration des revenus. Mais comme au moyen de ce nouvel arrangement, l'affiliation de notredit Collége à notre Université de Paris ne peut plus avoir lieu, suivant l'article IX des lettres-patentes du 7 avril 1767, nous nous sommes déterminé à l'affilier à notre Université d'Angers, et nous sommes persuadé qu'elle sentira tout le prix de cette nouvelle marque de notre bienveillance. Enfin notredit Collége de La Flèche se trouvant situé dans l'étendue de l'apanage de notre très-cher et très-amé frère Louis-Stanislas Xavier, nous nous sommes porté avec plaisir à lui donner une nouvelle marque de notre tendresse, en lui accordant dès aujourd'hui la présentation de douze des gentilshommes qui seront élevés audit Collége. A ces causes, de l'avis de notre conseil et de notre certaine science, pleine puissance et autorité royale, nous avons dit, déclaré et ordonné, et par ces présentes, signées de notre main, disons, déclarons et ordonnons, voulons et nous plaît ce qui suit.

Par l'article Ier, la congrégation des Pères de la Doctrine chrétienne est mise, à compter du 1er juillet 1776, en possession et jouissance de tous les biens et revenus qui ont été déclarés appartenir au Collége par l'édit du 7 avril 1764, comme aussi de tout le mobilier existant audit Collége lors de la prise de possession, et de toutes les acquisitions et constructions faites des fonds de l'École royale militaire, tant dans la ville de La Flèche qu'aux environs.

L'article IV est ainsi énoncé :

Voulons particulièrement que ladite congrégation soit tenue d'établir un pensionnat de même genre que ceux que nous avons désignés pour les élèves de nos Ecoles militaires, de se charger d'enseigner la grammaire, les humanités, la rhétorique, la philosophie *et même la théologie;* en outre, d'entretenir tous les maîtres nécessaires que nous avons approuvés et que nous voulons être communs aux pensionnaires *et aux élèves externes.*

Art. XII. Ceux des élèves de nos Écoles militaires établies

dans les provinces, qui, n'étant pas destinés à la profession des armes, en sortiront à l'âge de quatorze à quinze ans, seront envoyés audit Collége royal de La Flèche pour y continuer leurs études jusqu'à la philosophie inclusivement, à raison de 700 fr. par an de pension, nous réservant de continuer ladite pension à ceux qui voudront prendre les degrés de docteurs ou de licenciés, conformément à notre déclaration, etc.

La congrégation de la doctrine chrétienne souscrivit à la teneur de cet édit qui, à côté d'un pensionnat militaire, créait un pensionnat ecclésiastique, et, de plus, s'engagea particulièrement à :

1º Entretenir au Collége de La Flèche un principal, un préfet d'études, des régents pour les classes secondaires, des professeurs de rhétorique et des maîtres nécessaires pour la conduite des pensionnaires.

2º Payer des maîtres d'allemand, d'anglais, d'italien, ainsi que des maîtres de mathématiques, de dessin, de danse, de musique et d'escrime.

3º Faire tous les ans un cours de physique expérimentale, et faire donner des leçons de droit naturel et de droit public soit par des doctrinaires ou des maîtres étrangers.

4º Entretenir un pensionnat non seulement pour les élèves gentilshommes envoyés par le roi, mais pour les enfants des autres citoyens, de quelque classe qu'ils fussent, en payant 700 fr. de pension.

5º Etablir ce pensionnat à l'instar de celui de l'École militaire et d'après les mêmes règlements.

6° Nourrir, entretenir, enseigner et loger les pensionnaires pour la somme de 700 fr.

7. *Enseigner aux externes et gratuitement le français, le latin et le grec dans les classes communes du Collége.*

8° Desservir la chapelle et en acquitter les fondations, faire l'inventaire de la bibliothèque et du mobilier.

9° Se charger de la régie et de l'administration des biens du Collége, sans en prétendre la propriété non plus que des bâtiments.

10° Entretenir lesdits bâtiments aux frais de la congrégation, en bons et fidèles administrateurs, et en acquitter les charges locales et autres.

11° Recevoir un plus grand nombre de gentilshommes envoyés par le roi, à mesure que les pensions accordées aux jésuites viendraient à s'éteindre.

12° Ne faire aucune coupe de bois extraordinaire et n'entreprendre aucune construction nouvelle que du consentement du ministre de la guerre.

Cet engagement est souscrit par Chastenet de Puységur, supérieur-général, Boissière, Cazenave, Minard, assistants-généraux, Joubert, procureur-général, et P. Bonnefoux, secrétaire-général.

Le treizième jour de juillet suivant, ce dernier arrivait à La Flèche, assisté de Ph. Very, prêtre de la même congrégation, pour prendre, aux termes des lettres-patentes ci-dessus, possession du Collége royal de La Flèche, laquelle prise de possession eut lieu, conformément aux ordres du roi, à la lettre du ministre lue en séance et en présence de l'intendant-commissaire en la généralité de Tours, du sieur Dupont de la Motte, inspecteur de l'École militaire, de Guillaume Lambert, prêtre principal du Collége, de Pierre de la Rue-Ducan, écuyer, maire de la ville, d'Urbain Davy des Piltières, échevin, en faveur du sieur de Bonnefoux, supérieur-général, co-signataire.

Dans cet acte, le maire de La Flèche fait rappel, au nom de la ville, du reçu de 1603, du P. Barny, jésuite, de la somme de 3,000 livres, laquelle, est-il dit, est encore due aux habitants de La Flèche, et requiert qu'elle soit rendue (1).

L'abbé Batteux fut chargé de rédiger un cours d'études, qui devaient être les mêmes dans tous les colléges de l'Ecole militaire. « Je dois dire, avoue-t-il (2), qu'il y avoit plus de quarante ans que j'avois jeté sur le papier quelques idées sur l'éducation. J'avois remarqué que ce n'étoit pas faute de livres, mais faute de méthode et d'ordre qu'elle étoit si imparfaite, et j'avois pensé qu'on pourroit mettre la matière et la méthode de l'éducation dans les livres mêmes, de manière que tous les instituteurs pussent arriver au même but. La destruction des jésuites m'avoit donné occasion de reprendre cette idée et de la travailler; j'en avois fait même une espèce de mémoire très détaillé, qui avoit été communiqué à

---

(1) Cette pièce existe aux archives du Prytanée.
(2) Batteux. — *Principes de littérature*.

différentes personnes. Mais il falloit l'exécuter, c'est-à-dire, faire les livres, les imprimer et donner le plan à l'essai. »

Ce plan, Batteux le donna (1) ; mais il ne fut pas même ou il fut mal essayé. A la retraite du ministre de Saint-Germain, sous les auspices duquel il avait été rédigé, des raisons diverses, d'amour-propre peut-être, le firent abandonner. C'était dommage pour Batteux, qui s'était, dans ce cadre d'études, adjugé la belle place ; c'était dommage pour l'enseignement lui-même, qui eût gagné à suivre ce plan simple et méthodique. « On ne suivit que la partie relative à la littérature française, dit M. de Bigault d'Harcourt (2), et je me souviens encore avec plaisir de tout celui que j'avais à l'apprendre. Je me rappelle aussi avoir vu paraître de loin en loin un ou deux volumes de la partie de l'histoire ; mais c'était une espèce de hors-d'œuvre dont il n'était point question dans les classes.... Quant à l'étude du grec, elle fut tour à tour commencée, abandonnée, reprise ; au total elle était nulle.

« C'était en seconde seulement qu'il était permis de faire des compositions françaises ; c'étaient des devoirs de surérogation, et les seuls qui se fissent avec un véritable plaisir. Cette partie de l'instruc-

---

(1) Voir note D à la fin du volume.

(2) Cet altier directeur des études ignorait parfois sa grammaire ; la deuxième phrase de cette citation n'est pas française.

tion était soignée en rhétorique avec autant de zèle que de goût.

« Les arts d'agrément, parmi lesquels on rangeait le dessin, étaient permis et encouragés. Du reste, l'étude du latin occupait tout le temps des humanités. On y procédait comme dans tous les colléges. C'étaient des thêmes et des versions à coups de rudiments et de dictionnaires, et des vers latins à l'aide du *Gradus*. »

Ces révélations d'un élève de cette époque donnent une idée de la valeur de l'enseignement, sous les pères de la doctrine chrétienne, au Collége de La Flèche : écart de la période littéraire et philosophique où venaient de briller les Cosson et les Pechméja, oubli du mode suivi sous les jésuites, même dans les temps derniers de leur direction un peu affaiblie, nous le pensons, par l'air *ambiant* du XVIIIe siècle, sans la hardiesse d'idées des uns et sans la profonde science pédagogique des autres ; somme toute, situation déclinante, relevée, en attendant la catastrophe, par les noms restés célèbres de quelques maîtres et de quelques élèves.

Le P. Corbin, supérieur et principal en 1777, fut l'un des plus recommandables professeurs de La Flèche par ses lumières et par ses vertus. On lui doit un traité d'éducation civile, morale et religieuse, à l'usage des élèves. Cet ouvrage, d'apparence modeste, renferme un cours complet de morale et une analyse détaillée des facultés physiques et intellectuelles de l'homme. L'auteur, après avoir fait connaître toute la chaîne des devoirs de la vie, depuis l'enfance jusqu'à la vieillesse, conduit, par une suite de raisonnements, à la religion, qui seule fournit les lumières sûres et la certitude du vrai bonheur. Ce traité est substantiel, solide, instructif, à la condition toutefois d'un enseignement oral parallèle qui le développe et le complète. L'utilité de ce livre et son succès dans l'enseignement recommandèrent Corbin à l'attention du roi, et lui valurent la place de précepteur du premier dauphin ; il eut pour successeur au Collége, dans la place de principal, Noël-Gabriel Villars (1748-1826), qui, après avoir fait ses études chez les pères de la doctrine chrétienne, entra dans leur congrégation et professa avec distinction la rhétorique à Toulouse, puis à La Flèche. Au milieu de la considération due à son talent, il y fut, et ce dut bien être là un de ses ennuis, l'un des quatre ou cinq professeurs que le chanoine La Sablonnière, plus solide à table que sur les pentes du Parnasse, fatigua du poids de ses assommantes poésies, auxquelles Villars eut une fois la bonté de répondre en se cachant à demi sous l'emblème du *Berger fidèle*.

> Vers le midi, dans une plaine
> Où Pomone établit sa cour,
> Où règne Flore en souveraine,
> Où la nuit a l'éclat du jour,
> La bonté de ces Dieux propices
> M'aidait autrefois à nourrir
> Des brebis, alors mes délices,
> Et que je dois encore chérir.

Si le troupeau sage et docile
Fait le destin de son pasteur,
Qui, mieux que moi, dans cet asile,
Pouvait goûter le vrai bonheur?
Du ciel la volonté suprême
Vint m'arracher à mes amours,
C'était pour vous, brebis que j'aime,
Pour vous que j'aimerai toujours!

Non, non, jamais mon cœur sincère
Ne rompra des liens si doux,
Mon seul désir est de vous plaire
Et de ne vivre que pour vous......

Malgré ce désir si doucement exprimé, Villars quitta La Flèche pour le collége de Bourges, d'où il passa à l'évêché constitutionnel de Laval. Partisan modéré des principes de la révolution, il fut, au mois de septembre 1792, nommé député de la Mayenne à la Convention nationale; mais il ne vota pas la mort de Louis XVI, et plus tard se distingua par son zèle éclairé et bienveillant pour le rétablissement de l'instruction publique. Le 17 octobre 1795, il fit décréter l'organisation de la bibliothèque nationale, fut nommé par l'empereur membre de la classe de littérature à l'Institut et rendit d'importants services comme inspecteur-général des études, place dont il exerça les fonctions jusqu'en 1815, et dont il conserva le titre jusqu'à sa mort.

Ce savant, d'un caractère doux, modeste et obligeant, avait laissé derrière lui, à La Flèche, Laban, qui lui succéda comme professeur de rhétorique et comme principal; Ferlus, professeur de quatrième; Séquélas, orateur distingué, connu par un poème sur la liberté de la presse; Berrut, professeur de physique expérimentale, plus tard recteur du collége de Moulins; Ducasse, dont le talent poétique ne servit guère qu'à encourager la manie de rimailler de La Sablonnière, dont un poème latin sur une souris blanche, empaillée par le P. Noblo, également professeur à La Flèche, eut l'honneur d'être traduit en français par M. d'Azincourt; Huault, Rayban, et Meyer et Maurin, dont nous aurons à reparler.

Aimables instituteurs d'enfants, grands enfants que vous étiez vous-mêmes, vous chantiez en 1787, comme au bon temps, Pomone et Vertumne, le vin de Pomard, le retour de Flore, l'immortalité des souris blanches, que sais-je? Et la Melpomène du drame révolutionnaire, vous ne la voyiez donc pas venir?

Mais on se doutait généralement peu de ce qu'elle pouvait avoir de terrible. Les commencements de la révolution furent salués à La Flèche, ainsi que presque partout en France, comme l'aurore d'un jour nouveau, levé sur un monde d'institutions usées, dont chacun, même la plupart de ceux qui devaient y perdre la fortune ou la vie, aspiraient généreusement à sortir. Le Tiers-État, lentement soulevé par les siècles du moyen-âge, montait à la surface du niveau social; le Clergé et la Noblesse, au libéral appel du roi, se dérangeaient pour lui faire place. Nous avons lu, et ce n'a pas été sans émotion, avec quelle enthousiaste ardeur les électeurs fléchois demandèrent au roi la convocation des états-généraux ; le patriotisme dans notre petite ville se manifesta dans toutes les conditions et sous toutes les formes. Dans le Collége, on se prit à voir, dans le bon et vertueux Louis XVI, la résurrection de ce roi dont le nom se trouve à toutes les pages de ce livre, et l'on inscrivit au piédestal de son buste le plus grand éloge que nos professeurs aient jamais pu faire des souverains qui se sont succédés depuis : *Nobis alter Henricus*. Dans la ville, on organisa une contribution patriotique ; nous en avons l'état imprimé sous les yeux, formant un total de 54,139 livres 10 sous 10 deniers, arrêté à l'hôtel-de-ville de La Flèche, le 15 mai 1790, par M. de la Rue, maire, P. Germond, Guyot-Duvigneul et Auguste Salmon ; le premier avait souscrit pour 1,500 livres, le dernier pour 360.

Les pères de la Doctrine, professeurs au Collége, donnèrent 6,000 livres.

Généreuse imprévoyance ! car un an après, les deux abbayes de Mélinais et de Bellebranche, les quatre prieurés et les propriétés, redevances et rentes de toute nature prélevées dans soixante-sept paroisses à la ronde, furent ou supprimées ou vendues comme bien national. Le cours des évènements était trop rapide, les évènements eux-mêmes trop absolus et trop écrasants, pour qu'un Collége comptât dans le mouvement ; les ressources qui le soutenaient depuis près de deux siècles tarirent à la suite de ces mesures. Le gouvernement constitutionnel de la dernière année de Louis XVI vint bien au-devant de la situation, et pourvut régulièrement à son entretien. La situation était prospère encore, quoique menacée, le 21 mai 1792, jour où le P. Merlin, professeur de rhétorique, prononça la dernière oraison funèbre de Henri IV, en ne cachant qu'à demi les appréhensions de l'avenir ; mais après le 10 août, mais après la République, proclamée le 23 septembre 1792, après la mort de Louis XVI, que les âmes honnêtes de tous les partis doivent reconnaître aujourd'hui avoir été un crime inexpiable peut-être, au milieu du bouleversement général, les professeurs doctrinaires et leurs élèves s'en allaient petit à petit. Le gouvernement républicain paya en assignats l'entretien de ceux qui restaient ; il y en avait une centaine encore environ, quand, en avril 1793, cette dernière ressource manqua elle-même. La noblesse était supprimée, tout citoyen était soldat, la République créait des officiers loin des Écoles militaires, sur les bords de la Sambre et du Rhin, le Collége même *national* devenait inutile : l'ordre de le supprimer arriva.

Un jour, c'était vers le 1er mai, tandis que les arbres du parc se couvraient d'une verdure tranquille et que les oiseaux y chantaient comme à l'ordinaire dans leurs rameaux, près de leurs nids, le P. La Mésangère, qui avait succédé depuis six mois au P. Laban dans la charge de principal du Collége national, rassembla les cent et quelques élèves qui restaient encore, et, avec des larmes dans la voix, tandis que tous ses jeunes auditeurs en avaient dans les yeux : « Mes enfants, leur dit-il, nous allons nous quitter; le gouvernement de la République l'exige, soumettons-nous; je vous rends à vos familles; vos parents, que j'ai prévenus de votre départ, sont, pour la plupart d'entre vous, arrivés à La Flèche vous chercher, je vais vous remettre entre leurs mains..... » — Comme sept ou huit élèves étaient orphelins, ou, ce qui était presque même chose alors, avaient leurs parents dans les prisons ou émigrés à l'étranger, à ceux-là La Mésangère dit : « Mes enfants, je ne peux pas vous abandonner ainsi; mais je suis moi-même sans ressources, obligé d'aller m'en créer à Paris; ne pouvant ni vous emmener, ni rester près de vous, je vous confie à un honorable habitant de La Flèche, votre voisin, mon ami Brossier (1). »

Brossier tenait alors une petite école dans la rue du Collége, dans l'une de ces maisons que l'on achève de reconstruire à présent, en face le mur méridional de l'église et de la bibliothèque. Il recueillit ces sept ou huit enfants chez lui; ils y restèrent quelques mois, sauf deux d'entre eux, dont l'un fut, après le départ de Brossier lui-même, ad-

(1) Ces détails intéressants ont été donnés par M. d'Hennezel, commandant en retraite, alors élève de troisième au Collége national.

mis, en attendant, dans l'excellente famille Bodin, et l'autre, par ordre du ministre de la guerre, fut laissé à la charge de la commune, qui le confia aux soins du citoyen Guinebert, instituteur comme Brossier.

Quant au P. La Mésangère, échappant par l'obscurité de sa vie, dans les premières années de la révolution, aux persécutions auxquelles l'exposait son ancien état, il était devenu, vers la fin du siècle, rédacteur du *Journal des Dames et des Modes.* « Il était assez piquant, dit Michaud jeune, de voir un ecclésiastique fort grave et de mœurs très austères se livrer à un pareil travail. C'était lui-même qui tenait les registres, faisait la rédaction et allait dans les spectacles, dans tous les lieux publics, observer la toilette des dames. Il surveillait aussi avec beaucoup de soins et d'intelligence la fabrication des gravures, toujours très exactes et représentant parfaitement les costumes du jour, ce qui contribua beaucoup au succès de l'entreprise. Ce succès avait procuré à La Mésangère une fortune qui suffisait à ses goûts fort simples, et il y trouvait encore de quoi faire du bien et rendre des services. Il mourut à Paris, le 25 février 1831 (1). »

(1) Pierre La Mésangère était né à Baugé, en Anjou, le 27 juin 1761 ; il avait fait de bonnes études au collège d'Angers, et devint professeur de belles-lettres et de philosophie à celui de La Flèche, dont il fut le dernier principal. Un de ses biographes a cité sur lui ces détails curieux : « La Mésangère sortait toujours sans parapluie ; s'il venait à pleu-

Plusieurs des élèves dispersés se retrouvèrent l'année suivante à l'École de Mars, établie le 13 prairial (8 juin 1794) dans la plaine des Sablons, près de Paris.

Parmi ceux qui avaient quitté La Flèche avant la dispersion, les plus célèbres ont été Clarke, depuis duc de Feltre, maréchal de France et ministre de la guerre sous l'empereur et sous le roi Louis XVIII (1); J.-B. Nompère de Champagny, duc de Cadore, un de ces ministres probes, aptes à l'expédition des affaires, dont Napoléon savait s'entourer;

voir, il en achetait un. Il oubliait souvent sa tabatière, et dans ce cas il en achetait une autre. Chaque fois qu'il sortait, il achetait quelque chose ; tantôt une paire de bas de soie, tantôt une paire de souliers, un habit ou un chapeau. Il avait toujours dans sa poche des pièces de 15 et de 30 sous, pour donner aux pauvres qu'il rencontrait dans la rue. A sa mort, on a trouvé, parmi ses effets, mille paires de bas de soie, deux mille paires de souliers, six douzaines d'habits bleus, cent chapeaux ronds, quarante parapluies, quatre-vingt-dix tabatières et 10,000 fr. en pièces de 15 et de 30 sous. » — Michaud : *Biographie universelle* : supplément, tome 70, en note.

(1) Henri-Jacques-Guillaume Clarke, comte de Hunebourg, puis duc de Feltre, naquit le 17 octobre 1765, d'une famille irlandaise ; sa vie est connue. On demandait un jour à l'empereur à Sainte-Hélène s'il croyait que Clarke lui eût été fidèle : « Oui, dit-il, tant que j'ai été le plus fort. » Tout le crime du duc de Feltre se réduit donc à ceci : « Il ne se piquait point d'être plus constant que la fortune. » C'est peu noble. — Parizot : *Biographie universelle de Michaud*.

Bertrand, qui fut le premier des nobles courtisans de sa chute, et dont le dévouement réclame d'autres pages ; le comte de Bourmont, d'abord un des généraux royalistes dans l'ouest de la France, et qui répara mal, par son dévouement aux Bourbons malheureux, sa désertion déloyale à Waterloo ; Bigault d'Harcourt, que nous retrouverons directeur des études à l'École royale de La Flèche ; enfin Claude et Urbain Chappe, qui ont illustré leur nom et le pays de La Flèche par l'une des plus ingénieuses découvertes des temps modernes, le télégraphe. Un autre agent, bien plus rapide que la vue elle-même et d'une communication instantanée, se substitue de nos jours à l'invention des frères Chappe; mais, en suivant l'ordre des années, ils n'en sont pas moins les premiers de ces hommes ravisseurs des secrets de Dieu, qui ont trouvé le moyen d'anéantir l'espace et presque de supprimer le temps. Claude Chappe, né à Brûlon, dans le Maine, élève de La Flèche dans les dernières années du Collége, mérite, comme compatriote et comme savant, une admiration toute sympathique ; car, dans son dévouement à la réussite de son œuvre, il fut longtemps contrarié, calomnié; son invention lui fut contestée, et il goûta, avant le succès et même après, à cette coupe amère qui a été celle de tant de génies méconnus de leurs contemporains. Au reste, sans sortir de sa famille, Claude Chappe avait pu apprendre que le deuil est à côté de la gloire; il était neveu de Jean Chappe d'Auteroche, qui s'en alla mourir en Californie, en 1769, victime de sa passion pour les observations astronomiques.

Urbain Chappe, l'aîné du précédent, élevé comme lui à La Flèche, fut élu député de la Sarthe à l'Assemblée législative, aida son frère dans ses essais, et fut avec lui et trois frères plus jeunes, Pierre, René et Abraham, nommé administrateur des lignes télégraphiques.

Le télégraphe est donc d'invention fléchoise; le premier, simple machine d'essai, fut placé sur la plateforme du château de Brûlon, l'autre sur la maison de M. Perrotin, à Parcé, distante de quinze kilomètres.

L'histoire de la télégraphie, par l'aîné des Chappe, a donné de curieux détails sur ces premières expériences. On sait qu'en 1793, la Convention reçut séance tenante, par le télégraphe, la nouvelle de la prise de Condé, et que le décret rendu aussitôt, qui déclarait que Condé s'appelerait *Nord-Libre*, fut transmis à l'armée, et l'Assemblée instruite de ce résultat avant la fin de la séance. Cet évènement décida la fortune de cette merveilleuse invention.

CHAPITRE VIII.

L'ÉCOLE DE LA FLÈCHE PENDANT LA RÉVOLUTION
(1793 — 1808).

Tandis que le Collége tombait ainsi, ne survivant que de quelques tristes mois à la monarchie qui l'avait fondé, le nom de République, mal entendu, et, il faut le dire, abominablement appliqué, jeta La Flèche et les pays circonvoisins sous le choc de deux électricités contraires, le royalisme vendéen d'un côté, le patriotisme républicain de l'autre, tous deux, à distance, également dignes ou de respect religieux ou d'admiration généreuse, car on savait alors, des deux parts, faire à ses convictions le sacrifice de sa vie.

On resta cependant près d'une demi année dans ces angoisses de cœur que doivent avoir, je suppose, deux frères qui vont se battre.

Cependant les malheurs de la guerre civile étaient imminents, prêts à franchir la Loire et à se rapprocher de nous, quand le représentant du peuple Thirion, accompagné du général Fabrefond, que nos compatriotes avaient surnommé *Moustache*, en mission à La Flèche, vint ajouter aux craintes publiques l'odieux d'une profanation sacrilége, à laquelle, du moins, toute la population honnête de la ville resta étrangère.

En voici le récit tel que l'a laissé plus tard Charles Boucher, alors ex-chirurgien du Collége, dans une relation manuscrite peu connue, bien qu'elle ait été déjà publiée (1) :

« Le cœur de Henri-le-Grand reposoit dans l'église du Collége, où il avoit été déposé d'après le testament de ce bon prince. Cette église servoit aux assemblées du club. L'œil du représentant, dans une séance, aperçut le monument. Le lendemain, 7 vendémiaire an II, des ordres furent donnés pour jeter au feu les restes du cœur de ce héros. La troupe sous les ordres du général prit les armes; des ouvriers furent commandés pour détruire ce monument, qui consistoit dans une boîte de chêne dorée, en forme de cœur. Elle fut brisée, et couvroit une autre boîte en plomb, aussi en forme de cœur, sur laquelle étoit inscrit en lettres d'or : *Cy gît le cœur de Henry-le-Grand*. Celle-ci fermoit à cadenas. La clef n'y était pas, on l'ouvrit avec un ciseau. La poussière des aromates qui avaient servi à l'embaumement s'éleva, et fit un petit nuage. On donna quelques secousses à toute la boîte; on vit et on entendit un corps d'un brun noir, solide.

» On marcha ensuite sur la place de la Révolution; on envoya chercher du menu bois chez un boulanger voisin; le feu fut pris à la forge d'un serrurier. La flamme ayant éclaté, on fit sortir de sa boîte ce cœur autrefois si magnanime, desséché par

(1) Dans la *Coll. Petitot,* note à P. de L'Estoile, et dans le *Journal des Artistes,* 1846.

le temps, et dans un instant il fut réduit en cendres.

» La troupe retirée, celui qui écrit ceci s'approcha peu à peu du petit bûcher. Il le laissa s'éteindre, se promenant sur la place d'un air indifférent ; puis jugeant que les cendres étoient refroidies, et n'apercevant plus que des enfants qui jouoient à l'extrémité de la place, il jeta un mouchoir sur l'emplacement, qui étoit couvert de cendres et de charbons noirs. Il en rassembla par ce moyen tout ce qui lui fut possible, et l'emporta sous son vêtement.

» Arrivé dans sa maison, il rassembla sa femme, sa fille et son gendre, et leur dit : « Mes amis, tandis que les honnêtes gens se sont renfermés chez eux, pour ne pas être témoins du sacrilége qui vient de se commettre, mû par un sentiment d'amour et de respect, j'ai voulu sauver les cendres du cœur du bon Henri. Les voici : elles seront pour nous et nos enfants un objet de vénération, et peut-être un jour elles pourront être rendues à la vénération publique. Ces temps sont encore éloignés : ils ne reviendront peut-être que sous une autre génération; pendant ce temps, nous aurons tout à craindre pour notre vie : mais j'espère que du moins le Ciel veillera sur celle de quelqu'un de nous quatre, qui survivra pour conserver ce monument précieux. »

» En conséquence, on mit les cendres dans une bouteille, sans aucune inscription qui pût désigner la nature du dépôt, de crainte qu'elles ne fussent découvertes dans les fouilles auxquelles les maisons de ceux appelés royalistes étoient exposées.

» Le calme ayant succédé à l'orage, on voulut jouir du plaisir de jeter de temps en temps un coup-d'œil sur ces restes précieux. On imagina un tableau un peu profond sous verre, à la partie supérieure duquel la figure très-naturelle du bon Henri a été placée. Au-dessous on lit :

« *Henricus Magnus Francos amavit,*
Flexienses dilexit. »

» Au-dessous de cette inscription est un flacon transparent, contenant une partie des cendres de ce grand homme; l'autre partie est restée dans la bouteille. Ce flacon est entouré de l'inscription suivante :

« *Cineres cordis Henrici Magni pietate et grata*
memoriâ, ob educationis pretium servati,
a C. Boucher, chirurgico. »

» Ce petit monument de famille, religieusement conservé, resta ignoré du public jusqu'à la Restauration.

Cependant cette profanation du 7 vendémiaire an II ne porta pas bonheur à la ville et ne fit que précéder de quelques semaines d'autres désastres; car deux mois après, c'est-à-dire le 10 frimaire (1er décembre 1793), la grande armée vendéenne, repoussée de Granville dont elle était allée inutilement former le siège, après avoir traversé Ernée, Laval, Sablé, et s'être dirigée ensuite sur Angers, revint par Baugé sur La Flèche. Cette ville, dégarnie de ses troupes qui s'étaient rendues à Durtal, pour empêcher le passage du Loir, n'avait pour toute défense que sa garde nationale et quelques renforts des localités voisines; mais en l'état de démoralisation dans lequel se trouvait l'armée vendéenne, c'en était assez pour lui inspirer des craintes. « Quelle fut notre surprise et notre douleur, dit Mme de la Rochejacquelein, lorsqu'en arrivant à La Flèche, on vit le pont coupé et trois ou quatre mille hommes placés sur l'autre rive ! Nous nous crûmes perdus ! M. de la Rochejacquelein ordonna de tenir ferme et de continuer le feu ; M. de Verteuil y fut tué. Henri prit trois cents braves cavaliers, qui mirent trois cents fantassins en croupe; il remonta la rivière à trois quarts de lieue (moulin de la Bruère), trouva un gué, arriva vers le soir aux portes de la ville, fit mettre pied à terre à ses fantassins, et se précipita dans les rues à la tête de sa troupe, en criant : vive le roi ! Les bleus, surpris et effrayés, prirent la fuite par la route du Mans. » Le général capucin défroqué Chalbos, qui commandait à La Flèche, fut forcé de battre en retraite; le représentant Garnier de Saintes se replia sur Alençon; les Vendéens brûlèrent sur la place de l'Hôtel-de-Ville les papiers de la mairie, et une lacune de cinq années dans les archives municipales atteste encore aujourd'hui cet évènement.

Mais l'armée républicaine, commandée par Marceau, Kléber et Westermann, eut au Mans une terrible revanche, et les Vendéens, taillés en pièces dans les rues de cette ville, s'enfuirent en répandant leurs blessés et leurs morts dans toutes les directions.

Telle fut la fin d'une expédition conduite sans but fixe, entreprise dans l'enthousiasme, continuée dans le découragement, et qui avait un instant menacé de bouleverser toutes nos contrées. Elle coûta aux Vendéens les deux tiers de leur armée; la dyssenterie en acheva les restes et moissonna des milliers de ces malheureux pendant leur séjour à La Flèche; elle sévit avec une telle intensité, que les rues de cette ville furent encombrées de morts et les maisons remplies de malades et de mourants. C'est alors que l'on vit les grandes salles du Collége national changées en hôpital, où l'on soignait les blessés et les malades des deux partis. Des chevaux morts étaient étendus sur la paille dans les salles des classes; les funestes résultats de la guerre civile apparaissaient dans tout ce qu'ils ont de repoussant et d'affreux.

Des traits d'humanité réciproque honorèrent ce deuil immense; plusieurs habitants de La Flèche sauvèrent de pauvres enfants vendéens que la mort de leurs parents laissait orphelins, et d'un autre côté, des Fléchois, pris les armes à la main et destinés à être fusillés, échappèrent à la mort que leur préparait le prince de Talmont, grace à la généreuse intervention d'un noble vieillard, M. de Biré, ancien major retiré du régiment de Bretagne.

Le représentant Garnier de Saintes, revenu ensuite à La Flèche, ou continuant de Paris à s'intéresser à la situation de la ville, fit ce qu'il put pour sauvegarder les droits de l'intelligence et de l'humanité. Tandis que l'échafaud se dressait dans les villes voisines, La Flèche fut exempte de la vue de l'instrument de mort; l'honorable conventionnel ne craignit pas de s'exposer lui-même, pour céder aux supplications de la pitié dont Mme Salmon, qui lui avait ouvert sa maison, se faisait ordinairement l'interprète, et pour élargir des prisons des détenus, dont les parents, encore vivants, pourraient aussi le redire. Enfin il promit de s'employer auprès de l'Assemblée, dont il était membre, pour le rétablissement du pensionnat du Collége.

En vérité, ce représentant du peuple méritait mieux que sa destinée. Il y a quelques années à peine, une personne de La Flèche, voyageant pour affaires aux États-Unis d'Amérique, et entendant parler, au milieu d'un district de population anglaise, d'un instituteur français, eut la curiosité de lui faire une visite, et retrouva dans le vieux maître d'école ce même Garnier de Saintes dont elle avait souvent entendu parler à La Flèche.

Mais la force des choses était plus forte que la bonne volonté des hommes, et le Collége national, perdant sa destination antique, traité lui-même de *ci-devant*, ne put être utilisé que pour y installer en l'an IV les bureaux des administrateurs du district et de la municipalité, le logement d'un général commandant la place et d'un commissaire des guerres, un hôpital, et « quelques logements de professeurs (1). » La buanderie fut changée en un atelier de salpêtre. Du reste, ces métamorphoses étaient régulières, surveillées par le citoyen Simon, architecte du Collége dès longtemps avant la révolution, « qui a rempli avec zèle ses fonctions, » et fut continué dans cet emploi par décision de l'administration municipale.

Le 12 pluviôse de cette année eut lieu l'établissement d'une maison de convalescents dans la partie des bâtiments situés entre la cour des classes (1er bataillon) et la *cour verte*, nom civique de la cour royale.

Le premier décadi de germinal eut lieu *la fête de la jeunesse;* toutes les autorités constituées de la ville de La Flèche furent réunies; la garde nationale, la gendarmerie, ainsi que les troupes de ligne, dragons, hussards et chasseurs, étaient sous les armes; et les instituteurs, accompagnés de leurs élèves, étant réunis à la municipalité, on se mit en marche, tambour battant, enseignes déployées, au son d'une musique guerrière, jusque sur la place de la révolution, où était placé un autel de la patrie, à la droite duquel s'étaient rangés les vieillards. Un membre du conseil municipal lut l'arrêté du pouvoir exécutif relatif à la fête; le président prononça un discours analogue à la circonstance; ensuite on distribua des couronnes aux élèves qui s'étaient dis-

---

(1) Tous n'avaient donc pas quitté la maison. — V. le registre des *délibérations municipales de l'an IV.*

tingués, en proclamant leurs noms; les jeunes gens de seize ans furent armés, et ceux de vingt-un ans furent inscrits sur les registres des citoyens ayant droit de voter dans les assemblées primaires.

« Le temps ne permettant pas de faire cette inscription et de se livrer à l'allégresse que la fête inspirait, on remit cet objet au lendemain, et sur-le-champ les citoyens se rendirent en grand nombre à la *salle des actes* du Collége, où des musiciens choisis ont exécuté plusieurs morceaux de musique composés pour la fête; ils ont été entremêlés de chansons également faites par un de nos concitoyens; elles ont été chantées par une citoyenne au milieu des plus vifs applaudissements, et la fête s'est terminée par les cris mille fois répétés de : vive la République ! ».

« Le 10 prairial, *fête de la victoire et de la reconnaissance* à La Flèche, les défenseurs blessés, les pères et mères de ceux qui se sont signalés reçoivent de la part des officiers municipaux le témoignage public de la reconnaissance nationale; il a été aussi délivré aux veuves des brevets de pension accordés par le gouvernement, après quoi, tout le Collége s'est rendu dans la salle des actes du *ci-devant* Collége, où la cérémonie s'est terminée par des chants civiques analogues à la fête. »

« Le 10 fructidor, *fête des vieillards*, l'administration municipale désigne au scrutin deux vieillards invalides décorés du médaillon, pères de famille, et deux mères de famille, de l'âge le plus avancé, et qui jouissaient dans la commune de la meilleure réputation de probité, de patriotisme et de vertu. Une députation est choisie pour aller dès le matin orner de feuillages la porte de leur demeure; les enfants de huit à dix ans, petits garçons et petites filles, sont avertis à son de trompe de se réunir à dix heures à la Maison commune, pour concourir à la fête, ainsi que tous les vieillards âgés de soixante ans au moins. Un détachement de garde nationale et la musique se joignent au cortége, puis la chaleur excessive ne permettant pas de compromettre la santé des vieillards et des enfants sur une place publique, la cérémonie se fait dans la salle des actes du ci-devant Collége. »

Naïfs imitateurs des républiques d'Athènes et de Sparte, le sentiment chrétien manquait à vos fêtes ! Elles étaient belles, mais elles étaient payennes, et quelque chose dit à mon intelligence et à mon cœur que c'est pour cela qu'elles n'ont pas su durer.

Nous bornons ici ces éphémérides de l'an IV : elles peuvent donner une idée de la manière dont le régime républicain sous la période moins troublée du Directoire était accepté et pratiqué dans une petite cité paisible. Cependant ces fêtes allaient s'effaçant peu à peu, et le Collége ci-devant national eût fini par perdre jusqu'aux visites civiques de la jeunesse, si un arrêté de l'administration centrale du département de la Sarthe, en date du 27 ventôse an V, n'était venu renouer dans nos murs la chaîne brisée de l'enseignement classique.

« L'administration du département de la Sarthe, vu la pétition de la municipalité de La Flèche, en date du 13 ventôse an V ;

» Considérant qu'aux termes de l'article VI du titre II de la loi du 3 brumaire, sur l'instruction publique, les communes qui possédaient des établissements d'instruction connus sous le nom de Colléges, et dans lesquels il ne sera pas placé d'École centrale, pourront conserver les locaux qui étaient affectés audit Collége, pour y organiser à leurs frais des Écoles centrales supplémentaires ;

» Que, par conséquent, l'administration municipale peut disposer du ci-devant Collége de La Flèche, pour y organiser une École supplémentaire ; que depuis longtemps elle fait sans succès des démarches auprès du gouvernement pour obtenir cette École supplémentaire et une École spéciale ;

» Que, cependant, l'éducation publique languit, et qu'il importe à l'intérêt général de la raviver et d'attacher les professeurs provisoires à leurs fonctions par tous les moyens possibles ;

» Que le pensionnat dont il s'agit est très propre à produire ce double effet ;

» Ouï le commissaire du pouvoir exécutif, arrête :

» Que ladite administration municipale de La Flèche est autorisée à disposer de la partie du Collége désignée ci-devant sous le nom de Pensionnat, à condition néanmoins qu'aussitôt que les nouveaux professeurs spéciaux et supplémentaires centraux seront arrivés, le local sus-mentionné sera remis à leur pleine et entière disposition, à la charge de tenir et rendre en bon état ledit pensionnat. »

Cet arrêté venait à propos, car déjà l'un des administrateurs du district, P..n, qui exerçait une assez grande influence sur l'opinion, poussait à la vente des terrains et des bâtiments du Collége, s'autorisant de la loi qui décidait que toutes les maisons d'éducation qui n'étaient point occupées, devaient être vendues; il disait au procureur syndic de la commune : « Nous n'avons plus besoin de cette maison féodale, elle sera vendue et détruite; la charrue passera sur le terrain qu'elle occupe inutilement, et le blé y croîtra. Aujourd'hui il suffit aux enfants de la patrie de savoir lire et écrire; tout cela peut s'apprendre partout ailleurs que dans une maison si longtemps consacrée à l'aristocratie : la vente aura lieu ! (1) »

La vente n'eut pas lieu. Le procureur syndic Rocher-Desperrés, aidé de Savardan, maire, et fort de la décision de l'administration centrale, s'opposa énergiquement à l'aliénation des bâtiments et des terrains de l'École; il fit plus, il assembla sur-le-champ quelques enfants, auxquels il joignit ses deux fils et un neveu, les présenta aux citoyens Meyer et Maurin, ex doctrinaires, anciens professeurs au Collége, et les engagea à se charger de la direction d'un nouveau pensionnat, sans attendre l'arrivée problématique des « professeurs spéciaux et supplémentaires centraux. »

(1) Emprunté au Ms. de M. de Sourdon.

Mayer et Maurin ayant consenti à la proposition, M. Rocher-Desperrés s'occupa immédiatement de tous les premiers détails de cette nouvelle création, et fit transporter au Collége une partie de son propre mobilier pour organiser les lits des premiers pensionnaires; la municipalité elle-même seconda ces honorables efforts, et mit à la disposition des deux professeurs la partie des bâtiments connus sous le nom de pensionnat (le carré du 2me bataillon), le parc des élèves, les bâtiments et cours de la buanderie, à la charge de faire trois fois l'an les allées du jardin, etc., et en se conformant à la teneur de l'arrêté départemental.

Maurin et son collègue s'engagèrent, le 1er fructidor de l'an V, à ouvrir deux classes au Collége pour les écoliers externes, sans *pouvoir exiger de leurs parents aucune rétribution particulière* (1). « Le citoyen Meyer enseignera l'histoire et la géographie, et le citoyen Maurin les mathématiques; quand ils prendront de nouveaux associés, ils s'engageront à ouvrir successivement, au même titre ci-dessus, en faveur desdits écoliers externes, d'autres classes pour les autres parties de l'enseignement, et, dans cette prévision, ils auront dès ce jour la jouissance des classes dudit Collége (rez-de-chaussée des bâtiments du 1er bataillon), aux mêmes conditions que celles exprimées pour le reste du pensionnat; ils auront pareillement la faculté de faire usage de la

---

(2) V. la note E à la fin du volume.

salle dite *des actes*, pour les exercices publics de leurs écoliers. »

La destinée de cette maison est si bien fixée par les traditions du passé, elle est tellement faite pour une population studieuse, que, dès les premiers mois de leur établissement, Meyer et Maurin réunirent un assez grand nombre d'élèves pensionnaires, sans compter les externes ; ils purent dès lors s'adjoindre plusieurs anciens professeurs d'un mérite distingué et des maîtres pour les seconder dans toutes les parties d'une éducation complète et bien dirigée. Au bout de deux ans, l'École municipale de La Flèche comptait plus de deux cents élèves, tant internes qu'externes, et, par l'importance qu'elle acquérait de jour en jour, rappelait la période des Pères de la doctrine, dont les chefs de l'établissement, Meyer et Maurin, s'attachaient à faire revivre les traditions d'enseignement. Quand, le 5 prairial de l'an VIII, le premier sous-préfet de La Flèche, M. Hardouin-Fichardière, vint prendre possession de cette magistrature qu'il a si noblement remplie, ce fut un de leurs collégues, Bonnin, professeur de mathématiques, qui fut chargé de le complimenter.

Ce magistrat fit une sainte réponse, tant elle est belle et noble ; il sut, en citant Cicéron, rétablir le nom de Dieu, changé par la phraséologie du temps en *Être Suprême* et en *Créateur des Mondes* ; il rappela les vérités morales, corollaires naturels du grand nom qu'il rétablissait. « Un gouvernement sage et fort, ajouta-t-il, vient de s'établir sur les débris de trois constitutions, dont les bases, jetées dans l'effervescence des passions révolutionnaires, devaient périr tôt ou tard. L'espoir d'un avenir meilleur luit enfin à nos yeux ; il se réalisera, car la justice et l'humanité sont les principes qui caractérisent le nouveau gouvernement.......

» Que tous les sentiments nobles et généreux, l'amour de la vertu, l'amour du bien public, unissent tous les Français ! Que des communications franches et loyales rapprochent des hommes divisés par des préventions, et qui s'estimeraient s'ils se connaissaient mieux ! Puisse le règne des passions particulières, né de la dissidence dans les passions politiques, s'anéantir jusqu'à l'oubli ! Puisse, enfin, chaque citoyen élever dans son cœur un autel à la Concorde, et sur cet autel faire le sacrifice de ses haines, de ses ressentiments et même de ses souvenirs ! »

Il dit encore :

« Vous possédez dans vos murs un établissement dont la renommée honore autant votre commune qu'elle fait l'éloge des magistrats qui ont su prévenir sa chute entière et favoriser sa restauration. Le préfet m'a spécialement chargé de vous annoncer qu'il ne négligerait aucun moyen d'ajouter à son éclat, et qu'il était en ce moment occupé de projets qui doivent ériger votre Collége en Prytanée et en faire une des institutions les plus célèbres de la République. »

En effet, le 16 thermidor suivant, un agent-comptable arriva à La Flèche, muni d'un arrêté des consuls, pour prendre possession, au nom de l'administration du Prytanée français, des biens du ci-devant Collége et opérer leur réunion à cet établissement. Néanmoins cette organisation annoncée si officiellement à l'avance devait se faire attendre plusieurs années encore.

L'année suivante, M. Rocher-Desperrés, qui, comme agent national ou procureur de la commune, avait activement contribué à la reformation d'une École dans nos murs, fut nommé maire; son œuvre de patronage sur l'établissement devint alors plus facile. Le compte-rendu de l'examen public des écoliers en l'an IX nous montre l'extension qu'avait prise dès lors l'École secondaire, fondée et dirigée sous les auspices de la municipalité.

C'était le 30 fructidor : les élèves internes et externes, interrogés sur les diverses parties de l'enseignement, répondirent de manière à montrer les progrès qu'ils avaient faits dans l'année classique écoulée ; des pièces de dessin et d'architecture, des paysages, une belle tête du premier consul, et pendant trois soirées consécutives des symphonies musicales, des pièces morales dramatiques, prouvèrent leurs progrès dans les arts. « L'assemblée, dit Burbure, composée d'un grand nombre de parents, d'une foule d'étrangers et de la plupart des habitants de La Flèche, était encore embellie par la présence de trois préfets, du général commandant la 22ᵉ division militaire, des autorités civiles; en un mot, tout s'était réuni pour contribuer à l'illustration de cette fête. » Les professeurs Malmouche, Bardet et Burget prononcèrent des discours souvent applaudis, et M. de La Roche, professeur de rhétorique, lut ce parallèle poétique de Henri IV et de Bonaparte :

> Elèves des beaux-arts, jeunes plantes, croissez
> Dans cet asile heureux que vous embellissez.
> Quels modèles sacrés vous offre son histoire !
> Là, Descartes enfant préludait à sa gloire.
> Henri fonda ce temple, et ce temple attendri
> Rappelle encore le nom, le doux nom de Henri.
> Il aimait ce beau lieu, et sa cendre y repose ;
> Votre reconnaissance est son apothéose,
> Et vos larmes d'amour ont coulé sur son sort.
> Consolez-vous pourtant, son grand cœur vit encor ;
> Il vit dans un héros, comme lui votre père,
> Le sauveur des Français et l'amour de la terre ;
> Plus grand par ses exploits et par la liberté,
> Il le passe en fortune, il l'égale en bonté.
> Par lui renaît enfin à ses pompes antiques
> Ce lieu plein de grands noms et d'ombres héroïques.
> Aux mânes d'un grand homme un grand homme a souri,
> Et pour nous Bonaparte est un autre Henri.

Cet appel au grand homme qui dirigeait les destinées de notre patrie ne fut pas immédiatement entendu, et ce ne fut que dix-huit mois après (20 ventôse an XI) qu'un arrêté des consuls décida que le Collége de La Flèche serait érigé en École secondaire et les élèves admis à concourir pour les places gratuites dans les Lycées.

Mais la protection de Napoléon pour le Collége de La Flèche devait se montrer plus intime, plus complète et plus marquée de ce cachet national qu'il savait empreindre dans ses œuvres. L'année 1807 fut la dernière de l'École secondaire, et une série de thèses philosophiques, dont la soutenance se fit le 2 septembre par les élèves Charles Laporte, de Laval, Louis Lelasseux, d'Auvers-le-Hamon, Noël Legendre et Trotté de La Roche, du Mans, dans la salle des actes du Collége, fut le dernier évènement classique de cette période que nous pouvons appeler révolutionnaire.

CHAPITRE IX.

LE PREMIER PRYTANÉE MILITAIRE A LA FLÈCHE
(1808 — 1814).

Un des premiers soins du gouvernement consulaire fut la réorganisation de l'instruction publique en France. La Convention avait bien, dans le cours de son orageuse existence, décrété des créations essentielles dans l'ensemble de l'éducation nationale : le Conservatoire des Arts-et-Métiers et l'École Normale en 1794, l'École Polytechnique en 1795, et, la veille de sa dissolution, la création de l'Institut. Mais ces institutions n'avaient encore que le mouvement incertain des formations qui commencent; elles n'étaient faites que pour quelques vocations spéciales ou les intelligences favorisées; et l'instruction secondaire proprement dite, plus générale et plus utile, à laquelle on n'avait pas eu le temps de songer, resta pendant cette période et même encore sous le Directoire, abandonnée à l'initiative philantropique de quelques hommes honorables, mais isolés.

L'urgence d'un système d'ensemble se faisant sentir à tous les hommes intelligents, le ministre de l'intérieur, Lucien Bonaparte, adressa aux consuls, le 1er germinal an VIII, un rapport remarquable qui divisait le Prytanée français, existant alors dans le local du lycée Louis-le-Grand, en quatre grands Colléges.

Le premier consul adopta ces conclusions, et signa l'arrêté qui portait organisation des quatre Colléges désignés sous la dénomination générale de Prytanée français, et les établissait à Paris, Fontainebleau, Saint-Cyr et Saint-Germain. Des arrêtés successifs du premier consul organisèrent de nouveaux Colléges, formant également des subdivisions du Prytanée français, d'abord à Bruxelles, le 19 germinal an VIII, puis à Lyon, le 27 fructidor de la même année.

Cette organisation civile de l'instruction secondaire durait depuis cinq ans, lorsqu'un décret impérial organique, daté du camp de Boulogne, le 13 fructidor an XIII, changea le Collége de Saint-Cyr en Prytanée militaire, pour les fils de militaires qui se destinaient à la carrière de leurs pères; le local devait être disposé pour contenir 600 élèves, dont 200 au-dessous de douze ans, n'en ayant pas moins de sept ; 200 au-dessous de quinze ans, 200 au-dessous de dix-huit. Les élèves *âgés de plus de 16 ans, sachant l'école de bataillon*, devaient compter, à dater de cette époque, *comme soldats;* ils feront, dit le décret, l'exercice avec des fusils de dragons; ceux qui auront plus de douze ans et moins de seize, feront l'exercice avec des mousquetons; les élèves qui auront plus de seize ans et dont le temps comptera à l'École comme soldats, formeront une garde à la porte du Prytanée ; ils y feront le service comme l'infanterie.

« Les élèves formeront trois bataillons de quatre compagnies ; chaque compagnie sera composée de 50 élèves ; ils mangeront à la gamelle ; l'appel et les inspections se feront comme dans les régiments.

» Le plan des études des Lycées sera suivi au Prytanée ; ceux des élèves qui pourront soutenir l'examen pour l'artillerie et le génie, seront aptes à se présenter à l'École de Metz, sans passer par l'École Polytechnique. L'École aura un commandant militaire, ayant au moins le grade de colonel, lequel sera sous la haute surveillance du connétable et sous l'inspection du commandant militaire de Fontainebleau. Pour l'enseignement, il y aura un directeur, un sous-directeur des études, et un nombre de professeurs et de maîtres proportionnés à celui des élèves. »

Le Prytanée militaire français resta à son origine dans les attributions du ministère de l'intérieur, et ce ne fut que le 1er janvier 1807 qu'il entra dans celles du ministre de la guerre ; le général Gilbert-Louis Duteil fut chargé du commandement du Prytanée, et M. Pierre Crouzet, principal avant lui, fut chargé de la direction des études, par décret impérial daté du palais de Schœnbrünn, le 24 frimaire an XIV.

Cependant, au commencement de mars 1808, une demande de la municipalité de La Flèche, suivie d'une description sommaire des bâtiments du Collége, avait été accueillie par l'empereur, et un décret, sous deux titres, donnant pleine satisfaction aux instances de la ville, daté de Saint-Cloud, le 24 mars 1808, ordonna la translation du Prytanée de Saint-Cyr à La Flèche, et celui de l'École militaire de Fontainebleau à Saint-Cyr. Le texte relatif au premier mouvement a fait, dès lors, du Collége de La Flèche ce qu'il est depuis quarante-cinq ans, une pépinière militaire, l'École des pupilles de l'armée; pour cette raison, et comme point de départ, en tête de la période contemporaine nous reproduisons la première partie du décret :

Napoléon, Empereur des Français, roi d'Italie, etc., nous avons décrété et décrétons ce qui suit :

Article Ier. A dater du 1er juin de la présente année (1808), le Prytanée de Saint-Cyr sera transféré à La Flèche, où il sera installé le 15 juin.

Art. II. Notre ministre de l'intérieur fera la remise des bâtiments de La Flèche à notre ministre de la guerre au 1er avril prochain.

Art. III. Le général Bellavesne se transportera à La Flèche avec un officier du génie, et y ordonnera les réparations indispensables à faire pour y établir ledit Prytanée de Saint-Cyr, lesquelles ne devront pas excéder la somme de 70,000 francs.

Art. IV. L'Ecole secondaire de La Flèche continuera à rester à La Flèche, dans un local qui lui sera désigné par le général Bellavesne.

Art. V. A dater du 15 juin prochain, la pension sera payée au Prytanée de Saint-Cyr à raison de 600 francs par élève, et pour les individus présents, sans que cela puisse dépasser la somme de 120,000 francs.

Art. VI. A dater de la même époque, il n'y aura plus audit Prytanée que 200 élèves au frais du gouvernement. Les élèves qui seront conservés seront de préférence les fils de militaires; tous les autres seront ou envoyés dans des corps, ou à notre Ecole militaire s'ils ont l'âge, ou distribués dans nos Lycées, selon l'état que nous en remettra notre ministre de la guerre avant le 15 avril.

Art. VII. Le Prytanée de La Flèche ne sera composé que de 400 élèves : 200 boursiers, 200 pensionnaires.

Art. VIII. La pension des pensionnaires sera de 800 francs.

En conséquence de ce décret, le général Bellavesne, accompagné de commissaires et d'un officier du génie, arriva à la Flèche dans les premiers jours d'avril, pour prendre connaissance de la situation matérielle de l'établissement, et, sur le rapport qu'il en fit au ministre, la somme de 70,000 francs fut allouée pour subvenir aux réparations les plus urgentes, et aux travaux préparatoires nécessaires au casernement de 400 élèves. Le voyage de tout le personnel, élèves, officiers, professeurs, se fit avec une précision minutieuse et une rapidité remarquable, dues aux instructions détaillées du ministre de la guerre Clarke, en date du 23 mai 1808. En exécution de ces ordres, le dédoublement du Prytanée de Saint-Cyr commença le 26, et s'opéra par neuf détachements successifs de 30 élèves chacun, surveillés par un officier et un maître de quartier, et transportés par des voitures placées en relais sur la route de Saint-Cyr à La Flèche. Chaque détachement devait faire deux relais par jour, et par conséquent ne rester que quatre jours en route. Le neuvième et dernier, parti de Saint-Cyr le 3 juin, à quatre heures du matin, heure uniforme, arriva le 6 dans l'après-midi à La Flèche.

Le 20 juin, le personnel du Prytanée de Saint-Cyr, élèves, officiers, professeurs, employés divers étaient installés à La Flèche. Cet évènement, impatiemment attendu, causa dans toute la population de notre ville une joie générale. Ce jour-là, le préfet, le sous-préfet Hardouin-Fichardière, les autorités et toutes les personnes notables de notre ville, se réunirent pour recevoir le général-commandant Duteil, le directeur des études M. Crouzet, les fonctionnaires et les élèves. Une fête brillante leur fut donnée par le conseil municipal, dans l'ancien château du marquis de la Varenne, sous l'ombrage des orangers plantés par Henri IV.

Le lendemain, le directeur des études adressa aux élèves et aux fonctionnaires réunis au Prytanée les paroles que voici :

« Aux bienfaits sans nombre dont notre auguste Empereur a comblé votre jeunesse, sa bonté paternelle vient d'ajouter une nouvelle faveur, en vous rendant ce noble asile, consacré par le plus grand et le meilleur de nos rois, aux jeunes héritiers des braves.

» Vous acquérez un vaste et magnifique domaine, sans être dépouillés de celui qui reçut votre première enfance. Non, Messieurs, cette maison que vous avez quittée avec regret et vers laquelle vos yeux et votre pensée se tournent avec reconnaissance, ce théâtre chéri de vos premières études, Saint-Cyr, n'est pas perdu pour vous. Ses murs vous reverront avec joie quand l'âge et le travail vous auront rendus dignes d'y soutenir votre dernière épreuve, d'y faire, en quelque sorte, la veille des armes, comme les fils de nos anciens preux, et d'être armés officiers français par la main de ce vaillant capitaine (1) que le sort des combats, en le frappant, mais en épargnant sa tête et son cœur, semble avoir voulu réserver pour former à la patrie des guerriers qui lui ressemblent. Vous serez rendus à cette École d'où sont sortis des milliers de jeunes amants de la gloire, dont un de nos plus braves généraux (2) a dit, après la mémorable journée d'Austerlitz : « Les élèves du Prytanée se sont conduits dans cette campagne comme de vieux soldats. » Vous rentrerez dans cette enceinte, qui sera pour vous désormais le vestibule des camps. Et qui peut douter que vous n'y marchiez sur les traces de vos aînés, et que vous n'emportiez d'ici ce saint enthousiasme de l'honneur qu'ils ont fait éclater sur les nombreux théâtres de nos victoires?

» Si le sol de Saint-Cyr, destiné d'abord à de tendres fleurs, fut depuis favorable à la culture des palmes héroïques; si ces murs, où ne devaient croître que

---

(1) Le général Bellavesne, commandant de l'École de Saint-Cyr, avait eu une jambe emportée par un boulet à la bataille de Rastadt.

(2) Le général Legrand.

de jeunes et faibles vierges, s'étonnèrent de voir à leur ombre grandir tout-à-coup de robustes guerriers, que ne devons-nous pas attendre du sol de La Flèche, où les mâles rejetons des plus nobles familles ont puisé de tout temps une sève si vigoureuse ?

» Tout ici vous présage les nouveaux succès du Prytanée; tout annonce que, loin d'y dégénérer, il y recevra les accroissements les plus rapides. En quel endroit, jeunes élèves, votre auguste bienfaiteur pouvait-il placer un dépôt plus cher à son cœur, plus convenablement que dans une ville dont les habitants sont inviolablement attachés, par le souvenir de leurs malheurs mêmes et par le motif qui les attira sur leur tête, au héros qui rétablit la majesté du trône, la sainteté des autels, la vérité des tribunaux, qui rendit à la nation ses mœurs, son caractère, ses lois et ses arts, qui nous éleva de l'abime du malheur au faîte de la puissance et de la gloire, et nous fit tout-à-coup redevenir Français... Notre grand monarque n'a point aujourd'hui de sujets plus fidèles et plus dignes de sa confiance. *Henri* leur légua son cœur, *Napoléon* leur confie ses enfants....

» Si, comme je n'en doute pas, vous êtes enflammés du désir de vous immortaliser dans les combats, ce sol est celui que foula dans son enfance le vainqueur de Belgrade, de Temeswar et de Peterwaradin. Mais sans chercher loin de votre âge les modèles que vous devez suivre, c'est dans les classes où vous allez entrer que commencèrent à se distinguer deux ministres dont vous avez successivement éprouvé la bienveillance (1). C'est vous prouver évidemment, Messieurs, à quelle hauteur peuvent s'élever les vertus et les talents cultivés dans cette enceinte. Et comment pourraient-ils n'y pas fructifier ? comment l'âme ne serait-elle pas émue des plus généreux sentiments dans un lieu tout rempli des plus nobles inspirations ? Là reposait le cœur paternel de ce roi dont la mémoire est si chère au peuple, qui conçut des projets qu'exécute notre nouveau Charlemagne, qui, comme lui, dut son trône à son épée, et sa grandeur à son activité et à son génie ?...

» Si ce cœur royal n'est plus dans cet édifice où la reconnaissance l'avait placé, peut-être quelque main religieuse aura, par un noble larcin, soustrait ses cendres à la fureur des vandales, et vous rendra ce dépôt sacré. Si le malheur des temps a voulu qu'elles fussent dispersées, du moins son immortelle mémoire ne cessera d'habiter ce monument de sa munificence, que les noms à jamais chéris du *fondateur* et du *restaurateur* rendront doublement précieux à la jeunesse française.... »

Ce discours presqu'improvisé, au début de la situation nouvelle faite à l'École de La Flèche, n'est point indigne de ce noble discours sur l'honneur que l'année précédente M. Crouzet avait prononcé à la distribution des prix de Saint-Cyr; il ne l'est pas non plus de cette belle ode qu'il a composée en l'honneur de Napoléon, que M. Fleury-Lécluse traduisit dans

---

(1) Le maréchal Clarke, duc de Feltre, ministre de la guerre ; Champagny, ministre de l'intérieur.

la langue et le rythme d'Homère (1), et qui mérite
d'être relue même après les poëmes de Méry, de
Lamartine, de Victor Hugo et d'Edgar Quinet.

LE FRANÇAIS.

Réveille-toi, cendre d'Homère,
Ton Achille est ressuscité,
Plus grand.....

HOMÈRE.

Qu'as-tu dit, téméraire?

LE FRANÇAIS.

Ombre auguste, la vérité.
Oui, par un héros plus sublime
Cet Achille si magnanime
En nos jours vient d'être effacé.
Tu n'en es pas moins admirable;
Le chantre reste inimitable;
Le héros est seul surpassé.

HOMÈRE.

Abjure ce langage étrange.
Le demi-dieu que j'ai chanté,
Dont le nom seul sert de louange
Aux mortels qui l'ont imité,
Achille est la valeur suprême.
Jamais la nature elle-même
Ne fit rien qui lui fût égal :
Mon héros est au-dessus d'elle,
Achille n'eut point de modèle;
Il ne peut avoir de rival.

---

(1) *Epinikion tō Napoleonti tō megalō tōn Keltōn autokratori kai tēs Italias Basilei.* — Paris, impr. d'Eberhart, 1806.

LE FRANÇAIS.

Je sais que le chantre d'Achille
Est le père de ce héros ;
De sa tête en guerriers fertile,
Ce guerrier superbe est éclos.
Prince de l'antique harmonie,
C'est toi, dont le pompeux génie
De sa splendeur l'a revêtu.
Le mien, d'un cerveau poétique
N'est point l'ouvrage fantastique :
Il ne doit rien qu'à sa vertu.

Aux vastes champs de la victoire
Ce conquérant a moissonné
Plus de lauriers et plus de gloire
Que tu n'en as imaginé.
Il n'est plus pour nous de prodiges ;
J'ai vu des antiques prestiges
S'évanouir le merveilleux ;
La fable a cessé d'être fable ;
Il n'est plus rien d'invraisemblable,
Que les faits passés sous nos yeux.

HOMÈRE.

Je te pardonne le délire
Qui me paraît troubler tes sens :
Ton cœur sans doute te l'inspire ;
Je veux bien seconder tes chants.
Tiens, prends cette lyre sonore
Dont la voix retentit encore
Des bornes de l'antiquité,
Et va, des siècles triomphante,
Frapper, toujours plus éclatante,
L'écho de la postérité.

LE FRANÇAIS.

Moi ! j'aurais cet excès d'audace !
Dans mes transports ambitieux
J'oserais usurper la place
Du chantre d'Achille et des Dieux !
Qui ? moi ! sur ta lyre sacrée,
J'oserais, ombre révérée,
Porter mes indiscrètes mains !
Non : c'est au plus grand des poètes
De chanter les vastes conquêtes
Du plus grand de tous les humains.

HOMÈRE.

Et quel est le mortel insigne
Qui doit s'asseoir au premier rang ?
Que l'univers croit le plus digne
De l'auguste titre de GRAND ?
Qu'a-t-il donc fait ?

LE FRANÇAIS.

    La Renommée
Pour lui seul et pour son armée
En vain fatigue ses cent voix ;
Ses cent voix s'épuisent : l'Histoire
En vain dans sa vaste mémoire
Veut ranger ses plus beaux exploits.

Rivaux de ton divin modèle,
Brillèrent cent guerriers fameux,
Les vainqueurs de Cannes, d'Arbelle,
Et Charlemagne plus grand qu'eux ;
Animé de la même audace,
Il court, il vole sur leur trace,
Il asseoit ses camps sur leurs camps ;

Et là, par ses faits héroïques
Sont effacés leurs noms antiques
Que ne peut effacer le temps.

Champs fertiles en grands spectacles,
Théâtre à jamais glorieux
Qu'ont signalé par cent miracles
Des phalanges de demi-dieux,
Fiers remparts, monts inaccessibles,
Alpes, dont ses mains invincibles
Ont fait un trophée à son nom,
Fleuves guerriers, nobles rivages,
Parlez; fut-il dans tous les âges
Rien d'égal à NAPOLÉON?

....
....

Suit le récit poétique des exploits de l'empereur, et l'éloge de sa clémence et de son désir de donner la paix aux nations. Homère s'incline devant une telle gloire; il dit :

C'est vainement que de ma cendre
Ton zèle a troublé le repos.
Quelle voix pourrait faire entendre
Des chants dignes de ce héros!
Faibles poètes que nous sommes,
Eh! que peuvent pour les grands hommes
La pompe et l'éclat de nos vers,
Tandis que leur vertu présente
De sa clarté resplendissante
Remplit encor tout l'univers?

Quand d'une ombre religieuse
La vénérable main du Temps

> De son histoire merveilleuse
> Voilera les traits éclatants,
> Le monde, idolâtre des fables,
> Lira les récits incroyables
> De ses travaux prodigieux ;
> C'est alors que montant ma lyre,
> Je renaîtrai pour les redire
> A tous les temps, à tous les lieux.

Malgré le talent des poètes que nous citions tout-à-l'heure, l'Homère de Crouzet a raison, et si prodigieuse qu'ait été la vie de l'empereur Napoléon Ier, elle ne pourra avoir son épopée digne d'elle que quand le temps lui aura donné le lointain du merveilleux et des souvenirs, que quand aussi un poète croyant s'en inspirera au milieu d'une époque de foi ; la religion, première loi de la conscience, est encore, nous croyons à cette théorie, la première loi du génie.

Ces discours, cette poésie qu'on vient de lire, nous révèlent l'esprit national et guerrier à la fois qui animait sous l'Empire les élèves des Écoles militaires, et qui se traduisit pour l'empereur en une espèce de culte, et dont le dévouement jusqu'à la mort de tant de nobles jeunes gens lui fut une preuve si persévérante.

Ce dévouement, qui n'était pas seulement pour le grand homme et qui s'identifiait à celui pour la patrie, fut inspiré à Saint-Cyr, puis à La Flèche, par le directeur des études Pierre Crouzet, l'orateur et le poète que nous venons d'entendre deux fois, et qui mériterait de l'être une troisième pour son beau discours sur l'*Honneur*. Il était né à Saint-Vaast, en Picardie, le 15 décembre 1753; il perdit son père à seize ans, sa mère à dix-huit, et resta l'aîné de neuf enfants auxquels il servit de père. Ses études, qu'il commença au collége de Beauvais et qu'il acheva au Plessis, furent très brillantes, et il remporta en rhétorique le premier prix de vers latins à la distribution générale des prix de l'Université. Reçu docteur agrégé en 1778, il fut nommé professeur de troisième à Montaigu en 1780, et, par ses succès dans les chaires d'humanités et de rhétorique, il soutint et accrut la réputation de cette célèbre École; en 1791, il devint principal de ce Collége; en l'an III, la Convention nationale le nomma directeur de l'Institut des jeunes français; trois mois après il devint chef de l'École de Liancourt; le 1er fructidor de l'an VIII il fut nommé directeur de l'École de Compiègne, et le 1er germinal an IX directeur du Prytanée de Saint-Cyr.

On sait quelle réputation acquirent à l'armée les élèves de ce Prytanée. Le 27 nivôse an III, l'empereur décora de l'ordre de la Légion-d'Honneur l'instituteur plein de zèle et de dévouement qui savait inspirer de si nobles sentiments et une si vive ardeur à ses disciples. Lors de la translation du Prytanée de Saint-Cyr à La Flèche, en juin 1808, Crouzet, nous l'avons vu, présida à l'installation nouvelle et conserva la direction des études jusqu'au 17 mars 1809, époque où il fut rappelé dans l'Université et nommé proviseur du lycée Charlemagne. C'est dans les fonctions de cette place qu'il termina sa noble et utile carrière, le 1ᵉʳ janvier 1811, également regretté des professeurs, qui le regardaient moins comme un supérieur que comme un ami, et des élèves, qui le chérissaient comme un père (1).

Ce savant si recommandable, qui n'ambitionna jamais, en faisant beaucoup de bien, que le plaisir d'avoir bien fait, eut, le 2 mai 1809, pour successeur à La Flèche, M. Raybaud, qui resta directeur des études jusqu'au 10 novembre 1815.

La direction donnée à l'instruction dans le Prytanée, sous les hommes honorables que nous venons de nommer, n'est pas sans utilité à connaître. Un document transmis au général Duteil, par l'inspecteur en chef aux revues, secrétaire-général du ministère de la guerre, renferme à cet égard des détails intéressants (2).

De 1808 à 1810, les fonds alloués par le budget de la guerre ne furent pas toujours en rapport avec les besoins d'un établissement qui commençait à s'organiser, et le nombre des élèves payants se maintint au-dessous des prévisions. Pour combler ce déficit et améliorer la position financière du Prytanée, le ministre de la guerre proposa à l'empereur de faire

---

(1) Ces détails sur Pierre Crouzet sont extraits du *Journal de l'Empire*, 26 janvier 1811, et de la *Biographie des Contemporains*; ils ont été recueillis à la suite d'une notice sur Mᵐᵉ Crouzet, dont un ami m'a donné communication.

(2) V. note F à la fin du volume.

venir à La Flèche les enfants qu'il désignerait dans les premières familles des pays conquis, pour être élevés en France. En conséquence, 260 étrangers furent admis au Prytanée. Les Allemands, les Italiens, quelques Suisses appartenant à des familles aisées payèrent une pension. Des Hollandais et 150 Croates ou Illyriens entrèrent comme élèves du gouvernement. Ils arrivèrent vers la fin de 1810, dans un état de dénûment complet. Le séjour à La Flèche, les soins immédiats dont ils y furent entourés durent être un bonheur pour ces pauvres enfants, qui, pour la plupart, ne tardèrent pas à se distinguer par leur intelligence et leurs succès.

Quelque temps après, 40 fils de familles établies aux colonies, réunis d'abord au Collége de la Marche, à Paris, vinrent encore augmenter le personnel des élèves, et en portèrent le nombre à 500 environ.

Mais le local du Prytanée de La Flèche permettait mieux encore, et l'empereur désirant lui donner toute l'importance dont il était susceptible, et très intelligemment secondé dans ses intentions par le duc de Feltre, conçut, vers la fin de 1811, la formation d'une École d'artillerie annexée au Prytanée; 160 élèves, tirés de leurs familles ou des Lycées, devaient former le noyau de cette École préparatoire. Dans le courant de novembre, le directeur de l'artillerie à Nantes, sur l'invitation du général Gassendi, chef de la division de l'artillerie au ministère de la guerre, expédia au Prytanée de La Flèche, avec leurs affûts et armements, des canons de siége et de campagne, un obusier, un mortier, de la poudre et des projectiles à raison de cent coups par pièces, et, dans le commencement de l'année suivante, les arsenaux de Rennes, de Nantes et de Douai expédièrent à La Flèche un matériel beaucoup plus considérable. On eut ainsi, dans le courant de l'été 1812, quatorze pièces de canons de divers calibres, quatre mortiers, quatre obusiers, et tous les outils nécessaires aux travaux de fortification. Un magasin à poudre, un autre pour la fabrication des pièces d'artifices furent construits et approvisionnés.

Le général Duteil seconda avec activité les ordres du ministre; en sept semaines tout le matériel nécessaire pour le nouvel établissement fut prêt.

Cette création nouvelle était l'œuvre de quelques lignes de l'empereur; il avait, le 15 mars, rendu un décret par lequel les élèves des Lycées jugés assez instruits pour suivre le cours de l'artillerie, devaient passer un an au Prytanée de La Flèche pour terminer leur instruction, et être ensuite placés, avec le grade de lieutenant en second, dans les régiments d'artillerie.

L'article V de ce décret porte :

« Il sera, en conséquence, établi au Prytanée de La Flèche des cours de dessin, de mathématiques et de fortifications, un atelier d'artifice, un *polygone* et tout ce qui est nécessaire pour l'instruction des élèves d'artillerie. Il y sera aussi attaché des officiers d'artillerie. »

Les élèves artilleurs arrivèrent dans le courant du mois de novembre. Leurs études et leurs exercices commencèrent sous la direction d'un major et de deux capitaines d'artillerie ; six sous-officiers de la même arme leur furent adjoints.

Pour compléter la nouvelle École, le ministre de la guerre avisa à l'acquisition de vastes terrains au nord du parc, sur une largeur de cent soixante mètres, prolongée jusqu'au côteau de Saint-Germain. Dans cet emplacement, on devait construire un polygone, des magasins, un bassin de natation, enfin une butte pour le tir des boulets et des bombes. Déjà les terres avaient été mesurées, les indemnités déterminées ; mais les énormes dépenses du ministère de la guerre lors de l'expédition de Russie, celles qu'il fallut s'imposer ensuite pour faire face à nos désastres, forcèrent le duc de Feltre à ajourner, puis à abandonner le projet d'un polygone pour l'École d'artillerie.

Néanmoins, à l'apogée de notre gloire militaire, et lorsque déjà l'étoile de l'empereur, fatalement égarée dans le ciel du Nord, commençait à pâlir, le Prytanée de La Flèche était dans une situation à la fois vigoureuse et florissante, qu'il n'a pas, sous ce rapport, recouvrée depuis. « Plus de six cents élèves, dit M. de Sourdon, dont deux cents d'artillerie, s'y trouvaient réunis ; les études littéraires, scientifiques et militaires avaient de brillants résultats, malgré les éléments contraires provenant de la réunion de jeune gens si différents par l'âge, le langage, la nationalité et les habitudes de leur première éducation. »

Les Italiens, les Allemands, les Croates surtout se firent remarquer par leur amour pour le travail, leur active intelligence et leurs succès dans l'étude des langues, des mathématiques, du dessin et de la science militaire. On vit avec étonnement ces jeunes étrangers, après dix mois de séjour, s'exprimer correctement en français et obtenir les premières places dans leurs classes.

Ces succès furent dus à la bonne direction des études, au zèle et au talent des professeurs, dont le plus éminent fut le célèbre helléniste Fleury Lécluse, devenu plus tard professeur à la faculté des lettres de Toulouse, et au commandement actif et intelligent du général Duteil, très à propos maintenu dans le commandement de l'École pendant toute la période impériale et même au-delà.

Dans le mois de septembre 1813, sur 620 élèves du Prytanée militaire, 80 du premier bataillon d'infanterie et 70 de la première classe d'artillerie, passèrent à l'école spéciale de Saint-Cyr. Les élèves d'artillerie furent remplacés dans le mois d'octobre suivant par 80 autres jeunes gens.

Cependant le cercle de fer et de feu dont l'Europe soulevée nous entourait, se rapprochait de plus en plus; l'année 1813, de funeste mémoire, finit, et avec le commencement de 1814 commença l'invasion de la France, la lutte des peuples trompés contre un homme, et contre cet homme, ce qui devait briser son cœur avant d'abattre sa puissance, la défection de ceux qui lui devaient jusqu'à leur nom, la popularité changeante, et disons-le, puisque c'est vrai, la lassitude des longues guerres, dont la fin eût pu être le morcellement de notre patrie; mais dans cette croisade contre la France, le mot français et chrétien des croisades fut retourné, et ce partage de la patrie, *Dieu ne le voulut pas!*

La population studieuse de notre École, grace à la prudence du général Duteil, ne ressentit qu'au cœur le contre-coup de nos désastres; le Prytanée resta calme; les décrets du gouvernement provisoire de 1814, et les ordres du général comte Dupont, devenu ministre après avoir livré son armée, le démembrèrent sans l'abattre; les enfants des étrangers, impérieusement réclamés, s'en allèrent, emportant chez eux le bon souvenir de La Flèche et de la France, et la famille des Bourbons, bannie depuis 22 ans, rentra pour la première fois, croyant à l'avenir, sur le sol de la patrie.

. . . .

A la nouvelle de l'entrée du comte d'Artois dans Paris, le général Duteil fit proclamer au Prytanée le gouvernement des Bourbons. « Cet évènement auquel les élèves n'étaient pas préparés, leur fit exprimer des regrets, et leur conduite pendant quelques jours présenta des difficultés dont le général Duteil triompha cependant par sa sagesse, sa bonté et sa loyauté si connues. »

« Nous avons été loin de juger rigoureusement la conduite momentanée de ces jeunes français dont les parents devaient leur élévation dans les grades militaires ou de justes récompenses de leurs services, à l'homme extraordinaire que son étoile venait d'abandonner; la reconnaissance sans doute excita les murmures et l'opposition des élèves du Prytanée. Ce généreux sentiment devait être dans leur cœur; aussi fut-on bien plus disposé à les plaindre qu'à les condamner (1). »

Les premiers mois de la Restauration (2) furent marqués à La Flèche par la restitution des cendres du cœur de Henri IV, recueillies par l'honorable piété de M. Charles Boucher, qui était mort en 1811, léguant leur conservation à sa famille. M. Rojou, son gendre, ayant fait la déclaration des faits rapportés dans le chapitre précédent, MM. de la Bouillerie, maire, Georget et de Lucé, adjoints, accompagnés du conseil municipal et de plusieurs fonctionnaires du Prytanée, se rendirent chez Mme veuve Boucher, et devant cet auditoire recueilli, M. Rojou donna lecture de cette partie du testament de son beau-père :

« Je désire que ma famille garde parmi elle le petit monument que j'ai élevé au cœur de Henri IV. Ma famille peut être persuadée que j'ai très réellement recueilli ce que j'ai pu des cendres du bûcher où le cœur de ce grand et bon roi fut brûlé. C'est une vérité que j'affirme sur tout ce qui peut être attesté par un chrétien et par un homme d'honneur. »

Lecture faite, une portion des cendres conservées

(1) Ms. de M. de Sourdon.
(2) 6 juillet 1814.

dans une bouteille depuis 1793, fut mise immédiatement dans un flacon de verre blanc dont l'ouverture fut scellée avec de la cire rouge, et l'on y attacha cette inscription : *Cendres du cœur de Henri IV*. Ce flacon fut aussitôt renfermé dans une boîte de plomb doré, en forme de cœur, ainsi qu'une copie du procès-verbal de la remise des cendres : l'ouverture de cette boîte fut ensuite scellée à soudure. L'acte de dépôt porte les signatures de MM. Rojou, de la Bouillerie, maire, de Lucé et Georget, adjoint; et pour le Prytanée, de MM. le général Duteil, Caire, chef de bataillon, Raybaud, directeur des études, Lelouvier, payeur, de Sourdon, administrateur comptable.

Une seconde copie de l'acte fut remise au maire pour la ville, et une troisième au général Duteil pour l'établissement.

Après ces premières dispositions, M. Rojou posa la boîte sur un coussin de velours noir et la remit à M. de la Bouillerie, maire. Ce magistrat, suivi d'un nombreux cortége, se mit en marche pour se rendre dans la chapelle du Prytanée militaire. Arrivé devant l'autel, le maire remit les cendres au général Duteil, en lui disant :

« M. le général, le monument que nous avons l'honneur de vous présenter contient les cendres du cœur du bon Henri, sauvées par les soins courageux de M. Boucher, notre compatriote; il était fléchois, il remplit le vœu de ses concitoyens. Pénétrés de la plus vive reconnaissance pour ce grand roi, notre généreux bienfaiteur, nous vous prions, M. le général, au nom du corps municipal, de vouloir bien faire placer ce précieux dépôt au même lieu où ce cœur magnanime fut exposé pendant près de deux siècles, aux regards et à la vénération de tous les habitants de cette ville. »

« Je reçois avec reconnaissance, répondit le général Duteil, au nom du Prytanée militaire, le dépôt précieux remis entre mes mains. Religieusement conservé dans ce temple, sous les yeux de la jeunesse qui m'est confiée, il lui rappelera sans cesse les plus nobles souvenirs. Il ne nous reste donc, Messieurs, du cœur si bon et si généreux de Henri IV, que ces cendres inanimées, échappées aux orages révolutionnaires par les soins de M. Boucher, dont nous regrettons toujours la perte. Remercions le ciel, Messieurs, d'avoir retrouvé Henri-le-Grand tout entier dans le souverain qui nous est rendu. »

En disant ces paroles, le général Duteil, plus respectueux cette fois pour les cendres du cœur de Henri IV qu'il ne l'avait été jadis, à Saint-Cyr (1), pour les restes de Mme de Maintenon, les déposa sur une estrade disposée dans le chœur à cet effet, et, après l'office divin, la boîte cordiforme en plomb doré fut placée dans la niche au haut de

(1) L'un des premiers actes de ce général fut d'ordonner la destruction du modeste tombeau de « la fanatique, disait-il, qui avait fait révoquer l'édit de Nantes. » — M. Théophile Lavallée, *Hist. de la Maison royale de St-Cyr* (1686—1793).

la grande tribune, du côté de l'évangile, où on la voit aujourd'hui.

L'Empire français a disparu, le premier Prytanée va finir; mais en jetant un regard sur cette gloire de six années, dont La Flèche éprouva le reflet, nous ne pouvons taire une réflexion qui nous vient : Il y a eu émeute sous les jésuites, il y en eut plusieurs sous la Restauration, sous le gouvernement de juillet; il n'y en eut pas sous l'Empire. Ce résultat est significatif, et nous semble la preuve de la tenue régulière de la maison pendant toute cette période, et cette bonne direction elle-même nous semble avoir eu pour cause l'énergie conciliante du général Duteil, commandant, la netteté, la brièveté, la précision des ordres ministériels, la séparation distincte des attributions différentes, la mise à leur place des hommes et des choses, *l'avancement accordé tout à la fois au mérite et aux services*, enfin à l'application assez souvent faite de l'article 6 du décret constitutif du Prytanée, par lequel tout élève de seize ans et au-dessus était considéré comme soldat, et toujours à la veille d'être envoyé comme tel dans un corps, si son travail, sa conduite et ses progrès ne le rendaient pas apte à l'admission à Saint-Cyr, tandis que l'élève gradé de cet âge et recommandé par sa bonne conduite pouvait entrer comme caporal ou sergent dans un régiment.

Par cet article, le Prytanée se distinguait essentiellement des lycées ordinaires, et alors personne n'eût pu en dire ce qui fut dit vers la fin de la Restauration, et bien des fois depuis, avec encore plus de raison sous le gouvernement de juillet, que « l'École de La Flèche n'était qu'un véritable Collége décoré du titre d'École militaire, où l'on fait simplement les études en uniforme et où le tambour remplace la cloche. »

Il en était autrement alors ; le Prytanée préparait réellement à la vie militaire ; nombre d'élèves qui en sont sortis se sont depuis illustrés dans les rangs de l'armée ; plusieurs cependant ont suivi des vocations différentes. Voici quelques noms que nous avons pu recueillir :

MM. le général Aupich, ambassadeur à Constantinople et à Madrid ; le lieutenant-général Baraguay-d'Hilliers, président du Sénat ; de Dreux-Brézé, pair de France avant nos dernières révolutions ; le lieutenant-général Noël, le maréchal-de-camp Fririon, etc., etc. ; d'autres ont appartenu aux familles de Colbert, de Clermont-Tonnerre, de La Tour-d'Auvergne, etc. ; on y vit, venus d'Allemagne, MM. Boos de Waldeck, Walderdorf, Hompech, Wieland, Cérézoles, Stokalper, etc. ; d'Italie, Abatucci, Arighi de Padoue, Palaviccini, Doria, Patrizi, etc. ; d'Illyrie, Bassarich, Oreskovich, Milanovich, etc. ; enfin dans les *palmarès* des dernières années de l'Empire, au milieu d'une foule de noms étrangers, nous aimons à retrouver les noms de MM. L.-P. Grollier, longtemps maire de La Flèche, aujourd'hui membre du conseil-général, Leroy, du Lude, Henri de la Brousse, qui se distingua à la prise du fort d'Urgel, en Espagne, etc.

CHAPITRE X.

L'ÉCOLE ROYALE MILITAIRE PRÉPARATOIRE
(1814 — 1830).

La restitution des cendres du cœur de Henri IV au *Prytanée militaire* semblerait avoir dû mériter du gouvernement de Louis XVIII la conservation de son nom et l'intégral maintien d'un établissement qui, bien que récréé par l'empereur, inaugurait le retour de ce prince par une religieuse expression de dévouement à sa famille. Il n'en fut pas ainsi, et, sur un compte-rendu du lieutenant-général Dupont, ministre de la guerre, le roi rendit, le 30 juillet 1814, une ordonnance qui supprimait le Prytanée militaire, et, faisant abstraction des modifications apportées sous Louis XVI, la République et l'Empire, remontait dans l'ancien régime, jusqu'aux édits de 1751 et de 1764.

L'École royale était rétablie sur l'ancien pied, sauf les changements nécessaires, dit l'ordonnance; elle servira, comme autrefois, d'École préparatoire à l'École militaire de Paris. Huit jours après, le duc d'Angoulême, docile exécuteur des volontés du roi son oncle, était en route pour venir instaurer à La Flèche la nouvelle ère de son École.

Dès le matin du jour indiqué pour son arrivée (10 août 1814), un détachement des élèves de la division d'artillerie, avec six pièces de canons, alla prendre position en dehors de la ville, sur la route d'Angers; un second détachement fut placé dans le Champ-de-Mars; les autres élèves en armes s'alignèrent sur quatre rangs dans la cour royale, dans les allées du lozange qui alors en dessinait le sol. Les fonctionnaires militaires et civils du Prytanée, les autorités de la ville, le clergé, les officiers en retraite et les personnes les plus marquantes de l'arrondissement se groupèrent au centre du carré formé par les élèves, autour de la fontaine monumentale qui alors en occupait le centre. Une première salve d'artillerie annonça l'arrivée du prince, une seconde son entrée dans l'École. Il descendit de voiture dans la cour royale. Le général Duteil s'approcha et pria S. A. R. d'agréer le respectueux hommage des fonctionnaires et des élèves. Le prince salua de la main, et, au milieu des *vivats*, passa dans les rangs des élèves. Après la revue, il se rendit au parc, en parcourut une partie, rentra dans l'établissement par l'arsenal et se rendit dans la chapelle; il s'agenouilla un instant devant l'autel, puis s'étant relevé, alla s'incliner respectueusement devant les restes du cœur de Henri IV et garda quelques instants un profond silence.

En sortant de la chapelle, le duc d'Angoulême se rendit dans la salle de réceptions, pour y recevoir les autorités de la ville et les fonctionnaires du Prytanée; puis à onze heures, sans avoir voulu accepter le déjeûner qui lui avait été préparé, il remonta en voiture pour se rendre au Mans.

Le 15 août, qui l'année précédente avait été la fête de l'empereur, l'École d'artillerie cessa d'exister à La Flèche, par le départ des élèves pour l'École spéciale de Saint-Cyr.

Pendant les vacances de cette année (23 septembre 1814), une seconde ordonnance régla l'organisation des Écoles royales militaires; le nombre des élèves qui y seront reçus pourra être porté jusqu'à mille, savoir : 600 à l'École de La Flèche et 400 à l'École de Saint-Cyr; il sera pourvu aux dépenses sur les fonds du budget de la guerre, jusqu'à ce qu'une dotation spéciale ait été affectée aux deux Écoles. Les élèves pourront être admis à La Flèche dès l'âge de huit ans; ils y resteront jusqu'à quinze; à cet âge, ils passeront à l'École de Saint-Cyr pour achever leurs études; nul ne sera reçu à l'École de Saint-Cyr, *s'il n'a d'abord été élevé à celle de La Flèche.*

Les conditions de noblesse, exigées dans l'édit de Louis XV pour l'admission, ont disparu; le candidat doit avoir plus de huit ans et moins de dix (les enfants orphelins de père et de mère pourront être présentés jusqu'à treize ans), n'avoir aucune infirmité, savoir lire et écrire, et les parents doivent justifier qu'ils sont hors d'état de pourvoir aux frais d'éducation de leurs enfants.

« Notre intention, dit le texte de l'ordonnance, est que, parmi les candidats qui rempliront toutes les conditions requises, on choisisse de préférence ceux qui seront orphelins de père et de mère, ceux dont le père aura été tué sur le champ de bataille ou sera mort de ses blessures, et successivement ceux à qui la position de leurs familles rendra des secours plus nécessaires pour faire leur éducation.

» On enseignera aux élèves les langues anciennes, les éléments des mathématiques, de l'histoire et de la géographie; on leur apprendra le dessin, et on les exercera à l'école du soldat et du peloton.

» Les Écoles militaires ne fourniront plus d'élèves pour l'artillerie ni pour le génie, ces deux armes ayant des Écoles spéciales qui continueront à être alimentées par les élèves de l'École Polytechnique.

» L'École de La Flèche sera commandée, sous l'inspection du gouverneur de l'École de Saint-Cyr, par un maréchal-de-camp; il y aura de plus à cette École, pour l'administration, un administrateur, un payeur, un secrétaire des conseils, garde des archives; pour la police et l'instruction militaire des élèves, un colonel, un chef de bataillon, trois capitaines; pour l'enseignement, un directeur et deux sous-directeurs des études, sept professeurs d'humanités et de grammaire, deux professeurs suppléants, trois professeurs de mathématiques, trois de dessin, un aumônier, deux chapelains, un bibliothécaire, trois maîtres d'écriture et des maîtres d'études, à raison d'un pour cinquante élèves. Le service de santé se composait d'un médecin, d'un chirurgien, d'un aide-chirurgien et d'un sous-aide.

» Indépendamment des directeurs des études, il y

aura deux inspecteurs, l'un pour les lettres, l'autre pour les sciences, qui se rendront deux fois par an à chacune des Écoles; ils examineront les élèves, les méthodes d'enseignement, et en rendront compte directement au ministre de la guerre.

» Les élèves ne pourront passer de l'École de La Flèche à celle de Saint-Cyr qu'après avoir été *examinés* par les inspecteurs des études et jugés suffisamment instruits. »

Le reste de l'ordonnance est plus particulièrement administratif; nous y renvoyons le lecteur (1).

Une troisième ordonnance, en date du 18 novembre 1814, admet à La Flèche des élèves pensionnaires aux frais de leurs familles, et, comme les élèves du gouvernement, à la nomination du roi; seulement le prix de la pension qui, sous le Prytanée, n'était que de huit cents francs, est élevé à *douze cents*.

L'éducation dans notre École devenait le privilége de la grande fortune ou de la noblesse; car, malgré les clauses ci-dessus, qui semblent accorder indistinctement l'admission aux fils d'officiers sortis du peuple, il n'en est pas moins vrai que, dans les premiers temps de la Restauration, les listes d'élèves sont en grande partie composées de noms précédés de la particule aristocratique.

A cette époque, le général Duteil, qui depuis 1806 avait commandé le Prytanée à Saint-Cyr,

---

(1) *Bulletin des lois;* 2me sémestre de 1814.

puis à La Flèche, et dans les derniers mois l'École royale, fut promu au grade de lieutenant-général et remit le commandement au comte de Meulan, colonel d'état-major. La fermeté et l'activité dont il avait fait preuve pendant cette mémorable période, l'amabilité de son caractère le firent généralement et sincèrement regretter. De tous les chefs supérieurs qu'à eu notre École, le général Duteil est celui dont le commandement a protégé, nous le pensons, le plus grand nombre de vocations militaires.

. . . .

Cependant la famille des Bourbons, en rentrant en France, avait mis le pied sur un terrain rendu mouvant par les révolutions, et qui continue depuis trois quarts de siècles à se dérober sous ses pas, en ne lui laissant, même aux haltes heureuses faites dans la patrie, que l'illusion de l'espérance et l'amertume des souvenirs.

Napoléon, du haut des falaises de l'île d'Elbe, continuait de voir la France et de l'embrasser dans son grand cœur. A la veille du printemps de 1815, dédaignant le loyer mal assuré de cet îlot, il s'aventura sur un esquif; proscrit insurgé le matin du 1er mars, il était devenu monarque le soir : Antée vaincu avait repris toute ses forces en touchant du pied le sol de la patrie.

« L'aigle vola de clocher en clocher jusqu'aux tours de Notre-Dame. »

Cette étonnante histoire du second Empire, le

monde la sait; mais la France, mais l'armée, après un salut passionné à leur empereur, redevinrent inquiètes, prirent l'épouvante... et pleurèrent. Aurore merveilleuse! soirée funèbre! ces Cent Jours ne durèrent qu'un jour!

Tenue par sa destination en dehors des évènements, l'École militaire de La Flèche revint d'elle-même à l'empereur; mais le nom donné par le roi lui resta; rien ne fut changé, que le chef et quelques fonctionnaires qui encore le voulurent; les élèves nommés par l'un des souverains, furent accueillis par l'autre, et nous devons dire que quelques mois après la réciproque eut lieu. Le lieutenant-général baron Meunier fut envoyé pour commander à La Flèche. Ce commandement, bien vite brisé par les évènements, n'a pas laissé dans l'histoire de la maison des souvenirs bien remarquables. « Malgré ses bonnes qualités, le général Meunier, dit M. de Sourdon, prit une fausse direction; pendant ces moments de crise, il s'engagea dans des démarches dont sa position le dispensait; l'École fut transformée en place de guerre, des remparts furent élevés, les fonctionnaires durent prendre les armes et s'organiser en gardes de l'École pour s'opposer aux attaques projetées, disait-on, par les royalistes de la Sarthe. On trompa le général Meunier, nous pouvons l'attester. »

Tout en rapportant ce témoignage laissé par l'honorable et loyal M. de Sourdon, nous pensons que toute la vérité ne lui fut pas connue alors. Le général Meunier, envoyé par l'empereur, ne tarda pas à être dans la situation critique où la France se trouvait elle-même. La ville de La Flèche et le Collége se trouvèrent partagés entre deux sentiments contraires, presque en deux camps. A l'arrivée d'une petite garnison prussienne, l'un des deux partis crut pouvoir s'appuyer sur l'aide de l'étranger. En vain, le 11 juillet, et antérieurement à la présence de ces étrangers dans nos murs, le général Meunier avait-il fait disparaître la flamme aux trois couleurs qui flottait sur la tour de pierre et l'emblême impérial placé sur le fronton de la grande porte, le 25, le commandant prussien d'un détachement de hussards d'environ cent hommes, arrivés depuis huit jours, se permit de notifier au commandant de l'École l'injonction de se retirer et de se rendre au Mans sous escorte.

Envoyé par le gouvernement royal pour prendre le commandement provisoire de l'École, le colonel comte de Meulan vit, en passant au Mans, le général Meunier, et lui remit les ordres ministériels qui mettaient fin à son commandement. Arrivé le lendemain à La Flèche, l'honorable colonel écrivait immédiatement au ministre : « J'ai rencontré au Mans le lieutenant-général baron Meunier, ainsi que M. le major Dupatural; tous les deux avaient reçu l'ordre du commandant prussien de quitter l'École et la ville, et avaient été dirigés au Mans sous escorte. ..... J'ai regretté de n'être pas arrivé deux jours plus tôt; cette scène indécente n'eut pas eu lieu; elle a été provoquée par des *gens de la ville et de l'École qui ont bien peu de dignité française*. Il en est résulté que ce commandant prussien (capitaine, je crois) qui a sous ses ordres une centaine d'hommes, se croit en droit de donner chaque jour des ordres dans l'École, et de disposer du sort des individus et des propriétés de la maison..... Mon parti est pris relativement aux Prussiens ; s'ils veulent encore, ce que j'ai lieu de croire, enlever ou personnes, ou propriétés de l'École, je ne céderai qu'à la violence, et il leur faudra enfoncer les portes. Je prierai Votre Excellence de me faire connaître si elle approuve cette conduite. »

A la bonne heure ! on aime à retrouver cette loyauté de l'honneur et cette dignité du cœur supérieur aux revirements politiques, cette attitude fière encore devant les insolences de l'étranger, et ce blâme d'une noble conscience jeté à qui de droit.

Le 25 août, fête de saint Louis, le comte de Meulan, en présence des autorités de la ville et du tribunal, à propos de l'inauguration du buste du roi, adressa aux élèves ces paroles dont le sentiment religieux a effacé le sens politique, et qui restent bonnes à redire en tout temps à la jeunesse française :

.. « Que de devoirs indiqués dans ce nom seul de saint Louis, et quels exemples dans l'histoire de ce roi, que ses sentiments religieux et ses vertus ont fait saint dans le ciel, et que sa bravoure a proclamé héros sur la terre ! C'est un des torts de votre âge de croire incompatibles ces qualités, et un de mes premiers devoirs et par conséquent un de mes premiers soins sera de faire revenir les uns de cette injuste opinion, et d'en prémunir les autres... Croyez-en, mes jeunes amis, la longue expérience d'un vieux soldat; les sentiments de piété et de vertu qui font l'honnête homme sont les mêmes qui animent et qui élèvent le courage, et qui, parmi des braves qui ne sont que braves, lui font mériter la plus belle et la véritable gloire. »

Vers ce temps de la saint Louis de 1815, l'École de Saint-Cyr était supprimée et le Collége de La Flèche était la seule École militaire.

Dans le courant du mois d'octobre, l'honorable comte de Meulan fut appelé au ministère de la guerre, comme directeur du personnel; il fut remplacé à l'École par le colonel Préval, du corps du génie.

Une lutte qui se prononça de plus en plus, ne tarda pas à se former entre l'honorable colonel et la direction des études, remplie alors par M. l'abbé de Bigault-d'Harcourt, chanoine de l'église cathédrale du Mans : lutte que nous n'avons point à reproduire, mais dans laquelle le droit nous a paru avoir été pleinement du côté de l'autorité militaire, et les prétentions, l'importance jointe aux petites menées, du côté de la direction des études. « Encore un pas, écrivait un jour le colonel Préval, et l'École devient collége : collége soit ! mais dans ce cas, que pour le bien de l'État, ce dispendieux état-major soit supprimé, ou, si l'École militaire doit résister aux attaques des intrigants, V. Exc. se plaira à penser que de *vieilles moustaches* au service du roi ne peuvent pas être réduites à devenir de simples *exécuteurs* des volontés de MM. les pédagogues. »

Cette mésintelligence, particulièrement fatale à la grammaire, subsista pendant toute la période du commandement de M. Préval, c'est-à-dire, jusqu'au commencement d'août 1817, époque à laquelle le commandement en chef fut remis au général Gavotti ; le colonel Préval garda les fonctions de commandant en second.

Le 10 novembre 1817, seconde visite du duc d'Angoulême à l'École royale militaire de La Flèche, « où il est resté environ une heure et demie. S. A. R. a passé la revue des élèves, a vu exécuter le maniement des armes par le 1er bataillon, et les trois bataillons ont ensuite défilé. S. A., après s'être rendue à la chapelle, a visité les réfectoires pendant le diner. De là elle est allée dans les dortoirs et à l'infirmerie. »

Une ordonnance royale du 31 décembre 1817 fut rendue sur le rapport du maréchal Gouvion Saint-Cyr, réunissant transitoirement les deux Écoles militaires en une seule et fixant le nombre des élèves de La Flèche à 500, dont 300 aux frais de l'État ; la teneur de cette ordonnance a servi de base à toutes les ordonnances postérieures.

Dans le courant de 1818, un nombre assez considérable d'élèves est renvoyé, par mesure d'ordre, dans les Colléges royaux.

Une ordonnance royale du 10 juin de cette année régla de nouveau l'administration et le service intérieur des Écoles militaires; elle est très étendue, divisée en quatre titres, dont le premier détermine l'enseignement et le personnel de l'École militaire préparatoire de La Flèche, le deuxième l'enseignement et le personnel de l'École spéciale de Saint-Cyr, le troisième les dispositions communes aux deux Écoles et relatives : 1º à l'instruction religieuse, 2º au personnel du service de santé, 3º au conseil d'instruction et de discipline, 4º à l'administration, 5º à l'inspection; le titre IV réglemente les examens d'admission et de sortie pour les deux Écoles.

Un tarif des traitements y est annexé : la justice nous oblige de dire qu'ils nous paraissent parfois excessifs, disproportionnés, et les fonctions inutilement multipliées (1).

Cette ordonnance organisait un corps splendide; mais l'âme, nous le croyons, c'est-à-dire l'amour de l'étude et du travail y manquait. C'est du moins ce qui semble résulter de l'ensemble d'une lettre du maréchal Gouvion Saint-Cyr lui-même, en date du 8 octobre, et dont il fut donné connaissance aux élèves par la voie de l'ordre : « l'indiscipline, y est-il

---

(1) Il y avait un directeur des études à 7,500 fr., un préfet des études, un administrateur, un payeur, un économe, un secrétaire des conseils, à 6,000, 4,000 et 3,000 fr. — Le général commandant avait 8,000 fr., et le colonel seulement 3,000, etc.

dit, compagne inséparable de l'inapplication et de l'oisiveté, ne fait que trop de progrès dans l'École ; j'ai vu avec peine, par le compte-rendu des inspecteurs des études, que les élèves, par le mauvais esprit qui s'est introduit, la négligence et l'indiscipline qui en ont été la suite, étaient loin de reconnaître les bontés du roi, et qu'il était instant qu'un nouvel ordre de choses succédât promptement à celui qui n'a que trop longtemps existé à La Flèche. »

Au commencement de 1819, quelques changements s'opérèrent dans le personnel de l'École. Le général Gavoty fut nommé inspecteur-général de l'infanterie et fut remplacé par le maréchal-de-camp baron de Montfort; le colonel Préval, commandant en second, par le colonel de Montzey, lieutenant de roi à Douai.

La Restauration, bouleversée en 1815 au bout de quelques mois d'existence, par le merveilleux retour de l'île d'Elbe, puis rassise dans les années suivantes, commençait à donner à la France, sous le régime modéré de la charte, la paix, la prospérité matérielle et, sauf pour Manuel, la liberté parlementaire, quand, en 1820, elle fut attristée de son premier deuil dynastique. Le 13 février, en sortant de l'Opéra, le duc de Berry fut frappé par le poignard de Louvel. Cet évènement funeste, qui rappelait plus particulièrement à La Flèche l'assassinat de Henri IV, fut annoncé aux élèves dans un ordre du jour du 17, par le général de Montfort; les fonctionnaires prirent le deuil, et le 10 mars suivant un service funèbre fut célébré dans la chapelle pour le repos de l'âme du prince; l'abbé Chazel, aumônier, prononça l'oraison funèbre.

Le 29 septembre naquit le duc de Bordeaux. L'opinion publique s'émut en France à la naissance de cet enfant, qui venait au monde comme une asphodèle qui pousse sur la terre récemment remuée d'une tombe, et que de nouveaux orages ont depuis forcé d'aller grandir et vivre sur la terre étrangère.

Entre cette tombe et cet exil s'exhalèrent autour de ce berceau quelques strophes émues, échappées le 26 octobre 1820 à une lyre de notre École, dont nous ne connaissons pas même le nom; strophes auxquelles les révolutions et la conduite d'une mère, en trompant la pensée de l'auteur, ont ôté toute autre signification que celle que peut avoir une simple composition littéraire, sur un sujet tombé dans le domaine du passé. — Voici les dernières strophes :

....

Je te vois, au récit des hauts faits de tes pères,
Envier leurs vertus bien plus que leurs grandeurs ;
Souvent tu pleureras leurs royales misères
Et moi, de mes baisers, je sécherai tes pleurs ;
Mais sur ton père, hélas ! respecte mon silence....
Tu sauras seulement qu'il aima son pays,
Et qu'il sut au courage unir la bienfaisance ;
  Imite-le, mon fils !

Et toi qui souriais aux caresses d'un père,
De mon bonheur passé, triste et doux souvenir,

Ma fille, ne crois pas que tu me sois moins chère ;
No t'a-t-il pas bénie à son dernier soupir?...
Une mère n'a point d'inégale tendresse.
Entre mes deux enfants mon cœur reste indécis ;
Mais la fille des rois peut bien, dans son ivresse,
    Etre fière d'un fils !

Au printemps de 1821, le maréchal-de-camp vicomte Obert remplaça le baron de Montfort. Les bâtiments de l'École s'augmentèrent par l'acquisition d'une petite maison au sud-est de la cour du gymnase, et par la construction d'une serre dans le jardin particulier du général.

En cette année, la France officielle et indifférente, tâchant en vain de le faire oublier, laissa mourir l'empereur sur le rocher de Sainte-Hélène ; mais un groupe d'amis fidèles adoucit du moins les souffrances de ses derniers jours, et au milieu de cette phalange sainte, déjà décimée par la cruauté de la politique anglaise (1), en tête de ces illustres courtisans du malheur, qui à trois ou quatre personnifièrent la protestation de l'humanité apitoyée, dans cette chambre de Longwood d'où s'échappa le dernier soupir de la grande victime du régicide, longuement commis cette fois par les rois, était un élève de l'ancienne École militaire de la Flèche, le maréchal comte Bertrand.

Les services qui ont rempli la carrière militaire

(1) Le comte de Las-Cases avait été enlevé de Longwood le lundi 25 novembre 1816, et déporté de Sainte-Hélène au Cap un mois après.

du général Bertrand s'étant presque effacés devant son titre immortel et populaire d'ami de l'empereur, nous en rappelerons sommairement le souvenir.

Né le 28 mars 1773, à Châteauroux, où son père était subdélégué de l'intendance, le jeune Bertrand vint faire ses études au Collége militaire de La Flèche. Reçu le premier de sa promotion sous-lieutenant à l'École du génie, le 17 septembre 1793, il prit part l'année suivante au siége de Maestricht, et resta attaché à l'armée de Sambre-et-Meuse, avec le grade de lieutenant, jusqu'au 1er germinal an III (21 mars 1795), où il fut nommé capitaine. Ses connaissances dans les sciences mathématiques le firent à cette époque mander à Paris, pour aider à la création de l'École Polytechnique. A 23 ans il eut l'honneur d'être le suppléant de Monge dans la chaire de géométrie descriptive, science nouvelle dont l'illustre savant, fondateur de la première de nos Écoles militaires, posait alors les fondements.

En l'an VI nous le trouvons avec Monge encore en Égypte, où, dans les premiers mois, il dirigea les fortifications du Caire. Il paya de sa personne à la bataille des Pyramides, et mérita une mention particulière dans le rapport du général Bon sur la prise du village d'Embabeh; sa conduite dans ces circonstances et ses services lui valurent le grade de chef de bataillon (27 pluviôse an VII).

C'est en Égypte que commencèrent ses relations personnelles avec Napoléon. Blessé à la tête à la bataille d'Aboukir, en 1799, il n'en persista pas moins à l'attaque du fort, y reçut une blessure à la cuisse, enleva un drapeau à l'ennemi et contribua courageusement pour sa part à venger le récent désastre de notre flotte. Devenu chef de brigade en l'an VIII, il fit partie de la commission instituée au Caire pour juger l'assassin du général Kléber; il dirigea ensuite, avec autant de talent que d'activité, les travaux d'Alexandrie, et ne quitta cette place que pour revenir en France avec les restes de l'armée d'Orient.

Commandant en chef du génie au camp de Boulogne, en 1803, nous le retrouvons aide-de-camp de l'empereur dans la campagne d'Allemagne de 1805. Il exécuta sur les champs d'Austerlitz, à la tête d'un escadron de la garde impériale, des charges brillantes, par lesquelles il releva le peu d'importance de son commandement, en se rendant maître de dix-neuf pièces de canon et d'un grand nombre de prisonniers. En 1807, il apporte sa part d'intrépidité à l'importante conquête de Dantzick, obtient le grade de général de division (30 mai), force Spandau à capituler et mérite à Friedland les éloges directs de Napoléon.

De nouveaux services aux campagnes de Prusse et de Pologne le conduisirent à de nouvelles faveurs; il fut nommé chevalier de la Couronne de Fer et comte de l'Empire, avec une riche dotation en Pologne.

En 1808 et 1809, le général Bertrand fit la campagne d'Espagne à côté de l'empereur, puis le suivit à la grande armée d'Allemagne, où il reçut le commandement en chef de l'arme du génie. Il justifia ce choix, en construisant à Ebersdorf, sur le Danube, des ponts parallèles de plus de 800 mètres de longueur, cités par les tacticiens comme des chefs-d'œuvre. Ce fut sur ces ponts que Napoléon ouvrit à la grande armée le chemin de Wagram.

« Il n'existe plus de Danube pour l'armée française, dit l'empereur dans le 24e bulletin. Sur une longueur de 400 toises et sur un fleuve le plus rapide du monde, le général comte Bertrand a, dans dans l'espace de quinze jours, construit un pont de 60 arches, sur lequel trois voitures peuvent passer de front. Ces ouvrages sur le Danube sont les plus beaux ouvrages de campagne qui aient jamais été construits. »

Nommé gouverneur-général de la Dalmatie en 1811, le général Bertrand y laissa des traces d'une administration intègre et intelligente. En 1812, il fit la campagne de Russie et sa terrible retraite. Vinrent nos revers dont il partagea toute l'héroïque et inutile gloire; il s'illustra par son courage aux journées de Lutzen, de Bautzen, de Dresde, de Leipsick et de Hanau. Elevé le 18 novembre 1813 aux fonctions de grand-maréchal du palais, vacantes par la mort de Duroc, il suivit l'empereur à Paris, qu'il quitta bientôt pour faire cette mémorable campagne de France, en qualité d'aide-major de l'armée; sa conduite à Champ-Aubert, à Craonne, à Brienne, mais particulièrement à Montmirail, où il chargea avec Lefebvre, à la tête d'un bataillon, les lignes de l'armée russe, attachera son nom au souvenir de ces grandes journées.

Sa fidélité à l'île d'Elbe annonça son dévouement à Sainte-Hélène, où, après le désastre de Waterloo, il voulut suivre l'empereur avec Las-Cases, Gourgaud et Montholon. Là, il recueillit ses derniers adieux à la vie et à la France; il lui ferma les yeux et l'accompagna à son dernier repos dans la mélancolique vallée des Géraniums, qu'il alla encore une fois revoir en 1840, pour ramener, de concert avec le prince de Joinville, les restes de Napoléon. Les pompes funèbres du 16 décembre 1840 mêlèrent de nouveau le nom du grand empereur mort et celui de son ami dans l'admiration du monde.

Il est mort lui-même le 31 janvier 1844, laissant un nom qui restera dans la mémoire des peuples comme le type de la fidélité et du dévouement, et qui, glorieux par lui-même, le sera plus encore par son immortelle association à la destinée de Napoléon.

Le 2 mai 1847, les restes du général Bertrand ont été enlevés à Châteauroux et inhumés le 5 aux Invalides, près de ceux de l'empereur.

Là, ils reposent à quelques pas l'un de l'autre, sous ces mêmes voûtes qui abritent le sommeil éternel de tant d'illustres guerriers; et pour qu'on ne dise pas qu'en France la poésie de la gloire et du dévouement est une lettre morte, et que le peuple n'a pas le culte des grands noms, des révolutions récentes se sont faites pour rectifier 1830, récréer un nouvel Empire et donner gain de cause au sentiment qui honora le plus la vie du maréchal comte Bertrand. C'est du rocher de Sainte-Hélène, où s'est consommé le sacrifice qui a achevé la purification d'une grande vie, que s'est envolé naguère l'aigle impérial qui plane de nouveau sur les destinées de notre patrie.... Que Dieu les fasse dans l'avenir grandes et heureuses, sans tourmente nouvelle, mais libres encore pour cette patrie, et telles aussi pour chacun de ses fils !

Quelques jours avant la rentrée d'octobre 1821, le général Danlion vint prendre pour neuf ans le commandement de l'École royale militaire préparatoire. Ferme, énergique, quelquefois despote, plus souvent homme de cœur et de touchant dévouement, relevant dans un moment d'épidémie le moral de la jeunesse qu'il commandait, au prix d'un deuil dans sa propre famille, le général Danlion, par la netteté et la précision rigoureuse de ses ordres, sut imprimer à notre École une marche nouvelle; le travail revint avec la discipline, et avec le travail les succès. Ce fut, malgré une tentative d'émeute sévèrement réprimée, l'époque brillante de l'École royale; seulement, dans cette marche régulière et uniforme, les années se passent sans faits marquants dans notre maison, que le contre-coup que viennent lui donner les évènements extérieurs, rendus quelquefois plus intimes pour elle.

De ce nombre fut la visite de Mme la duchesse d'Angoulême, le 23 septembre 1823.

La réception fut magnifique et véritablement royale, trop royale peut-être, car l'étiquette qui entoure les princes est la première barrière qui les sépare des peuples. Cette étiquette fut en cette circonstance minutieuse, prévoyant tout, entourant la princesse de sentinelles, de gardes et d'honneurs rendus à chacun de ses pas et à chacun de ses regards. Des guirlandes de fleurs serpentaient dans la cour royale, des drapeaux blancs flottaient aux fenêtres; les dames, en robes blanches, avec rubans blancs ou *vert trocadéro*, formaient un essaim autour d'elle. Les appartements où S. A. R. fut conduite étaient splendides. Le mauvais temps empêcha de déjeûner au fort Henri, sous la tente élégante qui en couvrait le sommet; et c'était dommage, car ce monticule traditionnel n'avait jamais été si pavoisé et si fleuri, et, de par ordre, les élèves *devaient* former des groupes *joyeux* dans les deux ou trois allées qui y conduisent. En revenant du fort Henri, la princesse s'arrêta devant le myrte de Henri IV, le considéra avec intérêt, en brisa un rameau et le planta dans un vase doré, en porcelaine, rempli de terre, qu'on lui présenta. Aujourd'hui le vieil arbuste vient de mourir, son fils lui succède; mais cette princesse, éprouvée par le malheur et trois exils, est morte elle-même avant le myrte planté, dit-on, par le père de sa race.

Le lendemain, un ordre du jour du général Danlion, où l'emphase remplace trop le naturel, fit connaître aux élèves que S. A. R. avait daigné témoigner qu'elle était satisfaite de la tenue des élèves et du bon esprit qui les anime, et qu'elle portera même la bonté jusqu'à en parler à Sa Majesté ; tous seront disposés à verser leur sang pour elle, etc.

Un an après Louis XVIII était mort, laissant, au milieu de quelques pressentiments de crainte, la couronne de France et de Navarre à son frère Charles X. Les fonctionnaires et les élèves prirent le deuil et le portèrent tout le temps prescrit dans les maisons royales. Le 12 octobre, on célébra un service. M. de Bigault d'Harcourt, directeur des études, prononça l'oraison funèbre.

M. l'abbé de Bigault, qui avait tenu tête aux premiers chefs militaires envoyés au commencement de la Restauration, après quelques années d'éloignement, était revenu et avait repris, vers 1823, sa haute position de directeur des études, d'où il ne descendait guère que dans de grandes circonstances, pour faire par exemple l'oraison funèbre d'un roi. Il était sorti comme élève de La Flèche en 1787, était devenu sous l'Empire principal du Collége de Laval, puis chanoine honoraire de la cathédrale du Mans. Chargé à deux reprises de la direction des études à l'École royale, il composa dans l'intervalle, en 1820, un livre intitulé : *De la Manière d'enseigner les Humanités*, traité utile, dans lequel l'auteur rejette le bagage pédantesque des règles, pour en revenir à la méthode conseillée par Érasme : la lecture des auteurs; à la maxime de Ramus : peu de préceptes et beaucoup d'usages; aux aveux de Montaigne :

« C'est un bel et grant adgencement, sans doute, que le grec et le latin, mais on l'achepte trop cher. Je dirai ici une façon d'en avoir meilleur marché que de coutume, qui a été essayée en moy-même; s'en servira qui vouldra. » Cette façon fut « qu'en nourrice et avant le premier denouement de sa langue, le petit Michel fut confié à un allemand du tout ignorant de notre langue, mais très bien versé en la latine et qui ne lui parlait que latin, si bien qu'à six ans, sans art, sans livre, sans grammaire ni précepte, sans fouet et sans larmes, l'enfant avait appris du latin tout aussi pur que son maître d'eschole le savait. » On devine l'intention du livre d'après ce qui précède. En rompant à demi avec le système universitaire des grammaires et des dictionnaires, M. de Bigault a fait un livre dont les indications peuvent, au Prytanée particulièrement, conduire à des résultats utiles.

Le 1er janvier 1825 se fit en grande pompe l'inauguration du buste de Charles X au réfectoire du 1er bataillon. Aujourd'hui, ce buste de roi figure dans un entassement incohérent de plâtres royaux, juchés pêle-mêle, depuis 1830 et 1848, au-dessus des armoires de la bibliothèque... abandon également éloigné du sentiment de l'histoire et de celui de la reconnaissance.

Le 27 septembre eut lieu la visite à l'École de M. de Clermont-Tonnerre, ministre de la guerre. « Son Excellence, en revenant de sa tournée dans le midi de la France, arriva à l'École royale de La

Flèche à huit heures du matin, accompagnée de M. le comte de Coëtlosquet, directeur-général du personnel, et de deux aides-de-camp. M. le maréchal-de-camp Danlion, commandant l'École, avec son état-major et MM. les fonctionnaires civils, saluèrent Son Excellence dès qu'elle fut descendue de voiture. M. le vicomte d'Arbelles, préfet de la Sarthe, M. le comte de Breuil, maréchal-de-camp, commandant le département, M. le chevalier de la Bouillerie, sous-préfet de l'arrondissement, MM. les membres du tribunal, M. le maire et MM. les adjoints, le clergé, MM. les membres du conseil municipal et MM. les fonctionnaires, chefs d'administration, eurent aussi l'honneur de saluer Son Excellence lorsqu'elle se dirigea vers l'intérieur de l'établissement, pour aller passer la revue de MM. les élèves qui l'attendaient sous les armes au Champ-de-Mars.

« Après la revue, Son Exc., accompagnée de M. le général Danlion, de MM. de Montzey, colonel, commandant en second, de Bigault-d'Harcourt, directeur des études, de M. l'abbé Gesbert, aumônier, etc., alla voir la chapelle et toutes les localités intérieures.

» Son Exc. ayant désiré assister au dîner de MM. les élèves, M. le général Danlion la conduisit dans le grand réfectoire, où étaient réunis tous les élèves.

» Son Exc. demanda du vin et le but à la santé du roi. Rien n'échappa au regard de Son Exc.; elle entra dans tous les détails de l'administration, etc., etc....

» A midi et demi, Son Exc. reparut dans la cour royale, accueillit avec bonté l'hommage respectueux de tous les fonctionnaires de l'École, leur adressa des paroles bienveillantes, et monta en voiture pour se rendre au Mans, où Son Exc. fut témoin, quelques heures après, de l'accident aussi imprévu que funeste qui a causé la mort de M. le vicomte d'Arbelles, préfet du département (1). »

Au nombre des projets d'améliorations proposés au ministre dans sa visite, étaient la construction d'une infirmerie dans le parc, l'ouverture d'un bassin de natation, la reconstruction de l'autel à la chapelle, avec l'acquisition des quatre mauvaises statues que l'on y voit encore. Cette dernière reconstruction fut seule immédiatement exécutée.

En 1828, l'École préparatoire de La Flèche était arrivée au plus haut point de splendeur et de succès qu'elle ait atteint sous la Restauration. Le général Danlion, secondé par le loyal dévouement de M. le colonel de Montzey et de M. le commandant de Buor, bon vieillard aujourd'hui presque centenaire, par le concours plus docile de M. de Bigault, imprimait à tous les détails la régularité sévère dont il était l'âme. « Le bon esprit, les heureuses inclinations, l'émulation régnaient parmi les élèves;

(1) Relation originale conservée aux archives du Prytanée. — Le vicomte d'Arbelles, préfet de la Sarthe, reçut à la tête, à son retour au Mans, un coup de pied du cheval que montait l'un des aides-de-camp du ministre, et mourut quelques heures après.

leurs progrès dans les études témoignaient du zèle et des talents des professeurs; l'instruction religieuse était confiée à des hommes sages et éclairés, qui prodiguaient aux enfants leurs soins avec une bonté vraiment apostolique; les officiers qui veillent nuit et jour auprès d'eux, leur donnaient des modèles parfaits du bon ton, des belles manières et des belles qualités qui distinguent particulièrement l'officier français.

» L'on ne peut en douter, les succès que les élèves de l'École obtiendront un jour dans les emplois qui leur seront confiés, le rôle honorable qu'ils joueront dans la société, justifieront la réputation de l'établissement où ils auront été élevés. Leurs solides principes donneront au roi une désirable garantie de leur conduite politique; leurs talents militaires soutiendront la gloire de la monarchie; et la patrie, fière de ses enfants, s'applaudira des sacrifices qu'elle fait pour leur éducation. »

M. de Sourdon se trompait; quelques jours après celui où il écrivait ces lignes louangeuses, l'École de La Flèche était violemment attaquée dans les journaux, dans des brochures, dans les Chambres; et sous la pression de l'opinion qui accusait le luxe dispendieux d'une maison hors de proportion avec les résultats réels de l'enseignement, le ministère de la guerre avisa à des économies par des suppressions d'emplois : le 1er avril 1829, MM. de Morière et d'Armont, capitaines, et M. le colonel de Montzey cessèrent leurs fonctions; les deux premiers rentrèrent dans les rangs de l'armée; M. de Montzey était admis à la retraite avec le grade honoraire de maréchal-de-camp.

Cette concession était insuffisante, et dans les deux séances successives des 29 et 30 juin, à la chambre des députés, l'existence même de l'École fut mise en délibération. M. Eusèbe Salverte termina un discours plein de vives attaques en disant : « Je demande la suppression des Écoles militaires, parce que, tant qu'elles subsistent, les Français ne seront pas également admissibles aux places d'officiers, puisque ces places sont dévolues d'avance aux élèves de ces Écoles; je le demande, parce qu'il est contraire aux principes de la charte que les places d'officiers soient en partie le patrimoine d'une classe privilégiée, et je dirai plus, d'une classe créée et instruite aux dépens de l'État.... Je demande une réduction de 354,000 francs sur le budget de l'École de La Flèche.

A cet arrêt de mort, M. de Conny ne put répondre qu'en faisant l'apologie de l'instruction reçue, du régime suivi, de l'ordre qui se remarquait dans toutes les branches de service; il ajouta :

« Depuis l'année dernière, des réformes dictées dans des vues d'économie ont été opérées; elles ont atteint le commandant en second de l'École, il a été éloigné d'un établissement qui conservera longtemps le souvenir des qualités rares qui distinguent si éminemment ce respectable officier; les élèves l'ont pleuré : c'était un père qui se séparait de ses enfants (1). »

Le lendemain, MM. de Lamandé, député de la Sarthe, d'Andigné et le général Coutard, présentèrent, en faveur du maintien de l'École, des arguments précis et puisés aux sources; la réduction demandée par M. Salverte, et qui n'était autre que la suppression de la maison, fut repoussée sur la promesse du ministre de la guerre de réduire les dépenses à celles qu'exigerait l'entretien des élèves dans un Collége royal ordinaire.

En conséquence, de nouvelles économies et de notables simplifications dans le personnel administratif durent être faites; mais avant que l'on eût pu en apprécier les résultats, une de ces tempêtes que le génie des révolutions promène depuis un siècle, à chaque génération, sur le ciel de la France, avait passé et, en passant, avait emporté un trône et rejeté dans l'exil des femmes, des enfants, et un vieillard découronné....

L'École de La Flèche ne ressentit pas immédiatement le contre-coup des évènements de juillet; le général Danlion leur opposa l'impassibilité d'une tête de marbre, et les tint pendant plusieurs jours ignorés des élèves. Sur la demande des familles, et peut-être aussi par mesure de prudence, on en fit partir plusieurs avec des congés de vacances dès le 5 août. Au nombre des élèves qui partirent le 6 se

---

(1) M. le général de Montzey, mort en 1842.

trouvent MM. de Flotte; le 19, plus de 60 avaient quitté la maison.

Le 20 août, à distance égale de la saint Napoléon et de la saint Louis, eut lieu, sans discours, sans apparat et sans cris, la dernière distribution des prix de l'École royale, déjà décimée par le départ d'un grand nombre d'élèves.

Le lendemain, dans la soirée, le drapeau tricolore, « l'arc en ciel de la liberté, » selon le poète des journées de juillet, fut hissé au sommet du portail, au-dessus du buste de Henri IV.... Quelques jours auparavant, le roi littéraire du XIXe siècle, Châteaubriand, avait inutilement réclamé une couronne moins sûre que la sienne pour la tête du jeune Henri V; la France impatiente avait en vain songé à la République, les masses populaires et l'armée à Napoléon; la France parlementaire, plus habile, nous donna Louis-Philippe.

Le 28 septembre, pendant les vacances, le général Danlion quitta l'École, en laissant cet ordre du jour, assez bref pour que nous le reproduisions :

« Appelé à l'armée d'Afrique, je remets le commandement à M. le chevalier de Buor.

» Que MM. les fonctionnaires trouvent ici l'expression de ma sincère estime et de ma reconnaissance pour le zèle dont ils ont constamment fait preuve et pour toutes les peines qu'ils se sont données; c'est à ce zèle et à cette franche coopération que l'École doit la bonne réputation dont elle jouit, et même son existence qui heureusement ne paraît plus menacée.

» Et vous, mes enfants, vous que j'affectionne comme un père, recevez aussi mes adieux; reportez à mon successeur la confiance que vous aviez en moi; soyez soumis et studieux, et ce chef vous aimera comme je vous aime.

» Adieu encore une fois, mes chers enfants; pensez quelquefois à celui qui vous quitte avec le cœur brisé, et qui ne vous oubliera pas. »

A la rentrée, le 10 octobre, un seul élève, un Breton, revint avec ses boutons fleurdelisés. Ce jour-là, la direction des études fut supprimée, et un mois après, sur un rapport du maréchal Gérard, en date du 10 novembre, adressé à Louis-Philippe, l'École préparatoire l'était elle-même, et réduite pour cinq mois à une sorte d'existence mourante et anonyme.

Les élèves sortis de l'École préparatoire, de 1814 à 1830, occupent les rangs supérieurs de l'armée et formeraient une liste nombreuse, parmi lesquels on distingue M. le lieutenant-général Bedeau, vice-président de la dernière assemblée législative, les généraux de brigade Uhrich, Mayran, d'Aurelle de Paladines, Jamin, Crény, Manselon, Grésy, de Liniers, d'Exéa, Genestet de Phanhol, Carbuccia, et le brave et dévoué général Damesme, fils d'un sous-intendant militaire attaché à l'École de La Flèche, né à Fontainebleau, entré à sa sortie de Saint-Cyr dans la légion d'Hohenlohe, en 1825, passé en Afrique, en 1830, lieutenant-colonel, puis colonel au 11ᵉ léger, général commandant la garde mobile en 1848, tué aux funestes journées de juin. Une statue s'élève aujourd'hui en son honneur dans sa ville natale. Avec lui périrent dans ces jours néfastes Froment-Coste et Billon, chefs de bataillon, de Gereaux, capitaine, etc.

La liste simplement nominale des colonels, des lieutenants-colonels, des chefs de bataillon ou d'escadron, des intendants, ou sous-intendants militaires sortis de La Flèche pendant cette période rempliraient ici plusieurs pages (1).

(1) Renseignements empruntés à la notice de M. Ch. de Montzey.

CHAPITRE XI.

LE COLLÉGE ROYAL MILITAIRE (1831 — 1848).

L'honorable maréchal Gérard, nommé ministre de la guerre à la suite des évènements de juillet, disait dans son rapport sur l'École de La Flèche :

« Sire, l'institution des Écoles militaires est un des premiers objets sur lesquels j'ai dû appeler l'attention de V. M. Cette institution, telle que l'ancien gouvernement l'a laissée, n'est point en harmonie avec l'ordre de choses heureusement établi depuis l'avènement de V. M.

» Dans un pays dont la première loi est que tout français se doit au service de la patrie, et lorsque tout soldat peut prétendre au plus haut avancement, c'est manquer à ces promesses solennelles que de ne pas fournir à chacun les moyens d'arriver à ce but.

» Concentrer l'instruction militaire dans un établissement où la faveur et la richesse ont presque seules l'entrée, n'y admettre que des jeunes gens dont l'âge n'a point encore développé les penchants, c'est manquer au pacte qui ouvre la carrière des honneurs à tout français, en dédommagement des sacrifices que la loi lui impose.

» Enfin, accorder à quelques individus le grade de sous-lieutenant dans une proportion supérieure au nombre des emplois de ce grade accordés aux sous-officiers, et sans autres conditions que deux années d'études dans une École militaire; n'accorder ce grade au jeune homme appelé sous les drapeaux qu'après qu'il a fait preuve pendant huit ou dix ans (terme moyen) de zèle et d'aptitude, c'est manquer à la justice et provoquer dans l'armée le découragement que l'on signale depuis plusieurs années.

» L'organisation actuelle de Saint-Cyr n'est donc conforme ni à l'esprit, ni à la lettre de nos institutions politiques; elle contribue à étouffer l'amour du service, au lieu de le répandre et de le féconder.

» Le mode le plus légal, le plus en harmonie avec nos institutions, le plus propre à fournir à l'armée des officiers appelés par une vocation réellement militaire, serait de n'admettre à l'École de Saint-Cyr que des sujets ayant de un à quatre ans de service. . . . .
. . . .

» Les principes posés plus haut et le nouveau mode d'admission à Saint-Cyr entraînent naturellement la suppression de l'École préparatoire de La Flèche.... Les bourses qui lui sont accordées seraient deversées dans les Colléges royaux et réparties entre les différents corps de l'armée, qui, par l'intermédiaire des inspecteurs-généraux d'armes, proposeraient, pour en être pourvus, les fils d'anciens militaires que ces corps aimeraient à récompenser dans leurs enfants. L'intervention des régiments dans la nomination aux bourses militaires deviendrait ainsi un motif d'émulation dans les corps et un moyen d'attacher le militaire à son drapeau. »

Suit la proposition de créer des Écoles régimentaires, et, comme conséquence, la suppression de l'École préparatoire de La Flèche.

Nous ne prétendons pas nier la part de vérités renfermées dans ce rapport et l'utilité des créations nouvelles qu'il indique; mais il n'est ni facile, ni prudent, ni toujours juste de rompre les traditions établies. Ce projet avait le tort de mettre en oubli les services des officiers en retraite, l'illustration unie au malheur dans les familles, et cette espèce d'hérédité militaire qui, sans être un privilége comme celle de la naissance, n'en est pas moins, n'en est que plus, depuis toutes nos révolutions, un des éléments conservateurs de l'existence d'un grand peuple. Enfin, il était imprudent sans doute, du point de vue de l'harmonie qui doit exister entre les officiers des différentes armes, d'abaisser pour la seconde École militaire le niveau des hautes études conservé dans l'École Polytechnique.

Ce rapport, du reste, ne fut publié dans le Moniteur que huit jours après sa date, et l'on recula devant les changements trop radicaux qu'il comportait. Entre la suppression totale de l'École et le maintien tel que l'avait conservé la Restauration, il y eut quelques mois d'hésitation, pendant lesquels l'enseignement, fait au jour le jour, se continua comme par le passé. Une décision royale, du 21 février 1831, mit fin à cette incertitude, en ordonnant la formation d'un Collége royal militaire, et une ordonnance du 12 avril suivant en régla l'organisation définitive.

Sauf quelques modifications légères, cette organisation a duré vingt-deux ans; mais elle est d'hier; l'ordonnance et l'instruction ministérielle qui la fixent sont dans le *Bulletin des lois,* au *Moniteur,* dans les programmes d'admission, partout; cette circonstance nous fait considérer sa reproduction comme inutile. La teneur en fut maintenue jusqu'en 1853 sans grave altération; elle mettait les élèves de La Flèche dans le droit commun; sauf le bienfait de l'instruction, tout privilége était aboli. Il y a plus, la famille qui obtenait la faveur d'une admission était menacée de deux malheurs : si à son arrivée le jeune candidat n'avait pas l'instruction voulue par le programme et constatée par un jury d'examen séant à La Flèche, la nomination était annulée par le ministre; des frais de voyage souvent énormes étaient faits en pure perte; c'était pour de pauvres familles un vrai désastre, souvent une ruine. Puis, si au bout de sa dix-huitième année, l'élève de La Flèche venait à échouer dans l'une des épreuves successives des examens d'admission à Saint-Cyr, tandis que son concurrent, sorti d'un Collége ordinaire, pouvait jusqu'à dix-neuf ans et plus se présenter au concours, lui-même était exclu de ce bénéfice immense; il perdait à cette limite fatale son avenir, et l'État payait inutilement la dépense d'une éducation de huit années au Collége militaire. Plusieurs modifications ont été faites à l'ordonnance de 1831; mais ces deux rigueurs ont été maintenues presque jusqu'à ce jour.

Au nombre de ces modifications furent celles admises par décision du 23 octobre 1834, dont la clause principale confiait le commandement de la maison à un officier supérieur pouvant n'avoir que le grade de colonel, et remettait la direction des études au lieutenant-colonel ou chef de bataillon sous ses ordres, par la suppression complète de la direction civile instituée sous le premier Prytanée, et conservée sous l'École royale préparatoire. Les démêlés continuels entre le commandant militaire de l'École et le directeur des études, pendant la Restauration, nous font penser que l'unité dans le commandement et l'harmonie dans l'obéissance ont gagné à la suppression de la direction civile des études (1).

Un règlement du 23 juin 1836 a trait à des détails intérieurs d'instruction et de discipline.

---

(1) M. Charles de Montzey, dans ses *notes sur l'École préparatoire et sur le Collége militaire,* travail qui, quoique particulièrement statistique, nous a servi quelquefois pour compléter ce chapitre et le précédent, a été d'un avis contraire :

« Nous ne pouvons voir là qu'une question d'économie ; non pas que nous nous permettions de décliner ici la compétence du militaire en pareille matière ; mais il nous semble que dans un tout bien ordonné, il faut que chacune de ses parties ait sa direction particulière, et que toutes soient en même temps dominées par une direction générale unique. »

L'ordonnance du 12 avril 1831 laissait un dernier avantage aux élèves du Collége militaire, celui de conserver à Saint-Cyr la bourse ou la demi-bourse qu'ils avaient eue à La Flèche; une ordonnance du 21 octobre 1840 vint le leur enlever; l'article XIII porte :

« Il pourra être accordé des bourses entières aux élèves admis à l'École spéciale, dans la proportion d'un dixième de l'effectif, et des demi-bourses dans la proportion d'un sixième.

» Ces bourses et ces demi-bourses sont instituées en faveur des élèves (tant de l'extérieur que du Collége de La Flèche) privés de fortune et qui se trouveraient dans les deux premiers tiers de la liste générale d'admission.

» Art. XIV. La première moitié, par ordre d'admission à l'École spéciale, des élèves du Collége de La Flèche, conservera *de droit* les bourses ou demi-bourses qui leur auront été précédemment accordées à ce Collége. Ces bourses et demi-bourses seront comprises dans le nombre déterminé par l'article précédent.

» La seconde moitié des élèves du Collége royal militaire concourra avec les autres candidats pour les bourses et demi-bourses qui resteront disponibles. »

On croyait donner un stimulant à l'élève de La Flèche, et l'on n'avait guère fait que lui jeter un découragement. Il y avait bien quelque cruauté et quelque injustice peut-être à priver ainsi certains candidats admis, mais moins heureux, d'un avantage conservé aux autres; on le sentit, et dès le 7 mai de l'année suivante, une ordonnance décida que les élèves du Collége royal militaire admis à l'École spéciale, conserveront de droit les bourses ou demi-bourses qui leur auront été précédemment accordées à ce Collége.

Et cependant, malgré cette faveur accordée, les candidats de La Flèche ne pouvaient se présenter que jusqu'à dix-huit ans, et appelés forcément à cette limite à concourir avec des jeunes gens de deux ou trois ans plus âgés, restaient sous le coup d'un désavantage manifeste.

Le dévouement aux intérêts des élèves de la part des chefs supérieurs du Collége militaire, lutta contre cette situation fâcheuse dans laquelle le gouvernement de juillet maintint la maison. Celui sous lequel s'accomplit la métamorphose de l'École préparatoire en Collége, fut le général Guye, qui venu en octobre 1830, pour succéder au général Danlion, ne conserva le commandement que jusqu'au 1er mai 1831.

Pendant ces premiers temps qui suivirent la révolution de juillet, on imagina, pour encourager les élèves, la décoration du ruban tricolore. En mai 1831 vint le général Baurot, qui conserva le commandement, marqué par une émeute, jusqu'en novembre 1834. C'est à cette époque que fut fondé, sur les plans du colonel Amoros, le gymnase du Collége militaire, sous la direction de M. H. Breton, élève des dernières années du Prytanée, jeune officier distingué alors, aujourd'hui lieutenant-colonel. Jusqu'au 14 août 1839, le Collége militaire fut sous le commandement ferme et intelligent de M. le colonel Carré, heureusement et activement secondé par le lieutenant-colonel d'état-major Maumet. Ces cinq années et les deux qui suivirent furent les plus brillantes du Collége royal militaire. Malgré toutes les causes d'infériorité, nos élèves se firent annuellement recevoir, quelques-uns à l'École navale et à l'École Polytechnique, un grand nombre au Baccalauréat ès lettres, et la plupart à l'École spéciale. Le prix d'honneur institué en 1835 par le duc d'Orléans, encouragea l'émulation, en donnant, dès le début de sa carrière militaire, un titre glorieux au lauréat qui l'obtenait. M. Carré ayant été promu au grade de général, eut pour successeur M. le colonel de Kœnigsegg, qui ne commanda qu'un an le Collége militaire (de septembre 1839 à septembre 1840), et le laissa sous la direction du lieutenant-colonel Maumet, devenu bientôt après colonel. Ce dernier commandait depuis trois ans, lorsque M. le duc et Mme la duchesse de Nemours, se rendant du Mans à Saumur, arrivèrent le 7 août 1843, dans l'après-midi, à La Flèche.

Mieux accueillis qu'au Mans par la population de la ville et des campagnes voisines, accourue sur leur passage, complimentés par les autorités municipales, fêtés à l'hôtel-de-ville dans un bal élégant qui termina la soirée, le prince et la princesse vinrent de bonne heure le lendemain visiter le Collége militaire.

« Mardi matin, dès 7 heures, M. le duc de Nemours, à pied et accompagné de ses aides-de-camp, s'est rendu au Collége royal militaire. Il a reçu dans la salle des conseils l'état-major et les professeurs du Collége. S. A. R. a ensuite passé les élèves en revue et a paru satisfaite de leur tenue et de leurs connaissances militaires. La duchesse elle-même est arrivée à 8 heures. LL. AA. RR. ont dû remporter du Collége militaire de La Flèche la conviction qu'il s'y prépare chaque année de jeunes officiers capables et distingués. »

Le *Moniteur*, auquel nous empruntons ces détails, ne parle pas de la visite du duc et de la duchesse de Nemours à l'église Saint-Louis du Collége. Là, sur deux prie-Dieu voisins, on les vit agenouillés et recueillis au milieu d'une foule curieuse, plus empressée à les voir qu'à partager leur prière. C'était cependant la dernière fois que ce sanctuaire s'ouvrait aux visites des fils des rois de France, ou du roi des Français, et là, si devant l'ombre de Henri IV, chef de leurs dynasties diverses, ils ont prié pour leur père, Dieu cependant ne les a écoutés que pour un temps, car à chacun d'eux le souvenir de cette prière faite à La Flèche a pu devenir, à Goritz ou à Claremont, une des pensées de leur exil.

Homme d'intelligence et d'énergie, le colonel Maumet conserva le commandement du Collége militaire jusqu'en novembre 1845 ; mais avant cette époque, il avait vu tout à la fois le malheur frapper sa famille et le désordre pénétrer dans le Collége qu'il commandait et à l'état florissant duquel il avait lui-même activement contribué ; la mort lui enleva une charmante petite enfant; les innovations, l'insubordination et l'émeute brisèrent son autorité. Sa raison ne tint pas contre ce double revers; elle acheva de se perdre dans la réclusion d'une maison de santé. Tous ceux qui l'ont connu sont devenus tristes en apprenant la fin de cette vie faite pour être brillante, et qui s'est si tristement terminée.

A la fin de novembre 1845, M. le général Mayr de Baldegg prit le commandement laissé par le colonel Maumet. Plein de loyauté, mais avant tout et trop l'homme de la règle écrite, quand cette règle n'était déjà plus qu'une lettre morte, M. de Baldegg vit renaître ou plutôt se continuer l'indiscipline régnant avant lui; il se fatigua inutilement à la maîtriser, et il avait lui-même sollicité son changement depuis quelques semaines, quand la révolution de février vint mettre fin à son commandement.

Les officiers que le Collége royal militaire a produits sont tous jeunes. Quelques-uns ont déjà commencé à conquérir une élévation qui, pour la plupart des autres, appartient à l'avenir. M. Hipp.-Albert de Cambriels est aide-de-camp de l'empereur; M. P.-Emm.-Albert Ducasse est aide-de-camp du prince Jérôme; M. Eugène Saget est chef d'état-major du ministre de la guerre. Avec eux ou peu après brillait au Collége militaire, vers 1835, une pléiade de jeunes poëtes, en tête desquels nous devons mettre Charles Cassaigne, premier lauréat du prix d'honneur, élève de rhétorique à 13 ans, et ses amis Berlier, aussi lauréat, Séroka, Barbelet, etc.

Aujourd'hui M. Cassaigne est chef d'escadron d'état-major en Afrique, et sur son cheval arabe, au-dessus de ces mamelons de l'Atlas ou dans ces plaines qui confinent au désert, s'il songe encore au Collége de La Flèche, il a sans doute oublié cet adieu poétique qu'il lui fit il y a tantôt dix-huit ans :

Adieu ma charmante prison
Que mon cœur a toujours chérie ;
Adieu, ma seconde patrie,
Je pars pour un autre horizon.

Je m'en vais comme l'hirondelle,
Mais hélas! c'est pour plus longtemps :
Que ne puis-je, aux jours de printemps,
Mon doux nid, revenir comme elle !

Cher séjour, en passant ton seuil,
Il me semble que je m'exile.
Je te quitte.... et pour quel asile ?
Oh ! mon cœur se remplit de deuil.

Dois-je entendre aux flancs de la tour
Résonner la cloche argentine,
Lorsque la croix qui la domine
Etincelle aux rayons du jour ?

Non, sans doute ; le sort trop rude
Me sèvre de toi sans espoir.
Je ne dois plus, quand vient le soir,
Retrouver ma lampe d'étude.

Adieu ! mes tranquilles plaisirs,
Mes innocentes causeries !

Rompez-vous, guirlandes fleuries,
Tissu doré de mes désirs!

En prenant la robe virile
Combien l'homme perd de bonheur!
Qu'il se flétrit! combien son cœur
Se dessèche et devient stérile!

Frère, que n'es-tu de moitié
Dans mon lointain pélérinage?
Hélas! mon bâton de voyage
N'est point tenu par l'amitié!

Nourrice aimable, la sagesse
Ici bien souvent me parlait.
Ah! puisse-t-elle de son lait
Me nourrir aux jours de détresse!

Mais mon aile s'ouvre à demi
Aux vents dont s'éveille l'haleine,
Je vais partir.... Qu'on a de peine
A fuir le séjour d'un ami!

Le professeur qui compta parmi ses élèves l'auteur de cet adieu, était M. Bonvallon, agrégé sous le premier Prytanée, en 1809, préfet des études sous l'École royale, professeur de seconde et de rhétorique au Collége militaire, chevalier de la Légion-d'Honneur en 1840 (1); il eut pour collégues dans l'enseignement M. Besse, aussi professeur d'humanités et de rhétorique; M. de Lignac, ancien élève de

(1) Les premiers élèves de La Flèche admis au baccalauréat ont été envoyés par M. Bonvallon.

l'École normale, professeur de philosophie; M. Lemoine, professeur de mathématiques, connu d'une foule d'officiers dont il a préparé l'avenir; M. Bonfils, ancien élève de l'École Polytechnique, professeur de physique et de mathématiques spéciales : ces trois derniers aussi membres de la Légion-d'Honneur.

Ces Messieurs ont honoré le professorat de l'École de La Flèche pendant trente ans et plus; ils me pardonneront de rappeler ainsi leurs noms au souvenir de leurs nombreux élèves dispersés aujourd'hui dans tous les corps de l'armée. Parmi les fonctionnaires de l'enseignement qui ont écrit dans cette période, nous avons connu M. Lalanne, professeur de mathématiques, auteur d'un petit traité d'arithmétique; M. Francis Robin, traducteur en vers des principales tragédies d'Eschyle, travail méritant sous le rapport des difficultés vaincues; M. J.-F.-Ph. Desneufbourgs, professeur à l'École préparatoire, qui prit sa retraite dès 1832, mais qui sut occuper en sage ce loisir anticipé. En 1837, il composa un petit livre de pédagogie, *le Guide du professeur*, suite d'observations pratiques, et particulièrement profitables à tous ceux qui suivent la carrière de l'enseignement. En 1847, il publia un *Précis de la loi Naturelle* (1), expression juste,

---

(2) La seconde édition de cet ouvrage que Mme Marie Carpentier-Pape, de La Flèche, dans la *Revue de l'éducation nouvelle*, appelle un *bon livre*, vient de paraître.

consciencieuse, indépendante et modérée en même temps, d'un esprit calme, méditant sur la nature de l'homme et sur les rapports sociaux et religieux qui le rattachent à ses semblables et à Dieu.

Dans cette philosophique étude, l'auteur passe en revue la plupart de ces grandes questions dont les révolutions de nos jours se chargent de donner les solutions terribles, quand ces pures notions de charité et de justice sont oubliées des hommes, et en même temps il parle d'abondance de ces humbles vertus qui donnent le bonheur modeste.

Ce livre est écrit sans prétention; il ne passionne pas, il calme; il n'éblouit pas, il éclaire. Dans nos temps troublés, il fait bon d'être ainsi ramené, sans effort et sans système, à l'évidence des principes permanents de raison et de justice; et dans les jours de lassitude, de voir la loi du progrès se dégager, comme une consolation providentielle, du chaos des agitations humaines.

CHAPITRE XII.

LE COLLÉGE NATIONAL ET LE PRYTANÉE IMPÉRIAL MILITAIRE (1848 — 1853).

Le Collége militaire avait fait, depuis trois semaines, adhésion au gouvernement provisoire de la République; il avait modifié son titre et repris celui de Collége national qu'il portait en 1792, quand M. le général de Senilhes vint en prendre le commandement. Les circonstances étaient critiques et difficiles; au-dehors, la révolution; dans l'École, l'émeute endémique en quelque sorte depuis plusieurs années. M. le général Senilhes sut immédiatement rétablir l'ordre; il entreprit de relever le moral des élèves, de leur remettre au cœur le sentiment du devoir; il leur parla dans ses ordres du jour du respect à la discipline, de l'esprit de corps, de l'honneur militaire, et il fut compris. Puis, en même temps qu'il rendait à la règle l'esprit qu'elle doit cacher sous la lettre, il sévissait contre les infractions avec une énergique sévérité. La discipline se rétablit et se consolida; le sentiment religieux chez les élèves gagna lui-même à cette conversion vers le devoir. « Le respect pour tout ce qui est respectable fut rétabli et observé; la tenue des exercices du culte devint grave, sévère, mieux que couvenable ; l'instruction religieuse étendit et bientôt généralisa son influence. Mgr l'évêque du Mans, à son étonnement et à sa grande joie, vit dans ses visites pastorales un immense concours d'élèves accomplir leurs devoirs religieux. Les fonctionnaires militaires, les membres du corps enseignant, au lieu des rapports pénibles, difficiles, presque constamment irritants qu'ils avaient avec les élèves, n'eurent désormais qu'à se louer généralement de leurs procédés (1). »

Nous devons cependant dire que M. le général de Senilhes, dans les concessions qu'il crut devoir faire, alla trop loin ; il le comprenait parfaitement lui-même et se proposait de porter remède au mal né à côté du bien dont il avait opéré le retour, quand, vers la fin des vacances de 1849, il reçut son changement.

Envoyé pour lui succéder, M. le général Maizière, dans les premiers temps de son commandement, eut la douleur de ne pas voir ses intentions comprises par une partie des élèves ; sa bienveillance paternelle, sa parole calmante et sage, son abord plein de loyale bonté, la distinction de ses manières, n'eurent pas sur l'esprit d'un certain nombre, habitués de longue date à l'indiscipline, l'effet qu'il était en droit d'en attendre. La suppression de quelques concessions faites dans les derniers temps acheva de les mutiner. Il fallut en venir à des me-

---

(1) Lettre de M. le général de Senilhes, publiée par le *Courrier français* du 10 janvier 1850, les *Débats*, etc.

sures radicales de rigueur, que M. le lieutenant-général de Schramm, avec sa bonté ordinaire et dans son bienveillant intérêt pour le Collége militaire, tempéra à l'égard d'un grand nombre par l'indulgence et le pardon; néanmoins 60 élèves, coupables plus ou moins, furent vers la fin de 1849 rendus à leurs familles.

Cette exécution nécessaire, au prix de quelques vocations brisées, sauva l'avenir des élèves qui restaient et ramena au Collége le calme indispensable aux études. M. le général Maizière put alors entrer sans obstacle dans cette voie de sollicitude persévérante aux intérêts généraux de la maison, en même temps que de bienveillance individuelle qui fut la sienne pendant les trois ans et demi qu'a duré son commandement. Toute une classe de fonctionnaires, dont le dévouement sans avenir est cependant un dévouement de toutes les heures, oubliée jusqu'à lui, dut à sa paternelle initiative une position plus équitablement hiérarchique et l'espoir de quelque allégement; une caisse de secours fut par ses soins organisée pour les employés subalternes de la maison forcés par l'âge de quitter leur emploi; un avancement toujours souhaité récompensa les services d'un nombre considérable de fonctionnaires dans l'enseignement; enfin, défenseur persévérant des intérêts des élèves, l'excellent général Maizière ne cessa de plaider pour eux et de réclamer, pour assurer leur avenir, des mesures à la fois plus bienveillantes et plus justes que celles en vigueur depuis 1831. Sous ce rapport, la réorganisation du Prytanée est en grande partie due à ses efforts.

Cependant la volonté nationale, devancée dans le département de la Sarthe et exprimée en faveur du prince Louis-Napoléon par un grand nombre de voix sympathiques à sa destinée dès les premiers mois de la République de 1848, s'était de nouveau prononcée presque unanimement dans les grandes élections populaires qui ont appelé à la présidence de la République, puis à l'Empire, l'héritier du plus grand des noms modernes, et à chaque fois le Collège national militaire avait senti son existence s'affermir, et sa *fonction* se stabiliser. Entre le neveu de l'empereur, le second fils d'un de ces princes du premier Empire qui fut, sous le titre de connétable, longtemps avant d'être roi, le protecteur officiel de l'ancien Prytanée, et les enfants de l'armée élevés dans ce national établissement, il n'y avait qu'un sentiment possible, celui de la sympathie, hautement bienveillante d'un côté, patriotiquement dévouée de l'autre; aussi, quand le 6 janvier 1853, un décret parut qui rendait au *Collége* de La Flèche son premier et glorieux nom contemporain de *Prytanée militaire*, nul ne fut surpris de cette restitution préliminaire, et tous en attendirent une plus complète.

Cette espérance fut attristée par une séparation restée l'un des durables souvenirs du Prytanée. M. le général Maizière fut nommé, vers la fin de mars 1853, secrétaire-général de la grande chancellerie de la Légion-d'Honneur. Le lundi 11 avril, à midi, tous les fonctionnaires se réunirent et M. le lieutenant-colonel de Robernier, interprète des sentiments de tous, lui adressa cet adieu :

« Général,

» Avant de vous voir quitter le commandement de cette maison qui doit tant à votre sollicitude, les fonctionnaires du Prytanée impérial militaire éprouvent le besoin de vous offrir encore une fois, avec leurs félicitations pour l'honorable récompense conquise par vos services, l'expression de leurs regrets unanimes et de leurs vœux. Il n'est aucun de nous qui, dans l'avenir, ne se rappelle, le cœur pénétré de gratitude, tout ce que doit le Prytanée militaire à la persévérance de vos efforts, à vos soins si actifs pour l'intérêt commun, à la justice si éclairée et si bienveillante avec laquelle vous avez accompli une tâche toujours laborieuse, souvent pénible.

» Le souvenir de votre passage à La Flèche sera, pour chacun de ceux que vous y laissez, une loi d'y continuer les traditions que vous nous léguez à tous, et, quelle que soit la distance qui désormais vous éloigne de nous, puisse la conviction profonde du dévouement qui vous est acquis de notre part, être pour vous, en tout lieu, la récompense de celui dont vous avez ici multiplié les preuves, et dont nous avons recueilli les bienfaits. »

A ces paroles émues du colonel, le général, vivement impressionné lui-même, a répondu :

« Je vous remercie, colonel, je vous remercie,

Messieurs, des sympathiques adieux que vous me faites; je vous remercie du concours dévoué que vous m'avez accordé tous et de l'aide que vous m'avez prêtée dans le bien que j'ai tâché de faire. Lorsque l'on est resté comme nous quatre ans ensemble dans des rapports de tous les jours, que l'on a appris à s'estimer et à s'aimer mutuellement, on ne se quitte pas sans regrets; mais dans l'émotion que l'on éprouve, la parole manque.... le cœur est brisé!... on se serre la main, on se quitte, et tout est dit! »

En achevant ces paroles, le général a parcouru le cercle des fonctionnaires qui l'entouraient pour la dernière fois, et a serré la main à tous.

Un instant après, une députation des élèves vint à son tour et au nom de tous lui dire :

« Général,

» Avec tous ceux qui, en apprenant à vous connaître, ont appris également à vous aimer, nous, les aînés de cette grande famille dont vous étiez moins le chef que le père, nous venons vous dire combien nous rend heureux la distinction dont l'empereur récompense votre mérite et vos longs services, et en même temps combien votre départ nous attriste.

» Lorsque vous êtes venu, général, prendre le commandement de cet ancien établissement, nous n'avons pas tout d'abord su comprendre la paternelle bonté de votre cœur; mais par votre direction pleine à la fois d'énergie et de sollicitude, par les mesures que vous avez prises pour augmenter nos chances de succès, par le soin de nos intérêts enfin que vous avez si assidûment et si bien défendus, vous nous avez ralliés au sentiment de la confiance que nous vous devions tous, et vous avez ouvert au Prytanée militaire une voie nouvelle de progrès. Cette voie, nous avons à cœur de la suivre avec une persévérance qui vous sera du moins, général, une preuve de notre constant souvenir.

» Et maintenant, ce n'est pas sans un profond serrement de cœur que nous vous voyons vous éloigner de nous. Une pensée toutefois nous console, c'est qu'en visitant les maisons d'éducation de la Légion-d'Honneur, bien des fois le nom de la sœur vous rappellera celui du frère. Peut-être alors, reportant un instant vos regards vers le passé, vous voudrez bien accorder une pensée affectueuse à vos élèves reconnaissants, pour qui votre nom, se mêlant à des souvenirs d'enfance, sera toujours aussi cher que celui d'un père. »

Dans la soirée, l'honorable général adressa à tous ce dernier ordre du jour :

« D'après les ordres de M. le maréchal ministre de la guerre, je remettrai, à partir du 13 courant, le commandement provisoire du Prytanée à M. le lieutenant-colonel de Robernier. . . . .

» Avant de vous quitter, MM. les fonctionnaires, j'éprouve le besoin de vous remercier tous du concours empressé que vous m'avez toujours prêté, de l'affectueuse confiance dont vous m'avez entouré dans l'accomplissement de tous mes devoirs, que vous m'avez ainsi rendus plus faciles.... Si mes efforts ont été suivis de quelques bons résultats, si j'ai fait quelque bien, si j'ai pu introduire ici quelques améliorations, obtenir des récompenses méritées pour de bons services, que j'emporte au moins, en me séparant de vous, le consolant espoir que je ne serai pas tout-à-fait oublié, et que vos vœux m'accompagneront dans la nouvelle position où je suis appelé!... Permettez-moi de vous le dire ici, Messieurs, en cessant d'être à votre tête, je ne regarde pas la tâche que je m'étais imposée comme entièrement terminée, et je veux la continuer à Paris, en m'occupant encore de vos intérêts, de ceux d'un établissement qui me sera toujours cher; et vous devez être bien convaincus que, dans toutes les circonstances, ce sera toujours un grand bonheur pour moi si je puis vous être utile et vous donner ainsi des preuves de bon souvenir et d'attachement... Vous pouvez compter sur moi.

» Et vous, élèves, mes enfants d'adoption, vous que j'étais si heureux de suivre dans tous les détails de vos études, de votre vie, d'éclairer de mes conseils, de soutenir par mes encouragements... nous allons donc nous séparer!... Vous partagez, n'est-ce pas, les sentiments que j'éprouve en ce moment, et cette assurance que vous vous associez à mes regrets en adoucit un peu l'amertume. Écoutez encore une voix amie que bientôt vous ne pourrez plus entendre, et que ses dernières paroles restent gravées dans vos cœurs : Soyez toujours attachés à vos devoirs, soumis à l'ordre, à la discipline ; aimez l'étude, le travail, qui seuls peuvent assurer votre avenir; soyez respectueux et reconnaissants pour tous vos chefs, qui s'occupent de vous avec tant d'affection et de dévouement..... Vous arriverez ainsi au but où doivent tendre tous vos efforts, et vous saurez conquérir une position honorable, qui comblera les vœux et les espérances de vos familles. »

Deux jours après, aux premières heures de la matinée, M. le général Maizière quittait le Prytanée militaire, en laissant après lui un souvenir fondé sur l'estime et conservé dans le cœur de tous.

Après son départ, M. le lieutenant-colonel de Robernier prit par intérim le commandement du Prytanée. C'est la troisième fois depuis 1847, année de son arrivée. Son dévouement intelligent et modeste fait face aux exigences de ces transitions toujours pénibles, comme à celles des situations régulières. Par sa bonté, par sa loyauté parfaites, il adoucit la tâche de tous; sa connaissance des hommes et des choses de la maison, depuis sept ans remplis par des évènements si divers et des directions si différentes, commencent à le rendre comme une tradition vivante de bien des faits accomplis et le représentant le plus digne d'être écouté des besoins généraux de l'établissement; et, dans le désir que nous avons de voir l'avenir du Prytanée militaire renouveler les meilleures périodes du passé, nous osons dire que M. le colonel de Robernier est, par ses lumières et son expérience, nécessaire à la direction de l'enseignement.

Le 6 mai 1853, M. le général Cœur, dont la nomination était connue depuis quelques jours, est venu prendre le commandement du Prytanée. Son arrivée est accueillie comme un bon augure; on remarque avec une approbation tacite sa parole à la fois calme, nette et résolue, sa bienveillance effective, son respect de la situation faite, modifiée par l'appréciation réfléchie et mesurée des améliorations qu'elle réclame. Dans le silence observateur et indépendant dont il s'entoure, élèves et fonctionnaires pressentent l'énergie à l'occasion, et rencontrent près d'elle la bonté cachée et la justice.

Cependant, dès le 6 janvier, le Collège de La Flèche avait repris le nom patriotique popularisé sous le Consulat et le premier Empire. Sur un rapport de M. le maréchal de Saint-Arnaud, ministre de la guerre, tendant à mettre en harmonie l'enseignement du Prytanée avec les modifications importantes apportées récemment dans le plan d'études des Lycées, un décret impérial, en date du 23 mai, consacrant ce que les ordonnances et les règlements antérieurs avaient de bon, concédant des améliorations essentielles, des mesures désirées et bienfaisantes, est venu réorganiser le Prytanée militaire sur les nouvelles bases où va désormais s'asseoir son avenir. Voici le texte de ce décret :

NAPOLÉON,

Par la grâce de Dieu et la volonté nationale, Empereur des Français,

A tous présents et à venir, salut :

Vu l'ordonnance du 12 avril 1831, portant organisation du Collége militaire ;

Vu le décret du 6 janvier 1853, qui donne au Collége militaire le titre de *Prytanée impérial militaire* ;

Vu le décret du 10 avril 1852, qui détermine le système d'études des établissements publics ;

Sur la proposition du ministre secrétaire d'État de la guerre,

Décrète :

TITRE I.
Institution du Prytanée.

Art. Ier. L'objet de l'institution du Prytanée impérial militaire, établi à La Flèche, est de récompenser les services rendus à l'État par les officiers des armées de terre et de mer, en donnant à leurs fils, indépendamment de l'éducation militaire, une instruction littéraire et scientifique assez étendue pour leur permettre d'obtenir le diplôme de bachelier ès sciences, et plus spécialement de se présenter avec succès aux concours d'admission à l'École impériale polytechnique et à l'École impériale spéciale militaire.

Art. II. Quatre cents élèves y sont entretenus aux frais de l'État : trois cents comme boursiers, cent comme demi-boursiers.

Le Prytanée reçoit, en outre, des élèves pensionnaires entretenus en entier aux frais des familles.

Les enfants de la ville de La Flèche peuvent être admis à suivre les cours du Prytanée comme externes, moyennant une rétribution de cinq francs par mois.

TITRE II.
Conditions d'admission.

Art. III. Les places gratuites ou demi-gratuites sont réservées exclusivement pour les fils d'officiers servant encore ou ayant servi dans les armées, et pour les fils de sous-officiers morts au champ d'honneur.

Elles sont accordées de préférence aux orphelins de père et de mère, et subsidiairement aux enfants à la charge de leurs mères, dans l'ordre ci-après :

1º Aux orphelins dont les pères ont été tués au service ou sont morts de blessures reçues à la guerre ;

2º Aux orphelins dont les pères sont morts au service, ou après l'avoir quitté avec une pension de retraite ;

3º Aux enfants dont les pères ont été amputés, ou sont restés estropiés par suite de blessures reçues à la guerre.

Art. IV. Les enfants qui remplissent les conditions indiquées à l'article précédent ne peuvent être admis au Prytanée qu'autant que leurs parents ou tuteurs ont produit à l'appui de leur demande ;

1º L'acte de naissance de l'enfant, revêtu des formalités prescrites par la loi, à l'effet de constater qu'à l'époque fixée pour l'admission annuelle des élèves, il aura 10 ans accomplis, et n'en aura pas plus de 12.

2º Une déclaration signée d'un docteur en médecine ou en chirurgie, attaché à un hospice civil ou à un hôpital militaire, dûment légalisée et constatant que l'enfant a eu la petite vérole ou qu'il a été vacciné, et qu'il n'est atteint ni d'affection chronique ni de maladie contagieuse ;

3º Un certificat constatant, après un examen dont le ministre de la guerre règlera la forme, le degré d'instruction du candidat ;

4º Un état authentique des services du père ;

5º Un relevé du rôle des contributions et un certificat délivré par le maire du lieu du domicile de la famille, énonçant exactement les moyens d'existence, le nombre d'enfants et les autres charges des parents. Si le père fait encore partie d'un corps de troupes, ce certificat est délivré par le conseil d'administration ;

6° Une déclaration du conseil municipal, constatant que la famille est sans fortune, et qu'elle est dans le cas d'obtenir soit la bourse entière, soit la demi-bourse. Cette déclaration est provoquée par le préfet du département, qui instruit la demande et donne son avis.

Toutes ces pièces doivent être adressées, par l'entremise du préfet, au ministre secrétaire d'État de la guerre avant le 1er juillet, sauf le certificat énoncé au paragraphe 3, qui est produit dans le courant dudit mois.

Art. V. Nul ne peut être admis comme élève pensionnaire, s'il a accompli l'âge de 14 ans au 1er octobre de l'année courante.

Les familles qui sollicitent l'admission de leurs fils comme pensionnaires, produisent, indépendamment des trois premières pièces mentionnées à l'article qui précède, un certificat du maire du lieu de leur résidence, visé par le préfet, et constatant qu'elles sont en état de payer la pension.

Art. VI. Le prix de la pension est fixé à 850 fr. ; celui de la demi-pension à 425 fr., non compris le trousseau, dont la composition et le prix sont indiqués annuellement aux familles.

Les familles des élèves admis soit à titre gratuit, soit comme pensionnaires, sont tenues de subvenir aux frais du trousseau, lors de l'admission.

Art. VII. Les parents des enfants nommés élèves demi-boursiers ou pensionnaires doivent remettre au commandant, lorsqu'ils présentent ces élèves au Prytanée, l'engagement de verser au trésor, par trimestre et d'avance, le prix soit de la demi-pension, soit de la pension entière.

Art. VIII. L'époque unique d'admission est fixée au 1er octobre de chaque année.

Les élèves payants ou gratuits qui n'ont pas alors 11 ans révolus, doivent savoir lire et écrire, connaître les premiers éléments de la grammaire française et du calcul, l'histoire sainte jusqu'à la mort de Salomon, et enfin avoir les premières notions de la géographie (divisions principales du globe et de l'Europe), de manière à pouvoir entrer en septième à l'époque de l'admission.

Ceux qui auraient complété la 11e année doivent être capables d'entrer dans la classe de sixième, organisée conformément au plan d'études de l'Université.

Les élèves pensionnaires admis après l'âge de 12 ans doivent être en état de suivre la classe correspondante à leur âge.

TITRE III.

Personnel militaire.

Art. IX. Le commandement du Prytanée militaire peut être confié soit à un officier général de la 1re section du cadre de l'état-major général, soit à un colonel en activité de service.

Le commandant est nommé par nous, sur la proposition de notre ministre secrétaire d'État de la guerre, sous les ordres directs duquel il est placé.

Il est chargé de l'exécution des décrets et règlements qui concernent le Prytanée; son autorité s'étend sur toutes les parties de l'administration ou du service. Il préside les conseils d'instruction, de discipline et d'administration institués aux art. 15, 16 et 20 ci-après.

Art. X. Sont attachés au Prytanée :

Un officier supérieur, du grade de lieutenant-colonel ou chef de bataillon, chargé du commandement en second;

Un capitaine;

Trois lieutenants ou sous-lieutenants, dont un chargé de diriger les exercices gymnastiques;

Un certain nombre de sous-officiers déterminé par le ministre de la guerre, suivant les besoins du service.

En cas d'absence du commandant du Prytanée, le commandant en deuxième le remplace dans toutes ses fonctions.

TITRE IV.

Enseignement et Discipline.

Art. XI. L'instruction donnée au Prytanée comprend :

1° L'enseignement élémentaire (classe de septième), tel qu'il est réglé par le plan d'études de l'Université ;

2° L'enseignement de la division de grammaire (de la sixième à la quatrième inclusivement), conformément audit plan d'études ;

3° L'enseignement littéraire et scientifique, particulièrement déterminé par ce plan d'études pour la section des sciences, à partir de la troisième (division supérieure) ;

4° L'enseignement complémentaire de la section des sciences.

Art. XII. Les cours institués en conséquence de l'article qui précède sont :

1° Un cours complet d'humanités, y compris la rhétorique ;

2° Un cours d'histoire et de géographie ;

3° Un cours de langue allemande ;

4° Un cours de mathématiques ;

5° Un cours de sciences physiques ;

6° Un cours d'histoire naturelle ;

7° Un cours de dessin de la figure ;

8° Un cours de dessin linéaire.

Les élèves pratiquent, en outre, les exercices militaires et la gymnastique.

Ils complètent au Prytanée leur éducation religieuse.

Art. XIII. Les professeurs, répétiteurs et maîtres nécessaires aux besoins de l'enseignement sont nommés par notre ministre secrétaire d'État de la guerre.

Art. XIV. Le commandant du Prytanée est chargé de la direction des études. Le commandant en second est sous-directeur des études.

Art. XV. Un conseil d'instruction est institué pour provoquer les améliorations que nécessite l'intérêt des études ; il règle, lorsqu'il y a lieu, l'emploi du temps.

Le conseil se réunit au moins une fois par mois, pour entendre le rapport qui lui est fait par le sous-directeur des études sur le mode et les progrès de l'instruction.

Un procès-verbal des séances est adressé à la fin de chaque trimestre, par le commandant du Prytanée, au ministre de la guerre, qui prononce sur les propositions du conseil.

Ce conseil est composé comme il suit :

Le commandant du Prytanée, directeur des études, chargé de la présidence ;

Le commandant en second, sous-directeur des études ;

Le professeur de rhétorique, alternant avec le professeur de seconde ;

Le professeur de sciences physiques, alternant avec le professeur d'histoire naturelle ;

Un professeur de mathématiques ;

Le professeur d'histoire, alternant avec le professeur d'allemand ;

Un professeur pris, à tour de rôle, dans les classes de troisième, quatrième et cinquième.

En cas de partage égal des voix, celle du président est prépondérante.

Art. XVI. Un conseil de discipline est chargé de provoquer toutes les mesures nécessaires au maintien de l'ordre ; il est composé ainsi qu'il suit :

Le commandant du Prytanée, président ;

Le commandant en second ;

Le capitaine ou un des lieutenants ;

Deux professeurs renouvelés tous les ans et choisis parmi les plus anciens membres du corps enseignant qui ne feraient pas partie d'un autre conseil.

Le conseil se réunit sur la convocation du commandant du Prytanée.

Art. XVII. Les élèves qui auraient commis une faute assez grave pour encourir le renvoi du Prytanée, paraissent devant le conseil de discipline.

Le ministre de la guerre statue sur les propositions de renvoi, qui doivent toujours être accompagnées d'un avis motivé, signé de tous les membres du conseil.

TITRE V.

Service du Culte.

Art. XVIII. Un aumônier est spécialement chargé, sous la surveillance du commandant, du service du culte et de l'instruction religieuse des élèves.

Il pourrait être placé au Prytanée un second ecclésiastique, avec le titre de chapelain, si les besoins du service rendaient cette nomination nécessaire.

L'un et l'autre sont nommés par le ministre de la guerre.

TITRE VI.

Service de Santé.

Art. XIX. Un chirurgien-médecin est chargé du service de santé.

Il peut être désigné un médecin consultant, qui serait appelé dans les maladies graves, ou en cas de difficultés concernant l'admission des élèves.

Le ministre de la guerre détermine, d'après les besoins du service, le nombre des sœurs de charité qui doivent être attachées à l'établissement.

TITRE VII.

Administration.

Art. XX. Un conseil, spécialement chargé de diriger l'emploi des fonds affectés aux dépenses de l'établissement, veille à tous les détails de l'administration intérieure.

Ce conseil est composé comme il suit : savoir :

Le commandant du Prytanée, président ;

Le commandant en second ;

Le capitaine ou l'un des lieutenants ;

Deux professeurs, annuellement renouvelés et pris à tour de rôle, suivant leur rang d'ancienneté.

Art. XXI. Le conseil d'administration a sous ses ordres :

Un trésorier, qui est, en même temps, bibliothécaire, archiviste et secrétaire des conseils ;

Un économe.

Ces deux comptables sont tenus de fournir un cautionnement fixé, pour le premier, à 20,000.fr., et pour le second, à 10,000 fr., et constitué en numéraire ou en rentes sur l'État ;

Le trésorier assiste aux séances du conseil comme archiviste et secrétaire, mais sans voix délibérative.

L'économe est appelé aux séances, avec voix consultative, lorsque le conseil le juge convenable.

Art. XXII. L'intendance militaire est chargée de la surveillance administrative du Prytanée ; elle l'exerce d'après les règles déterminées par les ordonnances et règlements relatifs à l'administration des corps de troupes. Toutes les dispositions prescrites par ces ordonnances et règlements pour la tenue des séances, les attributions et les délibérations des conseils d'administration des corps de troupes, sont applicables au conseil d'administration du Prytanée.

Art. XXIII. Le conseil d'administration établit le budget

de chaque exercice, ainsi que les demandes particulières de fonds pour les dépenses de chaque trimestre.

Art. XXIV. Les règlements sur la comptabilité du département de la guerre doivent être suivis, pour la justification, de toutes les dépenses du Prytanée à la charge du budget de ce département.

Art. XXV. Une comptabilité spéciale, tant en deniers qu'en matières, est tenue, sous la surveillance et la responsabilité du conseil d'administration, pour l'emploi du fonds des trousseaux payés par les familles, et soumise au contrôle de l'intendance militaire, qui transmet cette comptabilité au ministre.

Art. XXVI. Le conseil d'administration ne peut faire aucune dépense extraordinaire, s'il n'a été préalablement autorisé par le ministre de la guerre.

Toutes les dépenses à la charge du budget sont acquittées, sans aucune exception, sur les crédits législatifs.

Le conseil d'administration ne peut employer à les atténuer ni les *boni* qui pourraient résulter de la comptabilité des trousseaux, ni les produits accidentels provenant de loyers, cessions, échanges, etc., ces produits devant être versés au trésor public, comme celui des pensions des élèves entretenus au compte de leurs familles.

Art. XXVII. Les traitements des officiers et militaires en activité de service employés au Prytanée, à quelque titre que ce soit, sont fixés conformément aux tarifs et règlements qui régissent le service de la solde.

Les professeurs et fonctionnaires civils mentionnés aux art. 13, 18 et 19 qui précèdent, sont rétribués conformément au tarif annexé au présent décret.

Art. XXVIII. Les professeurs et fonctionnaires civils qui reçoivent, sur les fonds du Prytanée, le traitement indiqué dans le tarif annexé au présent décret, sont soumis aux dispositions de l'ordonnance du 26 mai 1832, relative aux caisses de retenues et aux produits qui doivent les alimenter. La pension de retraite à laquelle ils pourront avoir droit sera réglée conformément à la législation sur les pensions civiles.

Art. XXIX. Le commandant du Prytanée nomme, sur la proposition du conseil d'administration, les agents subalternes, dont le nombre, les fonctions et le traitement sont déterminés, sauf l'approbation du ministre, d'après les besoins du service.

TITRE VIII.

Inspection.

Art. XXX. Le ministre de la guerre peut désigner un ou deux inspecteurs civils, choisis parmi les hommes qui ont suivi la carrière de l'enseignement, pour inspecter au Prytanée les études littéraires et les études scientifiques.

Art. XXXI. Chaque année, un inspecteur-général, désigné parmi les officiers généraux, est chargé de la mission temporaire d'inspecter les différentes parties du service.

Après avoir pris l'avis de l'inspecteur des études et celui du conseil d'instruction, l'inspecteur-général présente ses vues au ministre sur les perfectionnements à apporter à l'enseignement. Il propose, dans le rapport relatif à cette inspection, les professeurs, répétiteurs et maîtres qu'il juge dignes d'obtenir de l'avancement.

Art. XXXII. Un intendant militaire inspecte le Prytanée; il fait connaître au ministre les améliorations et économies dont l'administration et le régime intérieur lui paraissent susceptibles.

TITRE IX.

Sortie du Prytanée.

Art. XXXIII. Lors de la tournée annuelle des examinateurs d'admission à l'École impériale polytechnique et à l'École impériale spéciale militaire, les élèves en position de concourir pour l'une et l'autre école sont présentés aux examinateurs.

Art. XXXIV. Les élèves boursiers ou pensionnaires fils de militaires qui, pendant leur séjour au Prytanée, ont concouru pour l'admission à l'École impériale spéciale militaire, sont, à titre de faveur particulière, avancés de quinze rangs sur la liste d'admissibilité à cette École.

Cet avantage, accordé auxdits élèves en raison des services de leurs pères et de leur aptitude spéciale résultant de l'éducation militaire qu'ils ont reçue au Prytanée, leur est continué même après leur sortie de cet établissement, s'ils se présentent de nouveau au concours.

Art. XXXV. Les élèves ne peuvent rester au Prytanée au-delà de la fin de l'année scolaire dans le courant de laquelle ils ont accompli leur 19e année.

Art. XXXVI. Toutes dispositions contraires au présent décret sont et demeurent abrogées.

Art. XXXVII. Notre ministre secrétaire d'État au département de la guerre est chargé de l'exécution du présent décret.

Fait à Paris, le 23 mai 1853.

NAPOLÉON.

Par l'empereur :
Le maréchal de France, ministre secrétaire d'État au département de la guerre,

A. DE SAINT-ARNAUD.

Quelques jours après, une instruction ministérielle, réglant les conditions pour l'admission des enfants au Prytanée impérial militaire, a complété en l'expliquant la teneur du précédent décret (1).

A ces mesures qui lui rendent une importance presque annihilée depuis 1830, et qui rejoignent pour lui le milieu du siècle à ses commencements, sous l'égide des mêmes souvenirs, il manquait une sanction morale; le Prytanée vient de la recevoir : le 6 juillet 1853, il s'est ouvert à l'une de ces hautes réceptions que leur rareté, la qualité du visiteur et l'impression produite élèvent pour l'École et pour la ville à la hauteur d'un évènement historique. M. le maréchal ministre de la guerre est venu voir le Prytanée militaire. Reçu à l'entrée de l'établissement par M. le général Cœur, commandant, et M. le lieutenant-colonel de Robernier, commandant en second, entourés de tous les fonctionnaires de la maison, le maréchal a immédiatement parcouru les rangs des élèves du 3e bataillon, questionnant avec bonté chaque caporal ou sergent qu'il rencontrait, et accordant ainsi son premier intérêt aux plus méritants d'entre les plus petits. L'entrée monumentale du vestibule de Henri IV avait été décorée avec goût par M. le capitaine de Sainthillier. Sur un bouclier placé au centre de la porte d'entrée et surmonté d'un aigle, on lisait les noms des batailles africaines où s'est trouvé le maréchal ; à droite et à gauche, sur un fond d'écarlate, ressortaient les noms du premier et du dernier lauréat du prix d'honneur u Collège militaire. Dans l'intérieur, en avant d'un

---

(1) Voir la note G à la fin du volume.

épanouissement de drapeaux tricolores, sur un fût cannelé, en face de la statue de Henri IV, était placé le buste de l'empereur Napoléon III. Entre ces deux images de souverains, s'appuyant, l'un sur les souvenirs du passé que nous venons d'évoquer, l'autre sur les bienfaits de la paix présente et les espérances d'un avenir que nous prions Dieu de rendre plein de bonheurs, Son Exc. a passé pour se rendre dans la grande salle des conseils, où a eu lieu la réception des autorités municipales et administratives de la ville de La Flèche, du clergé et du tribunal, présentées par M. le préfet. M. le maréchal s'est ensuite rendu à la chapelle, où le *Domine salvum fac Napoleonem* a été chanté par les élèves, puis à la bibliothèque, et enfin dans les appartements du général-commandant, où un déjeûner l'attendait. La musique des élèves s'est fait entendre pendant le repas, et, à la fin, M. le général Cœur, commandant le Prytanée impérial militaire, a terminé en ces termes adressés au maréchal un toast à la santé de l'empereur :

« Votre nom, Monsieur le maréchal, sera inscrit dans l'histoire à côté de celui de NAPOLÉON III, le sauveur de la France, le restaurateur d'une armée courbée et battue en brèche par l'ouragan révolutionnaire, dont vous avez réparé toutes les ruines, en retraçant la ligne du devoir, en réhabilitant la dignité et l'autorité du commandement, et en pourvoyant à tous les intérêts comme à tous les besoins.

» L'empereur ne pouvait remettre entre des mains

plus habiles et plus dévouées le sort de cette armée, du sein de laquelle s'élèvent chaque jour vers lui les plus sincères bénédictions ! Soyez le bienvenu parmi nous, Monsieur le maréchal, pour recueillir et lui reporter les nôtres ! Parlez-lui de la reconnaissance particulière des élèves du Prytanée, dont vous avez si bien plaidé la cause ! Et si elle pouvait encore obtenir, avec le temps, un succès plus large et plus complet, je n'hésiterais pas à la recommander de nouveau à votre bienveillante et constante sollicitude.

» En déposant nos hommages respectueux aux pieds de Sa Majesté, dites-lui bien que vous n'avez trouvé ici que des cœurs pleins d'amour et de dévouement pour son auguste personne.

» A la santé de l'empereur ! Vive l'empereur ! »

Le maréchal a répondu :

« Général,

» Je reporterai à l'empereur les témoignages d'affection et de dévouement à sa personne si noblement exprimés par vous, si profondément sentis par tous ceux qui m'entourent, et je serai le fidèle interprète des sentiments de reconnaissance des élèves du Prytanée militaire envers le souverain qui, tout récemment, leur a donné des preuves non équivoques de sa bienveillante sollicitude.

» En vous proposant au choix de Sa Majesté pour commander le Prytanée militaire, je savais, général), que je donnais à cet établissement un chef capable, dévoué, énergique, parfaitement apte à le diriger dans la voie de prospérité qui lui est réservée.

» Je vous remercie, général, de ce que vos paroles renferment de particulièrement honorable pour moi. En présence des dangers qui menaçaient le pays, mon devoir de militaire et de citoyen était tout tracé, et ma tâche a été d'autant plus facile que l'armée a été admirable de dévouement. Premier soldat de l'empereur, quand la patrie attendait de lui son salut, ma place était à ses côtés; je devais à la France et au chef qui se dévouait pour la sauver, tout mon courage, toute mon énergie, le sacrifice même de ma vie. »

Après le déjeûner, le maréchal a visité les réfectoires, où les élèves, qui étaient à dîner, l'ont accueilli aux cris réitérés de vive l'empereur! vive le maréchal! et là, les enfants du 3e bataillon ont eu une seconde fois une grande part d'attention affable et paternelle.

M. le maréchal s'est rendu ensuite à l'infirmerie, puis à la salle d'escrime où s'est fait en sa présence un assaut d'armes; ensuite, se dirigeant vers le parc, l'a traversé rapidement et est entré par la grille dans le parc des élèves, où les trois bataillons se tenaient alignés; il les a passés en revue et a fait exécuter différents maniements d'armes, suivis chaque fois d'une observation technique ou d'une approbation encourageante.

Après avoir prêté à tout une attention active et bienveillante, après avoir interrogé avec bonté un grand nombre d'élèves, et reconnu parmi eux le fils d'un compagnon d'armes tué en Afrique à ses côtés, le maréchal s'est placé sous l'ombrage de la croisée des tilleuls, au milieu du Champ-de-Mars ; là il a fait former le cercle, et s'adressant aux élèves, il leur a rappelé l'affection particulière dont ils étaient l'objet de la part de l'empereur et de l'armée ; il leur a recommandé de ne jamais oublier qu'ils sont les fils de soldats qui ont loyalement servi leur pays, et qu'ils ne doivent jamais faillir à ces traditions glorieuses : « Souvenez-vous, mes enfants, leur a-t-il dit, des exemples que vous ont légués vos aînés ; soyez dociles à la voix de vos chefs, car il faut savoir obéir pour pouvoir commander plus tard ; rendez-vous dignes par votre bonne conduite des soins dévoués qui vous entourent, et ne manquez jamais à votre qualité d'enfants adoptifs de l'armée. »

A ces paroles M. le maréchal en a ajouté d'autres trop personnelles à celui qui achève ces lignes pour qu'il se permette de les reproduire ici, mais trop hautement et spontanément obligeantes pour qu'il puisse les oublier.

Après avoir visité les classes et la belle salle des actes, M. le maréchal a quitté l'établissement, en promettant aux honorables chefs qui le commandent de venir chaque année le revoir, et en laissant dans l'esprit de tous, au lieu du sentiment de curiosité de l'arrivée, celui d'une sympathie respectueuse qui survit à son départ.

Dans quelques jours, sur la demande du maréchal, l'empereur enverra un drapeau aux élèves du Prytanée militaire. Dans ses plis ils pourront relire ces mots écrits sur l'étoile qui rayonne sur la poitrine de leurs pères, et de la pensée desquels j'ai religieusement tâché d'animer ces pages :

HONNEUR et PATRIE!

FIN.

NOTES JUSTIFICATIVES.

Note A.

Distribution de cent mille escus aux jésuites de La Flèche. (Extrait des *OEconomies royales de Sully,* coll. Petitot, tome VII.)

Pour employer au bastiment de l'église et dudit Collége, 165,000 livres : cy. 165,000

Pour l'achapt des places à faire ladite église (1) et Collége, 21,000 livres : cy. 21,000

Pour récompense des bénéfices occupés par personnes qui n'en ont nul titre, et qui ne sont point

---

(1) Ce renseignement infirme entièrement l'opinion du savant Ménage, qui, dans son *Histoire de Sablé,* 1re partie, liv. VI, pour donner raison à deux distiques, prétend que du *palais de Henri IV à La Flèche, les jésuites ont fait leur église.* Voici ces vers :

> Quæ quondam fuerant mortalis numinis ædes
>   Nunc immortalis numinis aula patet;
> Fœdere felici mutarunt numina sedes
>   Rex habitat cœlum : regia tecta Deus.

Ces vers sont, dit Ménage, de M. Desbois, lieutenant-général de La Flèche : nous en avons trouvé cette traduction faite par M. Beauchef, professeur de troisième à l'Ecole royale préparatoire :

> Ce beau lieu qu'habita jadis un roi chéri,
>   Au Dieu de ses ayeux son cœur en fit hommage;
> D'un merveilleux traité cet échange est le gage;
>   Son palais s'ouvre à Dieu, le Ciel au bon Henri.

d'église pour faire ladite fondation, 75,000 livres : cy 75,000
Pour faire un palais en ladite ville de La Flèche, au lieu de celui où logent de présent lesdits pères jésuites, et où se fera ledit bâtiment, 12,000 livres : cy. 12,000
Pour acheter des livres, 3,000 livres : cy. . . . 3,000
Pour acheter des ornements à faire le service, 3,000 livres : cy. 3,000
Pour servir à la nourriture desdits pères jésuites, la présente année, 6,000 livres : cy. 6,000
Pour rendre au sieur de la Varenne, qui leur a prêté depuis qu'ils sont à La Flèche, tant pour vivre que pour acheter des meubles, 15,000 livres : cy. 15,000

Total. 300,000

Fait à Fontainebleau, le 16 octobre 1606.

HENRY.

NOTE B.

MINISTÈRE DE LA GUERRE.
BUREAUX DES ÉCOLES MILITAIRES.

Paris, ce 31 mars 1810.

A Messieurs les membres du Conseil d'administration du Prytanée.

Messieurs, vous m'avez demandé à conserver la bibliothèque de l'ancien Collége de La Flèche, dont le maire de cette ville réclamait la jouissance, comme ayant fait partie de l'École secondaire qui existait avant l'arrivée du Prytanée. Le ministre de l'intérieur, à qui j'ai communiqué et votre demande et la réclamation du maire, me répond qu'il vient de décider que le Prytanée jouirait, ainsi que les anciens établissements d'instruction auxquels il a succédé, de la bibliothèque mise à la disposition de l'École secondaire. Seulement son Excellence me prie de permettre qu'elle soit ouverte deux fois par semaine aux habitants de la ville qui voudront la fréquenter. Cette bibliothèque étant placée dans une partie des bâtiments où les élèves ne vont que très rarement, je crois sans inconvient d'y admettre les habitants de La Flèche. Le général commandant fixera les jours et les heures d'ouverture, et en donnera connaissance au Maire ; il se concertera de même avec lui pour faire dresser un catalogue de tous les livres composant l'ancienne bibliothèque du Collége de La Flèche, dont le Prytanée conserve la jouissance. Ce catalogue sera fait triple ; l'un me sera envoyé, le second restera au Prytanée, et le troisième sera remis au maire. Je vous charge aussi, Messieurs, de m'adresser une copie du catalogue des livres que le Prytanée a emportés avec lui de Saint-Cyr ; je vous l'ai déjà demandé.

Le ministre de l'Intérieur a communiqué sa décision au préfet du département de la Sarthe, qu'il a chargé de donner des instructions au maire de La Flèche.

Recevez, Messieurs, l'assurance de ma considération.

Le ministre de la guerre,

Duc de FELTRE.

Ecrit de la main du ministre :

« Il me sera fait également un inventaire chronologique des manuscrits. »

Le duc de Feltre ne pouvait faire moins en faveur des habitants de La Flèche, car le double de la lettre suivante, adressée aux membres de la municipalité, existait sans doute dans les bureaux de son collègue, le ministre de l'intérieur.

Paris, 30 brumaire an VII.

« Citoyens, j'ai reçu la lettre par laquelle vous m'exposez que « l'Ecole de votre commune ayant été conservée par la loi du 3 brumaire an IV et formant presque la seule ressource d'un pays fidèle à la République, au milieu de la malheureuse guerre de la Vendée, a droit à la conservation de sa bibliothèque tout entière, et ne peut céder aucun livre à l'Ecole centrale du département. »

» Comme vos réclamations m'ont paru très justes, je vous préviens, Citoyens, que cette bibliothèque restera intacte à votre Ecole et que je l'ai annoncé à l'administration centrale de votre département; mais je l'ai assurée aussi que vous voudriez bien mettre à sa disposition celles des machines de physique de votre cabinet qui lui seront nécessaires pour l'Ecole centrale, et je vous invite à veiller à ce qu'on n'oppose aucun obstacle à l'exécution de cette mesure. Salut et fraternité. »

Signé : François de NEUFCHATEAU.

(*Archives de la Mairie de La Flèche.* — Extrait d'un registre de correspondance, f° 73.)

NOTE C.

Procès-verbal de l'inauguration de la statue de Henri IV.

L'an de grâce 1817, le vendredi 14e jour de mars, anniversaire de la bataille d'Ivry, sous le règne de Louis-le-Désiré, dix-huitième du nom, le maréchal Clarke, duc de Feltre, élève de cette Ecole, étant ministre de la guerre, nous, fonctionnaires de l'Ecole royale militaire, pénétrés d'admiration pour les vertus de Henri-le-Grand, émus de reconnaissance pour les bienfaits d'un si bon roi, fondateur de cette maison, nous lui avons érigé la statue posée sur ce piédestal, afin que tous les yeux contemplent l'image d'un prince dont la mémoire est gravée dans tous les cœurs.

De Préval, colonel-commandant; Viénot, chef de bataillon; le chevalier de Sorbier, administrateur; de Bigault-d'Harcourt, directeur des études; d'Hennezel, capitaine; le marquis de Kermel, chef d'escadron faisant fonction de capitaine; Saget, capitaine; Moulin, capitaine du génie; Langlet, aumônier; Lelouvier, payeur; le chevalier de Sourdon, secrétaire des conseils, archiviste-bibliothécaire; Rivière, économe; Artaud, commissaire des guerres, chargé des revues de l'Ecole.

FONCTIONNAIRES DE LA VILLE.

Le chevalier de la Bouillerie, sous-préfet; Lefebvre-Dubreuil, maire; Delaroche, curé de Saint-Thomas; Guérin, commandant de la garde nationale.

NOTE D.

TABLEAU des livres classiques selon l'ordre des classes.

POUR LA SEPTIÈME.

1. Petit abrégé de la grammaire française avec vingt des plus petites fables de La Fontaine.
2. —— de la grammaire latine, avec quelques morceaux de prose latine, traduits mot à mot.
3. —— de la grammaire grecque, avec le *Pater*, l'*Ave*, le *Credo* en grec, traduits mot à mot.

Petit catéchisme du diocèse.

POUR LA SIXIÈME.

1. Principes abrégés de littérature, 1re Partie : de l'apologue, avec des fables choisies de La Fontaine.

2. Extraits des auteurs latins en prose, 1re Partie : de Sulpice-Sévère, d'Eutrope, d'Aurélius-Victor.

3. Poésies latines : *Phèdre*, et quelques autres fables latines ou traits choisis qui ont rapport aux fables. (Ces traits choisis sont tirés de cinquante-six auteurs, entre autres, Horace, Avien, un anonyme ancien, Phaërne, Ovide, Martial, Catulle, Ausone, etc. : c'est toute la richesse de la littérature latine pour la partie de l'apologue.)

4. Abrégé de l'Histoire-Sainte, tiré du catéchisme historique de Fleury.

5. Feuilles grecques : quelques fables d'Ésope avec la traduction et les parties.

Catéchisme du diocèse : Épîtres et Évangiles des fêtes et des dimanches.

POUR LA CINQUIÈME.

1. Principes abrégés de littérature, 2e Partie : de la poésie pastorale et de la poésie didactique, avec des morceaux choisis de nos poètes français.

2. Extraits des auteurs latins, 2e Partie : De Cornelius-Nepos, de Justin, de Q. Curce, de César.

3. Choix de poésies latines : les Églogues de Virgile, et les extraits de Térence et de Plaute.

4. Abrégé de l'Histoire ancienne, ou des Égyptiens, des Assyriens, des Grecs, de la Fable, etc.

5. Feuilles grecques ; Extraits du Nouveau-Testament.

Catéchisme du diocèse, Épîtres et Évangiles.

POUR LA QUATRIÈME.

1. Principes abrégés de la littérature, 3e Partie : de la

satire et de la poésie lyrique, avec des morceaux choisis de nos poètes français.

2. Extraits des auteurs latins, 3ᵉ Partie : de Salluste, Suétone, Cicéron.

3. Choix de poésies latines : les satires d'Horace et les Géorgiques de Virgile.

4. Abrégé de l'Histoire Romaine.

5. Feuilles grecques : Dialogues de Lucien.

Catéchisme du diocèse, Épîtres et Évangiles.

POUR LA TROISIÈME.

1. Principes abrégés de littérature, 4ᵉ Partie : de la poésie dramatique en général, et de la tragédie et de la comédie en particulier, avec des morceaux de Corneille, de Racine, de Molière.

2. Extraits des auteurs latins en prose, 4ᵉ Partie : de Végèce, de Velléius-Paterculus, Valère-Maxime, Aulu-Gelle, Frontin, Macrobe, Quintilien, Columelle, Florus; supplément tiré du 4ᵉ livre de la Rhétorique à Hérennius.

3. Choix de poésies latines : les deux premiers livres de l'Énéide, et des Épîtres d'Horace.

4. Abrégé de l'Histoire de France, 1ʳᵉ Partie.

5. Feuilles grecques : *Isocrates ad Demonicum*.

Catéchisme du diocèse, Épîtres et Évangiles.

POUR LA SECONDE.

1. Principes abrégés de la littérature, 5ᵉ Partie : de la poésie épique, avec des morceaux de la Henriade et du Lutrin, suivis de l'Art poétique de Despréaux.

2. Extraits des auteurs latins en prose, 5ᵉ Partie (de 250 pages dont se compose ce volume, 200 sont remplies d'extraits de Tite-Live; le reste est employé à des Extraits de Sénèque le philosophe, de Vitruve et de Celse.)

3. Choix de poésies latines : les Odes d'Horace.

4. Abrégé de l'Histoire de France, 2e Partie.

5. Feuilles grecques : morceaux d'Hérodote, et 200 vers de l'Iliade.

1er Volume du Catéchisme de Montpellier.

POUR LA RHÉTORIQUE.

1. Principes abrégés de littérature, 6e Partie : des genres en prose, avec des morceaux choisis de Fléchier, de Bossuet, de Bourdaloue.

2. Extraits des auteurs latins, 6e Partie : extraits de Tacite, et vingt-quatre discours choisis de Quinte-Curce, de Salluste, de Tite-Live, les quatre Catilinaires de Cicéron, ses Oraisons *pro Marcello, pro Archia poetâ*.

3. Choix de poésies latines : Trois des six derniers livres de l'Énéide, l'Art poétique d'Horace, et une partie du 3e chant de la poétique de Vida.

4. Extraits de l'Histoire Universelle de Bossuet.

5. Feuilles grecques : un morceau de Démosthène, et 200 vers de l'Iliade.

2e volume du Catéchisme de Montpellier.

POUR LA PHILOSOPHIE.

Première année.

1. Principes et règles de la *Logique*, avec la *Grammaire générale et raisonnée*. (La logique est de S'Gravesende ; l'explication des règles du syllogisme, les notions des différents sophismes et quelques autres définitions, sont de Du Marsais ; vient ensuite un petit Traité de l'art syllogistique par S'Gravesende. *La Grammaire générale et raisonnée* est celle de Port-Royal.)

2. Éléments abrégés d'Arithmétique, d'Algèbre, de Géo-

-métrie, des Sections coniques, et un petit Traité de la Sphère appliquée à la Géographie.

3. Principes abrégés de Physique, 1re Partie.

4. Abrégé d'Histoire naturelle, 1re Partie.

Specimen methodi scholasticæ in disputationibus philosophicis : pour les deux années.

Les samedis, 3e volume du Catéchisme de Montpellier.

Deuxième année.

1. Principes abrégés de Métaphysique et de Morale. (Pour l'une et l'autre partie, c'est l'ouvrage de S'Gravesende. Tout ce qui, dans la dernière, a trait aux sociétés civiles ou gouvernements, est tiré de la *Politique sacrée* de Bossuet.

2. Principes abrégés de Physique, 2e Partie.

3. Abrégé d'Histoire Naturelle, 2e Partie : les Pensées de Cicéron de M. l'abbé d'Olivet.

Les samedis, exposition de la Foi catholique par Bossuet.

NOTE E.

Le privilége de la gratuité de l'externat en faveur de la ville de La Flèche est constant sous tous les régimes qu'a traversés le Collége : nous l'avons vu sous les jésuites, pages 86, 129 et 134 de cette histoire; il est consacré de nouveau par l'édit de Louis XV, page 186 et 190; par l'engagement formel des pères de la doctrine chrétienne sous Louis XVI; on le voit ici maintenu sous la République par l'administration municipale; enfin, à la veille de la translation du Prytanée de Saint-Cyr à La Flèche, en 1808, le colonel Auvray, premier préfet de la Sarthe, publia, page 104 du *Mémorial de la préfecture*, une circulaire où nous avons remarqué ce passage :

« Les externes continueront d'avoir leur *accès gratuit* aux cours littéraires des classes, ainsi qu'ils l'avaient sous l'ancienne École militaire, en vertu du privilége qu'avait accordé Henri IV à la ville de La Flèche, qu'il honorait d'une affection particulière. »

Contrairement à ces paroles du préfet, une légère redevance de cinq francs par mois fut exigée par les règlements constitutifs du premier Prytanée : elle a été maintenue, parfois même augmentée, jusqu'à ce jour.

NOTE F.

Extrait des décisions ministérielles adressées le 8 février 1807 au général Duteil, par l'inspecteur en chef aux revues, officier de la Légion-d'Honneur, secrétaire-général du ministre de la guerre.

DE L'INSTRUCTION AU PRYTANÉE.

J'ai l'honneur de vous adresser l'ordre des exercices arrêtés par le ministre pour la distribution des heures affectées à chaque espèce de travail. Ce tableau est le résultat de celui que vous avez soumis à Son Exc. et des observations que M. le directeur des études a faites sur ce projet.

En laissant aux exercices militaires tout le temps que vous aviez jugé nécessaire de donner à cette partie, le ministre a cru devoir établir les classes matin et soir les lundi, mardi, mercredi, vendredi et samedi. Les élèves, sans avoir plus de temps de travail chaque semaine, recevront plus souvent les leçons des professeurs et ne perdront que très peu de temps destiné aux connaissances moins essentielles et aux arts d'agrément.

D'après l'ordre arrêté par le ministre, les élèves auront par semaine :

17 heures 1/2 de classe ;
33 — 3/4 d'études ;
7 — 1/4 d'écriture, de dessin, de fortification, de langues vivantes ;
13 — 1/4 d'exercices militaires ;
5 — 3/4 d'escrime, de danse, de musique ;
2 — 1/2 d'instruction religieuse.

En tout... 80 heures.

....

Le ministre a cru pouvoir supprimer l'étude d'une heure qui précédait le dîner les jeudis et les dimanches, parce que les élèves avaient 8 heures d'études entre la classe du mercredi soir et celle du vendredi matin, comme entre la classe du samedi soir et celle du lundi matin.

Ces deux heures sont partagées entre la classe d'écriture et de dessin, où les élèves vont le dimanche de 11 heures à midi, et entre la danse, l'escrime et la musique, dont les leçons du jeudi sont prolongées jusqu'à midi.

Dans ces deux jours le catéchisme se fera de midi à une heure.

....

Ainsi, d'après l'ordre d'exercices qui est joint à cette lettre, les 24 heures de chaque jour complet de travail sont distribuées de la manière suivante :

Classes....................	3 heures	1/2
Études....................	5 —	1/4
Écriture, dessin..........	1 —	1/4
Danse, escrime..........	» —	3/4
Instruction militaire.......	1 —	3/4
Repas....................	1 —	1/2
Récréation...............	» —	3/4

Lever, prières, coucher....	1	1/4
Sommeil.................	8	0/0
	24 heures.	

Son Exc. vous charge, Monsieur le général, de mettre de suite à exécution cet ordre d'exercices et de vous concerter avec M. le directeur des études pour qu'il soit exactement suivi par tous les fonctionnaires.

Le reste de cette instruction ministérielle est relatif aux élèves, aux officiers, aux professeurs, aux fonds alloués au Prytanée, à l'administration, à l'infirmerie, à la chapelle, à la bibliothèque, au mobilier et aux bâtiments.

Note G.

MINISTÈRE DE LA GUERRE.

INSTRUCTION POUR L'ADMISSION AU PRYTANÉE IMPÉRIAL MILITAIRE.

INSTITUTION DU PRYTANÉE.

Le Prytanée impérial militaire, spécialement institué à La Flèche, pour l'éducation gratuite des fils d'officiers, peut aussi recevoir d'autres enfants à titre d'élèves payant pension; cet établissement est soumis au régime militaire.

L'Instruction donnée au Prytanée comprend les cours littéraires et scientifiques nécessaires pour mettre les élèves en état d'obtenir le diplôme de bachelier ès siences, et plus particulièrement de se présenter, avec succès, aux concours d'admission aux Ecoles impériales polytechnique et spéciale militaire.

Les élèves y pratiquent les exercices militaires et la gymnastique, y compris la natation. Ils y complètent leur instruction religieuse.

Les candidats pour l'admission au Prytanée, comme élèves gratuits, demi-gratuits ou pensionnaires, doivent subir un examen dont les conditions et la forme sont déterminées au titre ci-après : *Examen à subir.*

Le prix de la pension est de 850 fr., et celui du trousseau d'environ 500 fr.

Les familles des élèves gratuits ou demi-gratuits sont tenues de subvenir aux frais du trousseau comme celles des pensionnaires.

Le bordereau des objets de trousseau est envoyé aux parents avec les lettres de nomination. Les articles qui concernent la lingerie peuvent être fournis en nature.

Le séjour des élèves au Prytanée ne peut se prolonger au delà de la fin de l'année scolaire dans le cours de laquelle ils ont accompli leur dix-neuvième année.

CONCESSION DES PLACES GRATUITES OU DEMI-GRATUITES.

Trois cents places gratuites et cent places demi-gratuites sont instituées en faveur des fils d'officiers servant encore ou ayant servi dans les armées françaises, ou des fils de sous-officiers morts au champ d'honneur. Elles sont accordées de préférence aux orphelins de père et de mère, et subsidiairement à la charge de leur mère, dans l'ordre ci-après :

1º Aux orphelins dont les pères ont été tués au service ou sont morts de blessures reçues à la guerre ;

2º Aux orphelins dont les pères sont morts au service ou après l'avoir quitté avec une pension de retraite ;

3º Aux enfants dont les pères ont été amputés ou sont restés estropiés ou infirmes par suite de blessures reçues à la guerre.

Les familles qui, se trouvant hors d'état de payer la pension, voudraient faire valoir leurs titres à l'obtention d'une de ces places, doivent justifier que l'enfant qu'elles présentent comme candidat remplit les conditions suivantes :

1º Qu'il est né Français ;

2º Qu'il aura plus de dix ans et en comptera moins de douze à l'époque unique des admissions, fixée invariablement au 1er octobre de chaque année.

Toute demande d'admission gratuite au Prytanée doit être instruite et transmise au ministre de la guerre avant le 1er juillet, terme de rigueur, par le préfet du département dans lequel le pétitionnaire a son domicile. S'il s'agit du fils d'un officier en activité de service, en disponibilité ou en non-activité, un double de la demande qui aura été remise au préfet est adressé, par la voie hiérarchique, au général commandant la division, chargé de donner des renseignements sur la manière de servir et les titres de l'officier.

Chaque demande remise au préfet doit être accompagnée des pièces indiquées ci-après :

1º L'acte de naissance de l'enfant, revêtu des formalités prescrites par la loi ;

2º Une déclaration d'un docteur en médecine ou en chirurgie, attaché à un hospice civil ou à un hôpital militaire, dûment légalisée, et constatant que l'enfant a eu la petite vérole ou qu'il a été vacciné, et qu'il n'est atteint ni d'affection chronique, ni de maladie contagieuse ;

3º Un certificat de bonne conduite, délivré par le chef de l'établissement où le candidat a commencé ses études, s'il a déjà suivi des cours primaires ou secondaires ;

4º Un état authentique des services du père du candidat ;

5º Un relevé du rôle des contributions et un certificat délivré par le maire du lieu du domicile de la famille, énonçant exactement les moyens d'existence, le nombre d'enfants et les autres charges des parents. Si le père fait encore partie d'un corps de troupe, ce certificat sera délivré par le conseil d'administration.

Le préfet, chargé d'instruire la demande, conformément aux indications ci-dessus, provoque une déclaration du conseil municipal, constatant que la famille est sans fortune et qu'elle est dans le cas d'obtenir soit la bourse entière, soit la demi-bourse. Cette déclaration, accompagnée de l'avis particulier du préfet, est jointe à la demande transmise au ministre.

Tout candidat aux places gratuites, âgé de dix ou onze ans, doit, par suite de l'examen subi en juillet, être reconnu capable d'entrer dans la classe correspondante à son âge. (Voir ci-après le programme des connaissances exigées.)

NOMINATION DES ÉLÈVES PENSIONNAIRES.

Les élèves pensionnaires peuvent être admis au-dessus de l'âge de douze ans, pourvu, toutefois, qu'ils n'aient pas accompli l'âge de quatorze ans au 1er octobre de l'année courante.

Les familles qui voudraient obtenir l'admission de leurs enfants au Prytanée comme pensionnaires doivent, indépendamment de l'acte de naissance de l'enfant, de la déclaration d'un docteur en médecine et du certificat de bonne conduite mentionnés aux paragraphes 1°, 2°, 3° qui précèdent, produire, à l'appui de leur demande, un certificat du maire de leur résidence, visé par le préfet, et constatant qu'elles sont en état de payer la pension.

Nul ne peut être nommé élève pensionnaire, s'il n'est, par suite de l'examen subi en juillet, reconnu capable d'entrer dans la classe correspondante à son âge. (Voir ci-après le programme des connaissances exigées.)

PROGRAMME DES CONNAISSANCES EXIGÉES.

Connaissances exigées des élèves, gratuits ou pensionnaires, ayant moins de onze ans au 1er octobre de l'année du concours, pour l'admission dans la classe de septième.

Celles qui sont nécessaires pour satisfaire aux épreuves écrite et orale ci-après :

Epreuve écrite.

Exercices d'orthographe française sur les noms, les adjectifs et les verbes.

Epreuve orale.

Lecture à haute voix. Interrogation sur la grammaire française (noms, adjectifs, verbes); sur la pratique des quatre règles (nombres entiers); sur l'histoire sainte (jusqu'à la mort de Salomon); sur la géographie (définitions, divisions principales du globe et de l'Europe). Explication d'une fable de Fénélon.

Connaissances exigées des élèves, gratuits ou pensionnaires, ayant onze ans révolus au 1er octobre de l'année du concours, pour l'admission dans la classe de sixième.

Celles qui sont nécessaires pour satisfaire aux épreuves écrite et orale ci-après :

Epreuve écrite.

Exercices de déclinaisons et de conjugaisons latines.

Epreuve orale.

Lecture à haute voix. Interrogations sur la grammaire française, sur la grammaire latine (déclinaisons et conjugaisons); sur le sytème légal des poids et mesures; sur l'histoire sainte; sur la géographie de la France. Explication d'un passage choisi dans les vingt premiers chapitres de l'*Epitome historiæ sacræ.*

Connaissances exigées des élèves pensionnaires, ayant douze ans révolus au 1er octobre de l'année du concours, pour l'admission dans la classe de cinquième.

Celles qui sont nécessaires pour satisfaire aux épreuves écrite et orale ci-après :

Epreuve écrite.

Version latine de la force de la classe de sixième.

Epreuve orale.

Interrogations sur la grammaire française ; sur la grammaire latine (syntaxe, premières règles de la méthode) ; sur la grammaire grecque (déclinaisons) ; sur les éléments d'histoire et de géographie ancienne ; sur l'histoire de France (1re race), et sur la géographie correspondante. Exercices de calcul au tableau. Explication d'un passage tiré du *De viris illustribus urbis Romæ.*

Connaisssances exigées des élèves pensionnaires, ayant treize ans révolus au 1er octobre de l'année du concours, pour l'admission dans la classe de quatrième.

Celles qui sont nécessaires pour satisfaire aux épreuves écrite et orale ci-après :

Epreuve écrite.

Version latine de la force de la classe de cinquième.

Epreuve orale.

Interrogations sur la grammaire française ; sur la grammaire latine ; sur la grammaire grecque (déclinaisons et conjugaisons) ; sur l'histoire de France (jusqu'au règne de François 1er) et sur la géographie correspondante ; sur la géographie physique de la France. Exercices de calcul au tableau. Explication d'un passage tiré du *Selectæ è profanis scriptoribus historiæ*, et des fables d'Esope.

EXAMEN A SUBIR.

Tous les enfants dont l'admission au Prytanée est demandée, soit à titre d'élèves gratuits, soit à titre de pensionnaires, doivent, *sans exception*, subir, dans les quinze premiers jours de juillet, un examen, pour faire constater leur degré d'instruction, devant les jurys départementaux chargés d'examiner les enfants portés comme candidats aux bourses dans les lycées.

A cet effet, les familles doivent faire inscrire leurs enfants, *du 15 au 30 juin*, à la préfecture du département où elles résident, afin de les présenter devant le jury au moment de l'ouverture du concours.

Un extrait de la liste des admissibles constatant le nombre de points obtenus aux examens par chaque candidat, est transmis au ministre de la guerre, dans le courant de juillet, par les préfets des départements.

CONDITIONS EXIGÉES POUR L'ENTRÉE AU PRYTANÉE.

Les enfants nommés élèves sont présentés au commandant du Prytanée dans le délai déterminé par la lettre que le ministre de la guerre adresse aux familles pour leur donner avis des nominations.

A leur arrivée, les élèves sont soumis à une visite des officiers de santé de cet établissement, appelés à examiner si rien ne s'oppose à leur admission, sous le rapport de la constitution physique.

Nul élève ne peut, d'ailleurs, être reçu au Prytanée, si la famille ne fournit immédiatement le trousseau et ne remet au commandant une promesse sous seing privé, dans la forme indiquée par l'art. 1326 du code civil, par laquelle son père, sa mère ou son tuteur s'engage à verser, dans la caisse du receveur général du département de la Sarthe, par trimestre et d'avance, le montant de la pension, si l'élève est pensionnaire, ou de la demi-pension, s'il a obtenu une demi-place gratuite. Il est donc essentiel que, dans la prévision de l'admission de leurs fils au Prytanée, les familles se mettent en état de fournir le trousseau ou d'en payer la valeur dès qu'elles auront reçu la lettre de nomination.

Paris, le 28 mai 1853.

Le maréchal de France, ministre secrétaire d'État de la guerre,

A. DE SAINT-ARNAUD.

ERRATA.

Page 33, dans la note, au lieu de : *chapitre IX*, lisez *chapitre XI*.

Page 62, dans la note, lisez *de* Ducange.

Page 136, ligne 24, au lieu de : *différent*, lisez *différend*.

Page 313, ligne 24, lisez *Genestet de Planhol*.

La strophe suivante de la pièce de poésie de M. Cassaigne, page 325, a été oubliée ; elle doit être lue la quatrième :

> Reverrai-je verdir les branches
> De ton rideau de peupliers
> Que coupent tes verts marronniers
> Jaspés de girandoles blanches ?

TABLE DES MATIÈRES.

CHAPITRE I.

DESCRIPTION DU PRYTANÉE MILITAIRE.

	Pages.
Vue à vol d'oiseau sur les bâtiments et les cours.	3
Constructions successives.	5
Ancienne galerie de portraits. – La bibliothèque.	11
L'église.	20
La salle des actes. – Lauréats du prix d'honneur.	25
Vestibule de Henri IV.	28
Le parc. – Le fort Henri et le myrte de Henri IV.	29

CHAPITRE II.

FONDATION ET ANCIENS REVENUS DU COLLÉGE.

Le Château-Neuf.	34
Fouquet de la Varenne.	36
Premier projet de Henri IV.	38
Lettre de rappel des jésuites. – Leur arrivée.	ibid.
Lettre inédite de Henri IV.	43
État des sciences et des lettres en 1600.	44
Saumur et La Flèche.	47
Edit de fondation du Collége.	48
Abbaye de Mélinais et sa légende.	51
Prieuré de la Jaillette.	62
Prieuré de l'Écheneau.	64
Prieuré de Saint-Jacques de La Flèche.	65
Prieuré de Luché.	68
Abbaye de Bellebranche, sa légende et son histoire.	73
Les Papegais bretons.	79

Pages.

CHAPITRE III.

LE VIEUX COLLÉGE SOUS LES JÉSUITES (1604 — 1622).

Installation des premiers élèves.   82
Situation annuelle de 1604 à 1611.   84
Gratuité de l'externat chez les jésuites.   86
Conspiration des Quatre-Vents.   87
Situation des esprits en 1610.   90
Translation du cœur de Henri IV à La Flèche.   92
Institution de *la Henriade*. 102
Anniversaire en 1611. 103
Visite de Louis XIII. 105
J.-B. Budo de Guébriant. 106
Descartes et Mersenne. 108
Denys Petau. 120
Pierre Musson et ses tragédies. 121
Professeurs en 1617. 126

CHAPITRE IV.

LE NOUVEAU COLLÉGE SOUS LES JÉSUITES (1622 — 1762).

Nombre remarquable d'élèves externes. 128
Programme d'admission. 130
Esprit d'égalité dans le Collège. 133
Un procès. 136
Arrivée du cœur de Marie de Médicis. 137
Une émeute. 140
Jésuites célèbres : Mambrun, Jouvency, Ducerceau. . . 147
Représentations dramatiques. 152
Charlevoix. 159
Gresset. 169
Fléchois célèbres : Mathurin Jousse, Picard, Sauveur,
    Menon de Turbilly. 164
Élèves célèbres : Voysin, le prince Eugène de Savoie,

Pages.

le cardinal de Talleyrand-Périgord. 167
Suppression de la compagnie de Jésus. 169
Les derniers professeurs jésuites de la Flèche. 171

CHAPITRE V.

ENSEIGNEMENT INTÉRIMAIRE (1762 — 1764).

Louis Donjon et ses collègues. 174
Mémoire des officiers de la sénéchaussée. 177
Plaidoyers littéraires. 181

CHAPITRE VI.

LE COLLÉGE DEVIENT ÉCOLE MILITAIRE (1764 — 1776).

Etablissement des Ecoles militaires. - Edit de Louis XV. 182
Améliorations faites ou projetées par le duc de Choiseul. 190
Lettres-patentes de 1768 et 1772. 192
Professeurs célèbres : Pechmeja, Cosson, Jacquemart . 193
Elèves célèbres : La Tour-d'Auvergne. 198
Dupont d'Aubevoie de Lauberdière. - Hédouville. . . . 208
Dupetit-Thouars. 211
Dispersion des élèves. 216

CHAPITRE VII.

LE COLLÉGE SOUS LES PÈRES DE LA DOCTRINE (1776 — 1793).

Lettres-patentes de Louis XVI. 222
Plan d'études de Batteux. 228
Professeurs célèbres : Corbin, Villars, etc. 229
Commencement de la révolution. 232
Le P. La Mésangère. - Suppression du Collége. 235
Clarke et Champagny. 237
Les frères Chappe et le télégraphe. 238

Pages.

CHAPITRE VIII.

L'ÉCOLE DE LA FLÈCHE PENDANT LA RÉVOLUTION (1793 — 1808).

Le cœur de Henri IV brûlé sur la place de la Révolution (la place Neuve).................... 241
Prise de La Flèche par les Vendéens............ 244
Désastres de l'armée vendéenne................ 245
Garnier de Saintes........................... 246
Fêtes républicaines à La Flèche............... 247
École secondaire municipale................... 250
Arrivée de M. Hardouin-Fichardière, 1er sous-préfet. 253
Distribution des prix de l'an IX............... 255
Thèses philosophiques en 1807................. 257

CHAPITRE IX.

LE PREMIER PRYTANÉE MILITAIRE A LA FLÈCHE. (1808 — 1814).

Première organisation du Prytanée français...... 259
Premier Prytanée militaire à Saint-Cyr.......... ibid.
Translation du Prytanée de Saint-Cyr à La Flèche. 261
Discours de M. Crouzet - Ode à Napoléon........ 263
Esprit national et guerrier des élèves. - Biographie de P. Crouzet.................................. 271
Arrivée des élèves Croates et Illyriens........ 274
Formation de l'École d'artillerie.............. ibid.
Situation florissante du premier Prytanée...... 276
Retour des Bourbons. - Troubles au Prytanée.... 278
Restitution des cendres du cœur de Henri IV.... 279
Cause de la prospérité du premier Prytanée..... 282
Élèves sortis du Prytanée..................... 283

CHAPITRE X.

L'ÉCOLE MILITAIRE PRÉPARATOIRE (1814 — 1830).

Ordonnance du 30 juillet 1814 : rétablissement de l'Ecole royale.......................... 284
Visite du duc d'Angoulême................... 285
Suppression de l'Ecole d'artillerie............. 286
Départ du général Duteil.................... 288
L'Ecole en 1815........................... 290
Le colonel Préval et M. de Bigault d'Harcourt...... 293
Ordonnance de 1818........................ 295
Mort du duc de Berry....................... 296
Le maréchal Bertrand....................... 298
Commandement du général Danlion............ 303
Visite de la duchesse d'Angoulême............. 304
Visite de M. de Clermont-Tonnerre............. 306
L'Ecole préparatoire en 1828................. 308
Attaques contre l'Ecole..................... 309
Révolution de juillet....................... 311
Départ du général Danlion................... 312
Elèves sortis de l'Ecole préparatoire........... 313

CHAPITRE XI.

LE COLLÉGE ROYAL MILITAIRE (1831 — 1848).

Rapport du maréchal Gérard................. 315
Ordonnance du 12 avril, organisant le Collége royal militaire.............................. 318
Ordonnance du 21 octobre 1840............... 320
Etablissement du gymnase................... 321
Visite de M. le duc de Nemours............... 322
M. le colonel Maumet...................... 323
M. le général de Baldegg.................... 324
Quelques élèves du Collége royal militaire....... *ibid.*

	Pages.
Adieux au Collége (poésie de Ch. Cassaigne).	325
Professeurs avant et pendant cette période.	326

CHAPITRE XII.

LE COLLÉGE NATIONAL ET LE PRYTANÉE IMPÉRIAL MILITAIRE (1848 — 1853).

M. le général de Senilhes.	329
Commandement de M. le général Maizière.	330
M. le général Maizière nommé au secrétariat-général de la Légion-d'Honneur.	332
Son dernier ordre du jour.	335
Commandement intérimaire de M. le lieutenant-colonel de Robernier.	337
Arrivée de M. le général Cœur.	338
Décret impérial du 23 mai 1853 qui réorganise le Prytanée impérial militaire.	338
M. le maréchal ministre de la guerre visite le Prytanée impérial militaire.	350
Notes justificatives.	356

FIN DE LA TABLE.

www.ingramcontent.com/pod-product-compliance
Lightning Source LLC
Chambersburg PA
CBHW050426170426
43201CB00008B/557